"앤드루 크레이그는 과학적 혁신과 인류의 진보가 일어난 풍부한 역사적 사례와 함께 바이오테크놀로지가 인간의 삶에 얼마나 심오한 영향을 미치는지를 생생하게 보여준다. 《바이오테크 미래의 기회》는 비관론에 휩싸인 이들에게 희망의 메시지를 전하며 실질적인 발전과 잠재력에 기반한 구체적이고 낙관적인 전망을 제시한다. 또한 쉽게 이해할 수 있는 묘사와 설득력 있는 증거를 통해 독자가 성장하고 명민한 투자자로서 바이오테크놀로지 혁명에 동참할 수 있도록 교육하고 영감을 준다. 이 책은 헬스케어부터 청정에너지에 이르는 다양한 산업을 재구성할 수 있는 바이오테크놀로지 부문의 잠재력을 보여준다는 측면에서 인류의 미래를 결정할 기술을 이해하고자 하는 사람이라면 꼭 읽어야 한다고 말할 수 있다."

__ **크리스티안 앙거마이어**Christian Angermayer
바이오테크놀로지 기업가, 아페이론 투자 그룹 설립자

"탁월한 역작으로 손에서 놓을 수 없었던 책이다. 앤드루 크레이그는 바이오테크놀로지의 미래를 꿰뚫어 보면서 통찰력 있고 간단명료한 관점을 제시한다. 꼭 읽어야 하는 책으로 강력히 추천한다."

__ **배리 스미스**Barry Smith
《선데이 타임즈》가 선정한 100대 프로바이오틱스 기업 심프로브 설립자

"현재 전 세계에서 인류의 삶을 변화시키고 있는 과학적 혁신을 탁월하게 분석한 책

으로서, 정부와 규제 당국에 더 나은 자금조달 환경을 조성하여 모두가 더 많은 혜택을 누릴 수 있도록 하라는 강력한 메시지를 전달한다."

— **짐 윌킨슨**^{Jim Wilkinson}

옥스퍼드 사이언스 엔터프라이즈 CEO

《바이오테크 미래의 기회》는 보건의료 기술의 혁신적인 세상을 안내하는 필수 가이드다. 이 책은 평균 수명의 연장과 만성 질환의 증가, 건강 불평등의 심화라는 시대적 과제 속에서 바이오테크놀로지 산업이 직면한 복잡한 도전 과제와 기회를 명확히 제시한다. 새로운 기술, 금융 전략 및 헬스케어 개혁을 철저하게 분석하고 미래 지향적인 해결 방안을 제시함으로써 독자에게 단순한 이해를 넘어서 헬스케어 산업의 진화에 이바지할 힘을 준다. 특히 '눈부시게 빛나는 미래'를 제시한 3부는 바이오테크놀로지 혁신을 통해 건강에서 한층 개선된 결과를 끌어낼 수 있다는 낙관적인 생각이 들게 했다는 측면에서 크게 감명받았다. 인류 건강의 미래에 관심 있는 모든 이들에게 꼭 읽어볼 것을 권한다."

— **조 피사니**^{Jo Pisani}

프레시전 헬스 테크놀로지 액셀러레이터, 다수의 유럽 바이오테크놀로지 기업 이사회 의장, 전 PwC 영국 제약 및 생명과학 부문 헤드

"인류의 역사를 통틀어 자연은 인간이라는 존재를 가능하게 했고 돌봐주었다. 이 복잡하고 현대적인 세상에서 인간은 과거 그 어느 때보다 자연에서 영감을 받아 우리의 생활 방식을 탈바꿈하는 것은 물론이고 우리 지구의 환경과 생태계를 보호하고 지속할 수 있는 혁신적인 해결 방안과 새로운 기술을 찾아내야 한다. 앤드루 크레이그가 시의적절하고 학구적인 이 책에서 꾸준히 언급했듯이 바이오테크놀로지에 미래가 있다. 과학자가 아닌 저자가 인간의 건강이나 지속 가능한 농업, 폐기물 관리, 청정에너지 생산과 같은 다양한 분야의 문제를 해결하는 강력한 수단으로서 바이오테크놀로지의 잠재력을 뒷받침하는 핵심 개념과 복잡한 원리를 명확하게 이해하고 있다는 점은 매우 놀랍다. 또한 저자는 이 산업과 그 잠재력에 대해 명료하고 포괄적이며 누구나 이해할 수 있는 공정한 관점을 제시함으로써 폭넓은 독자층에 쉽게 다

가간다. 이 책은 바이오테크놀로지가 만들어내는 지속 가능하고 삶을 바꾸는 신기술 속에서 중요한 기회를 포착하고자 하는 현명한 투자자에게 꼭 필요한 도서일 뿐만 아니라, 바이오테크놀로지를 이해하고 인류와 지구의 미래에 있어 그 중요성을 알고자 하는 모든 이들에게도 꼭 필요한 안내서다."

— 빅토리아 고든Victoria Gordon 박사

큐바이오틱스 그룹 공동 설립자, 오스트레일리아 열대우림재단 전 의장

"우리가 복용하는 약물에서부터 몸에 이식되는 의료기기를 거쳐 식단과 운동 습관을 관리하는 수많은 앱에 이르기까지, 끝없이 복잡해지는 세상에서 바이오테크놀로지는 이 복잡성의 최전선에 있다. 우리는 매일 이 '바이오테크놀로지 혁명'의 산물로부터 영향을 받는다. 심지어 바이오테크놀로지가 자신의 전문 분야라고 하는 이들조차도 그 빠른 변화를 따라잡기 어려울 정도다. 《바이오테크 미래의 기회》는 바이오테크놀로지가 우리 모두에게 미칠 영향을 체계적으로 분석하여 쉽게 풀어낸 탁월한 책으로서 우리가 알아야 할 내용과 변화에 대처할 방법까지 명확하게 제시한다. 인류의 미래에 관심이 있는 사람이라면 누구나 이 책을 반드시 읽어보기를 바란다."

— 엘리엇 포스터Eliot Foster 박사

리버풀대학교 분자의학 및 임상 암의학 교수, 리비셀트 CEO, 아박타 이사회 의장

"이 책은 바이오테크놀로지 산업의 여러 가지 핵심 요소를 다룬 매우 시의적절하고 중요한 작품이다. 앤드루 크레이그는 독자의 배경지식 수준에 상관없이 누구나 이해할 수 있도록 훌륭한 맥락을 제공하는 동시에 극적인 혁신이 일어나고 있는 수많은 중요 분야를 적절한 깊이로 탐구한다. 바이오테크놀로지 산업과 이 산업이 현재는 물론이고 미래에 미칠 영향에 관심이 있는 모든 이들에게 명확한 안내서로서 이 책을 강력히 추천한다."

— 데이비드 브라우닝David Browning

바이오테크놀로지 산업 전문가, 옥스퍼드 바이오사이언스 네트워크 이사회 전 의장

BD캐피털에서는 특별한 차이점으로 흐름을 주도하는 기업에 투자하는 것을 목표로 한다. 바이오테크놀로지는 특히 인간의 수명이 길어짐에 따라 점점 더 커지지만 충족되지 못하는 수요가 존재한다는 점에서 BD캐피털에게 먹잇감이 넘쳐나는 사냥터나 다름없다. 앤드루 크레이그의 책은 인간의 건강에서 중요하나 제대로 이해하는 사람이 드문 마이크로바이옴의 역할을 집중적으로 조명한다. 또한 과민성 대장 증후군이나 염증성 장 질환과 같이 마이크로바이옴의 손상과 밀접한 관련이 있다고 과학적으로 입증된 수많은 '현대성 질병'이 거침없이 증가하는 현상에도 큰 비중을 둔다. 이러한 초점은 BD캐피털의 투자 철학과도 강하게 일치하며, BD캐피털의 첫 번째 투자 대상으로 이 책에서 저자가 높게 평가하기도 한 프로바이오틱스 기업인 심프로브를 선택한 이유이기도 하다. 소위 윤리적 투자는 높은 투자수익률과 세상을 더 나은 곳으로 만드는 데 이바지하는 성과가 결합할 수 있을 때 가장 빛나는 법이다. 이는 BD캐피털이 심프로브에 대한 투자와 바이오테크놀로지 부문 전반에 느끼는 감정과 정확히 일치한다."

___ 리처드 베이커Richard Baker
BD캐피털 매니징 파트너, 얼라이언스 부츠 CEO

"《바이오테크 미래의 기회》는 내가 읽어본 다양한 서적 중 바이오테크놀로지의 잠재력을 가장 긍정적으로 평가하고 있다. 이 책은 연구를 위한 적절한 자금조달과 인간의 건강에 미칠 잠재적인 이점 사이의 중요한 상호작용을 강조하며, 충분한 자금이 지원된다면 지구라는 행성에서 인간이라는 존재가 더 나은 삶을 살 가능성이 무한하다는 점을 설득력 있게 주장한다."

___ 잉바르 비아르나손Ingvar Bjarnason 교수
소화기내과 전문의, 의료 컨설턴트

"《바이오테크 미래의 기회》는 우리 모두의 필독서다. 변동성과 단기적 사고가 만연한 세상에서 앤드루 크레이그는 의미 있는 장기적 트렌드에 초점을 맞춰서 이를 활용할 방법을 명확하게 제시한다. 저자의 글은 통찰력이 있으면서도 겸손하고 해박한

지식을 바탕으로 하면서도 새로운 아이디어와 기회에 열린 마음을 드러내는 아주 매력적인 스타일을 가지고 있다. 《바이오테크 미래의 기회》는 인류의 미래를 깊이 알고 싶으며 인류 역사상 가장 위대한 과학기술 혁신의 시대에서 모든 이가 혜택을 얻는 방법을 찾고 싶은 독자에게 적극적으로 추천한다."

__ 마이크 시브룩Mike Seabrook

영국 증권거래 전문가, 오베론 캐피털 대표

"앤드루 크레이그는 다가올 수십 년 동안 바이오테크놀로지가 창출할 놀라운 기회, 이러한 기회가 어떻게 다양한 생명과학 분야의 융합과 결합으로 이루어지는지, 그리고 궁극적으로 바이오테크놀로지가 우리가 직면한 주요 문제들을 해결하는 데 어떻게 기여할 수 있는지를 분명하게 제시한다. 《바이오테크 미래의 기회》는 지난 수십 년간 혁신적인 생명과학 분야에서 이루어진 기하급수적인 발전과 그로 인해 인간의 삶이 모두에게 의미 있는 시간 내에 변화할 가능성을 탁월하고 긍정적으로 살펴본 책이다. 한마디로 빈틈없이 통찰력 있고 희망을 주는 책이다."

__ 알라스테어 스미스Alastair Smith

아박타 그룹 CEO

"앤드루 크레이그의 책은 명료하고 직설적이다. 이 책은 바이오테크놀로지가 인간의 건강을 혁신하고 대규모의 사회적, 환경적 및 경제적 가치를 창출하는 이유와 방법을 이야기한다. 즉 당뇨병이나 알츠하이머병, 암처럼 많은 사람의 삶을 망치고 조기에 사망에 이르게 하는 주요 질병에 미치는 영향만이 아니라 지속 가능한 농업과 환경을 구축하는 핵심 기술로서 바이오테크놀로지의 역할을 탐색한다. 특히 맺음말에서 바이오테크놀로지의 기적을 정리한 부분이 인상 깊었다. 여기서 저자는 바이오테크놀로지가 약물, 진단 기술, 의료기기, 데이터, 인공지능 등의 도구를 활용하여 과거에는 치료할 수 없다고 간주했던 많은 질병을 치료할 방법을 제공하고, 항생제 내성과 같이 새롭게 등장한 건강에 대한 심각한 위협에 맞서 싸울 방법을 제시하며, 노년의 수명과 건강을 연장할 가능성을 설명한다. 《바이오테크 미래의 기회》는 인류가 더 건강하고 더 행복하며 더 오래 살 수 있는 동시에 수조 달러의 의료 비용을 절감할 수 있는 치료제와 의료 행위, 진단 기술, 의료기기에 관한 책으로 매우 논리적이고 설득력 있게 주장을 펼친다."

___ **휴고 튜슨**^{Hugo Tewson}
만성질환재단 공동 설립자, 다이고노스틱 이사회 의장

바이오테크
미래의 기회

의료 3.0 경제가 이끌어갈 투자 패러다임 쉬프트

바이오테크 미래의 기회

앤드류 크레이그 지음 | 이상훈 옮김

OUR
FUTURE
IS
BIOTECH

목차

1부

바이오테크놀로지 산업 _____
– 세상을 바꾸고 부를 창출하다 _____

 1장
바이오테크놀로지 혁명의 여섯 가지 원동력

2장
바이오테크 기업이 직면한 장애물

3장
바이오테크가 그리는 미래, 새로운 기회를 열다

2부

건강 관리의 미래,
의료 3.0을 향하여

4장
의료의 혁신적 전환

5장
항생제 내성과 '현대 전염병'의 등장

3부

새로운 투자 기회의 중심, 바이오테크의 과거와 미래

10장
우리 '밖'의 바이오테크놀로지: 일상 속 혁신

11장
노화는 이제 치료할 수 있다

아버지 네빌 크레이그와 누이 부부인 크리스틴 하디와 데이비드 하디,
그리고 사랑하는 어머니 질리언 크레이그에게 이 책을 바칩니다.

"도대체 어떤 원칙에 따라 지금까지는 진보만 있었으나
앞으로는 퇴보만 있을 것으로 생각할 수 있다는 말인가?"

토머스 배빙턴 매콜리

이 책은 바이오테크놀로지와 관련 산업이 가까운 미래는 물론 앞으로
수십 년 동안 우리 모두에게 매우 중요하고 긍정적인 영향을 미칠 것임
을 입증하겠다는 주제넘지만 원대한 염원을 담고 있다.

본격적으로 이야기를 시작하기 전에 우선 이 책 전체에서 사용할
'바이오테크놀로지'라는 용어가 무엇을 의미하는지 살펴보자. 체임버스
사전에서는 바이오테크놀로지를 다음과 같이 포괄적으로 정의한다.

> 유용한 제품의 산업적 생산이나 에너지 생산, 폐기물 처리, 약물
> 및 호르몬 제조 등 유용한 공정의 개발 과정에서 박테리아와 같
> 은 살아있는 유기체 또는 유기체가 생산하는 효소의 사용

사전적 정의에서 알 수 있듯이 바이오테크놀로지는 보건이나 의료를 훨씬 넘어서는 의미를 담고 있다. 물론 이 단어를 들은 사람들 대다수가 약물 치료법 개발을 가리킨다고 생각하는 것도 무리는 아니다. 약물 개발이 바이오테크놀로지 산업에서 매우 집중하는 분야라는 점은 분명한 사실이기 때문이다. 하지만 이 책의 내용은 약물 치료법 개발보다 훨씬 더 광범위한 정의와 더 폭넓고 근본적인 주제를 포괄한다.

생체나 살아있는 유기체를 사용하여 인간에게 유용한 무언가를 만드는 일은 질병 치료를 훨씬 뛰어넘는 의미가 있다. 현재 우리는 온갖 종류의 흥미로운 구조적 이유로 큰 변화의 문턱에 서 있다. 바이오테크놀로지와 관련 산업의 발전은 현재 위기에 처한 농업생산과 청정에너지 발전, 고성능 컴퓨터의 개발에 이르기까지 인간 삶의 모든 측면에 엄청난 영향을 미칠 것이다. 세상 사람 누구나 식량을 마련하고, 선진국은 지금의 생활 방식을 지속할 수 있으며, 개발도상국의 사람들도 그러한 생활 방식을 누릴 수 있는 데다, 이 모든 일을 하는 과정에서 환경을 위기에 빠뜨리지 않게 하는 데 바이오테크놀로지가 결정적인 역할을 할 것이라고 해도 과언이 아니다.

여기서 말하는 '관련 산업'이란 생명과학, 의료기술, 보건기술, 농업기술, 나노기술, 청정기술 산업뿐만 아니라 인공지능, 머신러닝, 양자 컴퓨팅 같은 분야까지 망라한다. 이들 대다수가 일반적으로 순수한 '기술' 산업이나 부문으로 분류될 수 있지만, 메시지의 핵심은 '융합'이다. 시간이 갈수록 기술이 가지는 잠재력의 원천은 이 모든 다양한 기술의 결합이 만들어 간다. 그리고 그중에서도 '바이오테크놀로지'는 두 가지 주요 이유에서 핵심적인 역할을 한다.

- 첫째, 인류에게 남은 가장 중요한 과제 중 다수는 생물학적 시스템과 관련이 있다.
- 둘째, 바이오테크놀로지는 매우 빠른 속도로 발전하고 있다. 바이오테크놀로지의 성장 '지수^{exponential}'는 다른 기술의 성장 지수에 비해 더 강력한 잠재력을 가지고 있다.

엄밀히 말하자면 '바이오테크놀로지'라는 말에 광범위한 의미를 담는 것이 정확하지 않을 수도 있지만, 독자 여러분도 그렇게 했을 때 이해하기 쉽다는 데 동의할 것이다. 실제로 만약 이 책의 제목이 '바이오테크놀로지, 생명과학, 의료기술, 보건기술, 농업기술, 나노기술, 청정기술, 인공지능, 그리고 양자 컴퓨팅에 미래가 있다'였다면 다소 길고 복잡한 느낌을 주었을 것이다.

이렇게 정의한 '바이오테크놀로지'에서 인류가 종으로서 맞닥뜨리는 가장 시급한 문제에 대한 답을 찾을 수 있다. 그러므로 바이오테크놀로지가 그토록 중요한 것이다.

결정적으로 바이오테크놀로지가 인류에게 가장 시급한 문제를 해결한다면 그 자연스러운 결과로서 엄청난 규모의 경제적 가치를 창출할 것이다. 바이오테크놀로지 및 관련 분야에서 다음번 수조 달러 가치의 기업이 등장할 가능성이 크다. 쉽게 말해서 향후 수십 년 사이에 새롭게 등장할 또 다른 애플이나 아마존, 구글, 마이크로소프트는 바이오테크놀로지 기업이 될 것이라는 말이다. 이들은 암, 치매, 당뇨, 비만 및 보건 분야의 수많은 정신건강 문제에서 (청정) 발전과 농업 생산성, 환경에 대한 책임에 이르기까지 인류가 직면한 가장 해결하기 힘든 문제를 해결할 것이다. 그리고 바이오테크놀로지 기업의 발전은 우리 가운데 더 많은 사람이 훨씬 더 안전하며 건강할 뿐만 아니라 더 부유하고 행복하며 긴 삶을 살 수 있음을 의미한다.

추정컨대, 이론상으로는 전 세계의 물리적 투입량의 최대 60%를 생물학적 수단을 이용해 만들 수 있는 데 반해 전 세계의 질병 중 최대 45%만이 오늘날의 과학을 이용해 해결할 수 있다. 이는 2030~2040년까지 생물학적 응용을 이용하여 전 세계적으로 연간 2조 4,000억 달러의 직접적인 경제적 가치를 창출할 수 있다는 결론으로 연결된다. 하지만 이 엄청난 숫자도 현실을 상당히 과소평가한 것이다. 전 세계 제약 산업의 매출만 해도 이미 2021년 말 기준 1조 4,200억 달러에 달하며 이는 20년 전보다 3,900억 달러나 성장한 규모다. 2040년이 오기 전에 인류는 광합성 미생물photosynthetic microorganism이나 바이오 광전지biophotovoltaic 세포를 이용하여 전기를 만들 수 있다. 거의 탄소 중립적인 조류 배양algaculture을 활용해 자동차 및 항공 산업에 필요한 연료를 만들고 있을 가능성도 상당하다. 어쩌면 생물학적 원리에 기반한 100% 생분해성 제품으로 플라스틱을 대체하여 포장 산업을 혁신할지도 모른다. 심지어 오늘날 사용하는 트랜지스터 기반의 컴퓨터보다 훨씬 더 강력한 '생물학적' 컴퓨터를 사용하고 있을 수도 있다. 생물학적 프로세스가 농업이나 식품 산업에 대변혁을 가져올 가능성도 크다.

그런데도 이러한 분야에서 일어나고 있는 경이로운 진전에 관해 충분히 생각하는 사람은 거의 없다. 이미 여러 질병에 대한 '기적의 치료제'가 존재하며 곧 훨씬 더 많은 치료법이 나올 것이다. 일례로, 얼마 전까지만 해도 당뇨병은 사형 선고나 다름없는 경우가 많았다. 1980년대 초 인간 인슐린이 개발되면서 수백만 당뇨병 환자의 예후가 크게 개선되었다. 다른 많은 질병의 치료에서도 거대한 진보가 있었다.

여러 과학 분야에서도 큰 진전이 이루어지고 있지만 대부분은 그 내용조차 제대로 알려지지 않고 있다. 또한 기하급수적인 발전은 기술 개발 결과의 가격을 크게 낮춤으로써 비단 부유한 선진국뿐만 아니라 전 세계 모든 곳에서 그 결과를 널리 이용할 수 있게 할 것이다.

왜 지금 이 책인가?

이 책의 본문에서 나는 앞에서 언급한 광범위한 주장을 뒷받침하는 설득력 있는 증거를 제시할 것이다. 이를 통해 독자 여러분이 이 책을 다 읽은 후에 실질적인 혜택 몇 가지를 얻을 수 있기를 바란다.

첫째, 여기서 소개하는 다양한 기술 일부를 더 잘 활용하여 여러분의 건강을 개선할 수 있을 것이다. 건강과 관련된 슬픈 현실 가운데 하나는 '모범 사례'나 '최고의 정보'가 제대로 유통되지 않는다는 점이다. 우리는 역사상 그 어느 시점보다 많은 정보에 접근할 수 있지만, 그 정보의 상당 부분은 만족스러운 수준이 아니다. 또한 의료진이 세계의 다른 지역이나 나라에서 실행 중인 모범 사례를 받아들이고 적용하는 데 수십 년이나 걸리는 이유도 여럿 있다. 이는 단지 개발도상국뿐만 아니라 현대적이며 기술적으로 발전한 국가에서도 발생하는 현상이다. 아래 본문에서 그 이유를 살펴볼 예정이다.

둘째, 투자에 관한 한 바이오테크놀로지라는 광범위한 분야를 반드시 고려해야 한다고 확신한다. 투자는 내 전문 분야이기도 하다. 내가 쓴 첫 번째 책《세상을 소유하는 방법(How to Own the World)》의 핵심은 모든 사람이 예외 없이 투자에 대해 진지하게 생각해야 한다는 것이었다. 우리 시대의 가장 큰 비극 중 하나는 투자에 대해 깊이 생각하거나 조금이라도 생각하는 사람이 거의 없다는 사실이다. 이는 개인은 물론이고 사회 전체에도 손해가 되는 일이다.

나는 사회 전반적으로 금융 리터러시(금융에 대한 이해와 활용 능력-옮긴이)를 갖추고 투자 상품을 신중하게 이용하는 것이 개인에게뿐만 아니라 더 광범위하게는 사회 전체에 일종의 특효약이 될 수 있다고 굳게 믿는다. 우선 개인 수준에서 볼 때 적절한 금융 리터러시를 갖춤으로써 자신의 재무적 문제를 최적화하는 사람은 수입이 얼마인지와 거의 상관없이 시간이 지나면서 점점 더 부유해질 가능성이 매우 커진다.

이러한 가능성이 현실이 되면 사회 전반에 걸쳐 두 가지의 강력한 파급 효과가 예상된다. 첫째, 금융 리터러시를 갖춘 사람은 자신과 부양가족에 대한 국가의 지원이 필요할 가능성이 현저히 작다. 이는 위기에 처한 공공부문 재정에 유익하다. 둘째, 이러한 사람들이 투자자가 됨으로써 인간이 겪는 문제를 해결하거나 욕구와 필요를 충족하려는 기업에 필요한 자본을 제공하는 데 도움이 된다. 바로 이 책에서 집중적으로 조명하는 분야에서 활동하는 기업 말이다.

금융시장을 조금이라도 알거나 효과적으로 활용하는 사람의 수는 지나칠 정도로 적다. 현대 사회에서 우리는 경이로운 수준의 정보 접근성을 가지고 있는데도 그렇다. 전 세계 여러 나라의 국민 대차대조표(국가 경제 전체의 자산 및 부채를 집계한 표-옮긴이)나 바이오테크놀로지 분야의 기업과 같이 자본이 필요한 기업이 큰 난관에 부딪히기도 한다.

이 책에서 집중적으로 조명하는 테마에 일부 투자하기라도 하면 바이오테크놀로지 기업이 창출할 엄청난 가치를 고려할 때 향후 좋은 결과를 기대할 수 있을지도 모른다.

내 관점에서 독자 여러분이 이 책에서 얻어가기를 바라는 가장 중요한 혜택은 우리가 살아가는 세상에 대한 전망과 감정, 관념이 한층 더 밝아지고 크게 개선되는 것이다. 이 책이 제시하는 아이디어는 독자 여러분의 생활에 생기를 불어넣을 수 있다.

우리에게 《2001 스페이스 오디세이》를 선사한 영국 작가 아서 A. 클라크 경은 '충분히 발전한 기술은 마법과 구별할 수 없다.'라는 유명한 말을 남겼다. 실제로 세상에는 수많은 '마법'이 일어나고 있다. 과학적으로 드러난 사실은 점점 더 공상과학 영화처럼 보인다. 그리고 이 마법은 앞으로 수십 년 동안 수조 달러의 경제적 가치를 창출하여 인류에게 큰 혜택을 가져올 가능성이 크다. 이 마법의 영역에서 일하는 사람들은 지난 수 세기 동안 인류가 이룩한 환상적인 진보를 다가올 수 세기 동안에도 지속하는 데 매우 중요한 역할을 할 것이다.

이 책에서 나는 세상은 역사상 그 어느 때보다 좋은 상태에 있다는 주장을 펼칠 것이다. 언론에서는 전염병, 기후위기, 정치인의 권모술수, 부패, 테러, 폭력, 갈등 등에 관한 부정적인 기사를 매일 쏟아내지만, 대다수 사람들이 겪는 인간적 경험이 적어도 지난 두 세기 동안 개선된 것이 사실이다. 장수, 보건, 음식, 주거, 난방, 에너지, 빛, 문해력, 레저, 여행은 물론이고 정치적, 종교적, 성적 자유까지 삶의 모든 측면에서 인류의 경험은 점점 더 좋아지고 있다. 특히 우크라이나, 이스라엘과 가자 지구, 예멘에서 진행 중인 위기에도 불구하고, 과거 모든 세대의 기준이나 통념과는 반대로 세계의 대부분은 폭력이나 전쟁, 살인에서 벗어나 자유를 누리고 있다.

농업혁명과 산업혁명 이후 우리 인류가 이룩한 놀라운 진보와 그 결과 오늘날 우리가 받는 배당금을 과소평가해서는 안 된다. 그러한 진보는 대체로 전통적인 '기술' 산업이 만든 기술개발을 통해 이루어졌다. 반면 인류가 직면한 나머지 과제 대다수는 바이오테크놀로지 산업이 해결할 것이다.

그리고 이 모두는 엄청난 규모의 경제적 가치를 창출하고, 우리 삶의 모든 측면은 물론 인류가 지구에 미치는 모든 영향에 실질적인 변화를 가져올 것이다.

바이오테크놀로지의 '마법'

바이오테크놀로지 부문에서 일하며 누린 특권 중 하나는 많은 기업의 고위 경영진을 직접 만나고, 해당 기업의 각종 시설을 방문하여 영업 인력, 연구진과 대화할 수 있었다는 것이다. 그 외에도 업계 컨퍼런스와 행사에 참석할 수 있었으며 지식이 풍부한 전문 투자가들과 대화를 나눌 수도 있었다.

그렇게 일하다 보니 불과 수년 전까지만 해도 공상과학 영화 속에 나올 법한 일이 이제는 과학적 사실이 되어 너무나 대단하게 느껴지는 일과 우연히 마주치는 경우가 자주 있다. 다음은 그 몇 가지 사례다(순서에 특별한 의미는 없다).

- 오스트레일리아 기업 큐바이오틱스^{QBiotics}는 20년 이상 오스트레일리아 열대 우림에서 항암, 상처 치유, 항균 성분이 있을지도 모르는 천연 화합물을 찾아다녔다. 이들이 개발한 대표 약물 티길라놀 티글레이트$^{tigilanol\ tiglate}$는 생체검사가 가능한 모든 종양, 즉 종양 대부분에 직접 주입할 수 있다. 이 약물은 종양 세포를 파괴한 다음 바로 그곳에서 상처 부위를 빠르게 치유하는 탁월한 능력을 보여주고 있다.
- 매우 혁신적인 영국 기업 옥스퍼드 바이오메디카$^{Oxford\ Biomedica}$는 지난 20년 이상 특정 유형의 바이오테크놀로지 제조 공정에서 세계 시장을 선도하는 기업이었다. 그동안 이 기업은 제조 단위 확대나 소프트웨어 개선, 자동화, 로봇 기술을 통해 공정의 규모를 키우고 효율성을 극대화하는 데 주력했다. 그렇게 함으로써 특정 암 치료법의 제조 비용을 10분의 1 수준으로 낮출 수 있었다. 이는 노바티스^{Novartis}가 상업화가 불가능할 정도로 높은 수준이었던 암 치료법의 제조 비용을 제품으로 출시할 수 있는 수준까지 낮췄다는 의미다. 한편 옥스퍼드 바이오메디카에서는 때가 되면 제조 비용을 현 수준의 5분의 1에서 10분의 1까지 다시 한번 낮출 수 있다고 공개적으로 언급했다.
- 벨기에 기업 아블링스^{Ablynx}는 라마(바로 그 귀여운 라마가 맞다!)의 항체를 이용하여 새로운 치료법을 만들어내고 기존 치료법을 개선해 왔다. 이 기업은 벨기에의 한 연구소에서 개발한 기술을

바탕으로 2001년 설립되었으며 2018년 프랑스의 거대 제약회사 사노피^{Sanofi}에 50억 달러에 조금 못 미치는 금액에 인수되었다. 세계 곳곳에는 상어 항체를 이용하는 오스트레일리아 기업을 포함하여 아블링스와 비슷한 수준으로 혁신적인 연구를 진행하는 기업이 다수 존재한다.

- 또 다른 영국 기업 아박타^{Avacta}는 인간의 단백질을 이용한 유사한 기술을 활용해 고도의 표적 화학요법을 제공할 수 있을지도 모른다. 다시 말해서, 종양의 미세 환경(혈관, 면역 세포, 지방 세포 등 종양을 둘러싼 생태계-옮긴이)에 도달할 때만 방출됨으로써 일반적으로 화학요법으로 초래되는 끔찍한 부작용을 크게 줄이거나 심지어 완전히 없앨 수도 있는 화학요법 약물을 제조할 수 있다. 이 기술은 궁극적으로 부작용이 전혀 없는 간단한 경구용 알약 개발로 이어질 수 있을지도 모른다.
- 노벨상에 빛나는 유전자 편집 기술 크리스퍼^{CRISPR}는 이제 동식물과 미생물의 DNA를 극도로 정밀하게 변경할 수 있다는 것을 의미한다. 크리스퍼 기술은 생명과학 전반에 걸쳐 엄청난 영향을 미쳤고 새로운 암 치료법 개발에 기여하고 있으며 결국 유전성 질병 치료를 가능하게 할 수 있을 것이다.

우리는 우리 몸과 환경에 존재하는 미생물의 엄청나게 복잡한 특성, 즉 박테리아의 바이옴^{biome}(생물의 군집 단위나 생태계-옮긴이)과 바이러스의 바이롬^{virome}(바이러스 군집이 가지는 모든 유전자의 합 또는 바이러스체-옮긴이)에 대한 이해의 폭을 확장하는 과정에 있다. 이는 과학계 최전선에 있는 일종의 미개척 분야로서 가까운 미래에 건강이나 보건에 광범위한 영향을 미칠 것이다.

많은 회사가 생리 현상을 매우 정확하게 측정할 수 있는 손목시계나 반지와 같은 웨어러블 기기를 개발하고 있다. 이렇게 측정된 데이터는 스마트폰에 설치된 앱에 내장된 똑똑한 소프트웨어로 무선 전송된다. 우리는 지금 '웨어러블' 기술이 발달하고 '정량화된 자아'라는 개념이 변화하는 거대한 변화의 길목에 서 있다. 이러한 변화는 우리의 건강을 크게 개선할 가능성이 크며, 헬스케어 시스템의 초점을 치료보다는 예방 쪽으로 대폭 이동시킬 것이다. 미국의 저명한 기업가 피터 디아만디스는 이러한 변화를 가리켜 '질병 치료'에서 '지속적인 헬스케어'로의 전환이라고 묘사한 바 있다.

한편, 농업에서 바이오테크놀로지를 활용한 가장 흥미로우며 가능성 있는 분야 중 하나는 세포 배양 식품, 즉 동물을 키우는 대신 세포에서 배양한 고기의 개발이다. 불과 10년에서 20년 뒤면 바이오 엔지니어링 기술을 이용하여 모든 종류의 동물 단백질을 매우 정밀하게 만들 수 있을 것이다. 그렇게 만든 동물 단백질은 우리가 즐기는 소고기, 양고기, 닭고기, 참치, 랍스터 등과 정확히 똑같은 모양과 냄새, 맛을 내지만, 우리가 사는 곳에서 불과 수 킬로미터 떨어진 실험실에서 배양되었을 것이다. 이러한 동물 단백질 조달 방법은 매년 수십억 마리의 동물을 사육해서 도살한 다음 수백에서 수천 킬로미터 떨어진 지역까지 고기를 운송하는 현재의 방식보다 더할 나위 없이 효율적이고 인도적이며 환경에도 긍정적일 것이다.

한편, 바이오테크놀로지가 갖는 가능성의 극단에는 노화를 치료할 수 있는 질병일 뿐이라고 보는 과학자들도 존재한다. 영국의 생물의학 노인학자인 오브레이 드 그레이$^{Aubrey\ de\ Grey}$는 1,000세까지 살 최초의 인간이 이미 우리 곁에 존재할 것으로 본다고 2008년부터 공개적으로 말했다. 드 그레이의 입장이 논란의 여지가 매우 큰 것은 사실이지만, 유수의 연구기관에 속한 합리적인 과학자 다수는 지난 100년 남짓한 기간에 인간의 수명이 이미 30~40년 증가한 사실을 바탕으로 기대수명에 또 다른 큰 변화가 임박했다고 믿고 있다. 그들은 인간이 더 오래 살 뿐만 아니라 젊음을 더 오래 유지할 것으로 예상한다. 오늘날 50대와 60대는 더 이상 중년이나 노년이 아니라 '새로운 40대'라고 불린다. 머지않은 미래에는 70대나 80대까지도 새로운 40대가 될지도 모른다.

지금까지 소개한 기술과 기업이 인류의 미래에 엄청나게 큰 도움을 줄 잠재력을 가지고 있기는 하지만, 바이오테크놀로지 부문에서 활동하는 다수의 기업이 직면하고 있는 구조적 문제가 진보의 속도를 늦추고 있다. 특히 미국을 벗어나면 혁신적인 바이오테크놀로지 기업이라 해도 자금조달이 극히 어려운 경우가 많다. 세상을 바꾸고 인간의 삶을 대폭 개선할 수 있는 기업을 지원할 의지와 능력을 갖춘 자본이 너무 부족하기 때문이다. 게다가 이처럼 혁신적인 기업이 하는 일을 조명하는 기사를 쓸 언론인 역시 너무 적다.

물론 이 두 가지 문제는 서로 관련되어 있다. 우리가 만들어낼 수도 있는 혁신에 관해 우리는 한쪽 손을 등 뒤로 묶은 채 싸우고 있는 형국이다. 만약 그렇지 않다면 우리는 훨씬 더 빠른 속도로 나아갈 수 있을 것이다.

본문의 구성과 내용

이 책을 읽어가면서 독자 여러분은 바이오테크놀로지가 어떻게 우리 삶의 모든 측면을 더 나은 방향으로 바꿀 것인지 알게 될 것이다.

1부에서는 바이오테크놀로지 산업이 이미 이룬 놀라운 과학적 발전 몇 가지를 소개하고, 비교적 짧은 기간에 수조 달러에 이르는 부를 창출한 방법을 보여준 뒤 그와 같은 결과를 이끈 요인을 살펴본다. 그런 다음 특히 미국 바깥의 자본시장과 관련하여 이 산업이 직면한 몇 가지 어려움을 알아본 후에 이를 충분히 극복할 수 있는 이유를 설명한다.

2부에서는 현대 의학의 발전, 항생제와 백신 기술이 전염병에 미친 영향, 그리고 이러한 현실과 그 결과 폭발적으로 증가하는 현대성 질병 및 질환 사이의 관계를 살펴볼 것이다. 여기서 말하는 현대성 질병 및 질환에는 당뇨, 간질, 염증성 장 질환과 과민성 대장 증후군, 비만, 다양한 자가면역 질환과 정신건강 문제와 같이 걱정스러울 정도로 많은 종류가 포함된다. 이 모든 질병과 질환에서 미생물 세계가 담당하는 중요한 역할을 알아본다. 또한 바이오테크놀로지가 이처럼 다양한 문제를 해결하고 의료에 대한 접근방법을 혁신하는 데 필요한 기술과 헬스케어 시스템을 전달하는 방법을 살펴본다.

3부에서는 페니실린에서 DNA, RNA, mRNA에 이르기까지 제약·바이오테크놀로지 산업의 발전을 살펴본 뒤에 최근 주목받는 바이오 약물과 유전자 및 세포 치료, 줄기세포, 유전자 편집 등 최첨단 혁신에 대해 더 깊이 들여다본다. 그런 다음, 이 모든 발전과 혁신을 가능하게 한 주요 진단 및 분석 도구를 알아본다. 또한 청정 발전과 농업, 처리 능력처럼 산업 외 분야에서 바이오테크놀로지가 담당해야 하는 역할과 함께 노화가 어느 정도까지는 치료할 수 있는 질병에 불과하다는 과격한 아이디어도 살펴본다.

이상에서 언급한 내용 대부분은 공상과학 영화나 어쩌면 단지 희망 사항처럼 보일지도 모른다. 하지만 나는 독자 여러분이 이 책을 다 읽을 즈음에는 이 모든 것이 얼마나 현실적인지 알 수 있기를 진정으로 바란다. 바이오테크놀로지는 가까운 미래에 세상과 우리 삶을 바꿀 것이다. 이 책을 즐겁게 읽고 바이오테크놀로지 산업에 기꺼이 투자하기를 바란다.

1부

바이오테크놀로지 산업

세상을 바꾸고 부를 창출하다

1부에서는 바이오테크놀로지가 어떻게 수조 달러 규모의 산업으로 성장했고 앞으로 훨씬 더 크게 성장할 것인지, 그리고 다음 세대의 애플과 아마존, 구글, 마이크로소프트는 왜 바이오 테크놀로지 분야에서 나올 것으로 보는지를 살펴본다. 먼저 바이오테크놀로지 산업의 성장 을 주도하는 강력한 요인 여섯 가지를 검토한 다음 특히 미국 외 지역에서 바이오테크놀로지 기업이 직면한 문제들도 알아본다. 그리고 그러한 문제를 충분히 극복할 수 있는 이유를 설 명한다.

미래는 찬란하다. 그리고 바이오테크놀로지에 찬란한 미래가 있다.

1장

바이오테크놀로지 혁명의
여섯 가지 원동력

1970년대에 처음 부상한 바이오테크놀로지 산업은 지금까지 막대한 경제적 가치를 창출했다. 2022년 말 기준 전 세계 바이오 제약 기업 중 상위 700곳의 기업 가치를 모두 더하면 거의 5조 4,000억 달러에 달한다. 이 엄청난 숫자에 잡히지 않는 수많은 크고 작은 기업을 고려하면 바이오테크놀로지 산업이 실제로 창출한 가치는 훨씬 더 크다.

1장에서는 이와 같은 일이 일어난 중요한 이유 몇 가지와 함께 바이오테크놀로지 산업이 앞으로도 계속 성장할 것은 물론 성장 속도가 더 빨라질 가능성이 큰 이유를 살펴보려 한다. 그것이 이어서 소개할 내용을 이해하는 데 도움이 될 것이다.

바이오테크놀로지와 같은 성장 산업에서는 모멘텀이 중요하다. 일반적으로 성공이 성공을 낳는 법이기 때문이다. 하지만 엄청난 가치 창출에도 불구하고 바이오테크놀로지 산업에 대한 이해는 여전히 부족하며 세계 여러 지역의 자금조달 여건도 녹록지 않다. 미국과 최근에는 중국이 바이오테크놀로지 산업에서 지나치리만큼 큰 비중을 차지하고 있다. 이는 투자 측면에서는 좋은 기회가 될 수 있다. 다양한 구조적 이유에서 결국 다른 나라들도 미국과 중국을 따라갈 것이기 때문이다.

바이오테크놀로지 산업의 성장을 주도해 온 구조적 요인에는 다음 여섯 가지가 있는데, 아래에서 하나씩 살펴보겠다.

1. 과학
2. 인구 통계
3. 주식 펀더멘털
4. 윤리적 투자
5. 규제 환경 개선
6. 공공부문과 정부

1. 과학

바이오테크놀로지 기업에서 실행하는 과학은 점점 현실이 공상과학 영화의 장면처럼 보이는 지점에 다가가고 있다. 이처럼 탁월한 기술적 진보의 배경에는 서로 관련 있고 상호 보완적인 세 가지 지수^{exponential}가 동력으로 작용하고 있다.

• 단위 처리 능력당 비용의 하락(무어의 법칙의 영향)

- 인간 게놈 또는 유전체 염기서열 분석 비용의 하락
- 전 세계에서 과학자와 의료진, 규제기관이 빠른 속도로 발전하는 기술을 이용하여 협력하는 능력의 향상

무어의 법칙은 달러당 컴퓨터 처리 능력이 대략 2년마다 두 배씩 증가한다는 법칙이다. 인텔의 설립자 중 한 명인 고든 무어^{Gordon Moore}가 1965년 이 현상을 처음 발견했다.

그림 1.1의 그래프에서 이러한 처리 능력 증가 추세가 지난 120년 이상 지속되었음을 알 수 있다. 생각해 보면 정말 놀라운 일이 아닐 수 없다. 미국 최고의 벤처캐피털 투자가이자 테슬라의 이사회 구성원으로도 활동한 스티브 주버슨^{Steve Juvetson}은 그림 1.1을 가리켜 '인류 역사상 가장 중요한 그래프'라고 묘사한 바 있다.

그림 1.1 무어의 법칙

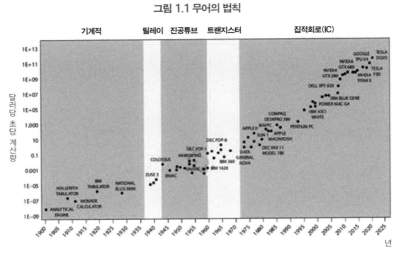

[출처] 해나 리치, 맥스 로저, 에두와드 매튜(https://ourworldindata.org/moores-law)

모든 기술적 발전의 배경에서 작용하는 동인인 무어의 법칙은 지난 100년이 넘는 시간 동안 인류의 진보에서 가장 중요한 단 하나의 요인이었다. 무어의 법칙에 따른 발전과 진보는 앞으로도 계속될 가능성이 크다. 내가 살아온 동안에도 투자한 통화 단위당 컴퓨터 처리 능력이 10억 배나 증가했다. 무어의 법칙은 인류의 경이로운 독창성을 입증하는 증거이자 인류의 미래에 대한 거대한 희망의 원천이다.

무어의 법칙에 관한 이야기는 이 정도로 하고, 여기 바이오테크놀로지 산업에서 10년 넘게 별다른 관심을 두지 않은 그림이 있다. 인간 유전체의 염기서열 분석 비용이 놀랍도록 빠르게 하락해 온 모습을 보여주는 그래프다.

그림 1.2는 인간 유전체의 염기서열 분석 비용, 즉 인간의 유전암호 전체를 읽는 데 드는 비용이 20년도 안 되는 사이에 1억 달러에서 1천 달러 아래로 낮아졌다는 것을 보여준다. 인간 유전체의 염기서열을 최초로 분석한 비용을 정확하게 추산하기는 어렵지만, 현재 가치로 약 30억 달러인 것으로 추정되며 분석 작업에 수백 명의 연구원이 투입되어 13년이 걸렸다. 현재는 약 200달러의 비용으로 몇 시간이면 같은 수준의 분석 서비스를 여러 회사에서 제공받을 수 있다.

13년과 30억 달러에서 몇 시간과 200달러까지. 이는 그 낌새조차 눈치챈 이가 거의 없는 엄청난 통계적 변화다. 중요한 점은 이 통계가 질병과 맞서 싸우는 인간의 능력에 지대한 영향을 미친다는 것이다. 그리고 잠재적으로는 암이나 당뇨, 알츠하이머, 치매를 넘어서 궁극적으로 인류가 알고 있는 다른 모든 질병을 효과적으로 치료할 방법을 찾아내는 능력에도 마찬가지로 영향을 미칠 수 있다.

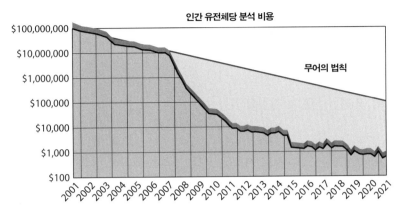

그림 1.2 인간 유전체 염기서열 분석 비용(2001~2021년)

인간 유전체당 분석 비용

무어의 법칙

[출처] 국립 인간 유전체 연구소(National Human Genome Research Institute)

과학 분야 저술가인 멜라니 시니어^{Melanie Senior}는 이렇게 말했다. "유전자 편집 및 전달 도구, 시각화 방법, 컴퓨터 기반 데이터 분석 등의 폭발적인 발전 덕분에 과학자들은 불과 10년이나 5년 전까지만 해도 가능하지 않았던 방법으로 생명 활동을 이용할 수 있게 되었다." 또한 태양광 발전 비용과 효율성, 양자 컴퓨팅 기술, 엔진 효율성, 반도체 설계, 배터리 기술 등 많은 분야에서도 기하급수적인 발전 양상을 관찰할 수 있다. 특히 다양한 기술이 융합하면서 긍정적이며 강력한 결과를 가져다줄 가능성이 매우 크다. 그리고 그 시기는 사람들 대부분이 인식하는 것보다 빠르게 찾아올 것이다.

과학적 진보가 그야말로 경이롭다는 점에는 의심의 여지가 없다. 혁신은 점점 더 빨리 이루어지고 있으며 현실은 점점 더 공상과학 영화처럼 보인다.

금융시장과 뉴스를 둘러싼 갖가지 소음에서 벗어나서 보면, 농업혁명과 산업혁명 이후 인류 대다수가 엄청나게 증가한 부와 크게 향상된 생활 수준을 누리는 현실의 기저에는 무어의 법칙에 따른 발전이 존재한다는 사실을 깨달을 수 있다. 그리고 무어의 법칙이 기하급수적인 성장과 발전을 가져오는 만큼 이러한 현상은 미래에도 계속될 것이며 심지어 더 빠른 속도로 진행될 가능성이 크다.

2. 인구 통계

과학이 이처럼 맹렬하게 발전하는 사이 헬스케어 서비스에 대한 요구와 수요는 몇 가지의 강력한 이유로 인해 폭발적으로 증가하고 있다. 전 세계적으로 인구는 노령화되고 점점 더 뚱뚱해지고 있으며 수많은 '현대성 질병'으로 고통받고 있다. 동시에 인류가 점점 더 부유해지고 있는 것도 사실이다.

거의 모든 질병에서 나이는 핵심 요인이다. 거의 80%의 암은 55세 이상의 환자에게서 진단되며, 발병 위험은 나이가 들수록 꾸준하게 커진다. 이는 다른 많은 질병에서도 마찬가지다. 그러다 보니 전 세계 인구의 평균 수명이 증가하면서 헬스케어 서비스에 대한 수요도 증가한다. 최근 50년간 전 세계 인구에서 60세 이상이 차지하는 비중은 크게 높아졌으며, 증가 추세는 한층 더 두드러질 것이다.

비만도 마찬가지다. 현재 선진국에서는 인구의 절반에서 3분의 2가 비만 또는 과체중으로 분류된다. 안타깝지만 개발도상국에서도 이 비율을 따라잡고 있다. 비만은 유병률을 크게 높인다. 현재 전 세계 당뇨병 환자 수는 5억 명이 넘으며 이는 비만율과 연관성이 크다.

나이와 비만이라는 두 요인은 모두 온갖 종류의 헬스케어 제품과 서비스에 대한 수요를 큰 폭으로 증가시켰으며, 이 두 요인이 미치는 영향은 매년 한층 더 강력해지고 있다. 세계 최대의 당뇨 전문 기업 노보 노디스크 Novo Nordisk 의 가치는 이미 3,500억 달러를 크게 넘어섰다. 그리고 2023년 한 해에만 암 진단 및 치료에 2,000억 달러가 넘는 비용이 쓰였다.

인류는 꽃가루 알레르기, 견과류 알레르기, 습진, 천식, 자폐, 간질, 염증성 장 질환, 과민성 대장 증후군을 비롯하여 류머티즘 관절염, 만성 소화장애, 근염, 낭창 등 다양한 자가면역 질환과 이에 국한되지 않는 수많은 '현대성 질병'과 장애로 점점 더 많은 고통을 받고 있다. 우울증이나 정신질환의 유병률도 전 세계적으로 높아지는 추세다. 이와 같은 현상이 발생하는 이유에 관해서는 책의 뒷부분에서 더 자세히 살펴볼 예정이다. 지금으로서는 이 모두가 바이오테크놀로지 산업 내의 기업들에게는 중요한 시장 잠재력이라는 점을 강조하는 정도면 충분하다.

한편, 부유한 사람들이 가난한 사람들보다 헬스케어 서비스에 더 많은 돈을 쓴다. 불과 얼마 전까지만 해도 전 세계 인구 대부분이 헬스케어 서비스를 받지 못했다. 제대로 갖춰진 헬스케어 서비스는 선진국에서도 소수 특권층의 전유물이었다. 오늘날에는 아시아와 중남미 전역은 물론이고 아프리카의 일부 부유한 지역에 사는 수십억 명의 인구가 그들의 부모가 할 수 없었던 방식으로 편리한 헬스케어 서비스와 의약품에 접근할 수 있다.

예를 들어 중국의 헬스케어 서비스 시장은 이미 전 세계에서 두 번째로 큰 규모로, 지난 수년간 빠르게 성장했다. 다수의 시장 분석가들은 상당히 가까운 미래에 중국의 헬스케어 서비스 시장이 미국의 시장 규모를 추월할 것으로 본다. 중국 시장에 진출할 가능성이 있는 우수한 연구개발 자산을 갖춘 기업이라면 희망에 찬 미래를 그려볼 수 있을 것이다. 물론 적절한 때에 공략할 만한 인도, 파키스탄, 인도네시아를 비롯한 아프리카 같은 다른 대규모 시장은 차치하더라도 말이다.

3. 주식 펀더멘털

성공한 바이오테크놀로지 기업을 관찰하면 해당 기업 주식의 매력적인 펀더멘털을 여러 가지 발견할 수 있다. '주식 펀더멘털'에는 강력한 가격 결정력, 높은 수익성, 긴 제품 사이클, 그리고 오랜 기간 지식재산권, 특히 특허로 보호받은 덕분에 갖추게 된 높은 진입 장벽이 포함된다.

순전히 투자 관점에서 볼 때 더 중요한 점은 아마도 이들 기업이 전에 없이 강력한 자금력을 가졌다는 것이다. 세계 4대 회계법인 중 하나인 언스트앤영이 2023년 추정한 바에 따르면, 전 세계 바이오 제약 및 의료기술 기업이 투자나 인수합병에 투입할 수 있는 현금은 1조 4,000억 달러에 달한다. 여기에 제약 및 생명과학 기업에 전문적으로 투자하는 사모펀드와 벤처캐피털에도 비슷한 규모의 자금이 투자처를 찾고 있다.

이처럼 바이오테크놀로지 부문에 집중적으로 투입할 수 있는 투자 자본의 규모가 엄청나다는 것은 무언가 가치 있는 것을 가지고 있다고 입증할 수 있는 기업이라면 해당 기업의 주식에 투자할 잠재적인 구매자가 다수 존재할 가능성이 크다는 점이다.

　이와 같은 현상은 다른 어떤 경제 부문보다도 헬스케어 및 바이오테크놀로지 산업에서 더 강하게 나타난다. 이는 많은 대기업이 혁신적인 과학과 지식재산권을 직접 개발하기보다는 이를 확보한 기업을 인수하거나 해당 기업으로부터 라이센스를 가져오려는 경향을 보인다는 사실 때문이다.

4. 윤리적 투자

바이오테크놀로지 부문의 가치를 뒷받침하는 네 번째 구조적인 요인은 전 세계 거의 모든 곳에서 소위 '윤리적 투자'에 더 많이 주목하는 현상과 관련이 있다.

　독자 여러분도 ESG라는 말을 들어봤을 것이다. ESG는 환경environmental, 사회social, 지배구조governance를 의미한다. 전 세계의 ESG 펀드에는 2019년 2,850억 달러를 시작으로 2020년 5,420억 달러, 2021년 6,490억 달러의 자본이 유입되었다. 이는 지난 2년간 유럽에서 이루어진 모든 신규 투자 유입액의 절반에 육박하는 규모다.

　여기서 어떤 기업이나 펀드가 'ESG' 성향이 강하다는 말은 그러한 기업이나 펀드가 다음 세 가지 광범위한 영역에서 '윤리적'이라고 생각할 수 있다는 의미다.

- **환경** - 환경은 ESG의 세 가지 구성 요소 가운데 가장 명백한 요소일 것이다. 환경과 관련한 ESG 평가에서는 기후 변화, 에너지 소비, 자원 고갈, 오염, 유해 폐기물 처리, 산림 파괴 및 전용, 생물 다양성에 미치는 영향, 동물 복지 등을 살펴본다.

- **사회** - 사회와 관련한 ESG 평가에서는 기업이 모든 이해관계자와 사회 전체에 미치는 영향을 살펴본다. 간단히 말해서 특정 기업이 사람들에게 미치는 영향을 살펴본다는 뜻이다. 여기에는 공정성, 다양성, 노동권, 노동 조건처럼 직원에게 적용되는 각종 조건이 포함된다. 특히 바이오테크놀로지 및 헬스케어 분야에서는 환자를 치료한 결과가 중요한 고려 사항이 된다.

- **지배구조** - 지배구조와 관련한 ESG 평가에서는 기업이 정확하고 투명한 회계정책의 이용, 임원 보상, 특히 의결권과 함께 필요에 따라 경영진에 대한 통제권을 행사하는 관점에서 주주에 대한 대우 등을 얼마나 잘 처리하는지 살펴본다. 또한 지배구조는 잠재적 이해 상충이나 이사회 구성원 선임, 정치적 기부 대상 선택과도 관련이 있다. 흥미로운 사실은 지배구조와 관련한 문제가 없었다면 현명한 선의의 시장 참여자로 보였을지도 모르는 거대한 기술 기업이 데이터 오남용이나 조세 회피, 창업자가 일반 주주보다 훨씬 더 많은 의결권을 가지는 현실에 대한 우려로 인해 지배구조 요소에서 상당히 낮은 점수를 받는 경우가 많다는 것이다.

한편 ESG는 기업이 주류와 담배는 물론이고 총기나 다른 무기 및 방위 물자와 같이 사회에 해악을 끼치는 제품에 얼마나 관여하는지도 고려한다.

여기서 강조하고 싶은 핵심은 ESG는 전체적으로 복잡하고 주관적인 영역이라는 점이다. 다시 말해서 옳고 그름을 명확히 구분하거나 정답을 찾기 어렵다. 어느 기업이나 투자가 ESG 기준을 충족하는지 판단하기란 본질적으로 어려운 일이다. 대기업에 관한 정보는 불완전한 경우가 많으며, 설사 정확한 정보를 확보할 수 있다 하더라도 그 정보를 점수화하는 과정에서 주관과 판단이 상당한 영향을 미치게 된다. 따라서 수백에서 심지어 수천 개 기업의 주식을 소유한 펀드나 투자 기업의 종합적인 ESG 수준을 평가한다는 것은 더더욱 어려운 일일 수밖에 없다.

ESG의 E 요소, 즉 환경과 관련한 예를 살펴보자. 구리를 채굴하는데는 많은 에너지가 필요하지만 구리 없이는 전기차나 풍력발전용 터빈을 제작할 수 없다. 정유 회사가 탄소 배출 기업임은 분명하다. 그렇다면 생명을 구하는 물자를 운송하지만 상당량의 디젤이나 항공유를 사용하는 대규모 의료 물류 회사는 어떻게 바라볼 수 있을까? 모든 일이 얼마나 서로 연결되어 있는지 생각하면 할수록 어떤 회사가 ESG의 환경 요소를 충족하는지 판단하기가 더욱 혼란스러워지며 명확하게 결론짓기가 더욱 어려워진다.

그런데도 주식시장에 상장된 기업을 중심으로 전 세계의 기업 대다수는 여러 가지 본질적이고 구조적인 이유로 인해 시간이 가면서 자연스럽게 '더욱 ESG 친화적'으로 되고 있다. 기본적으로 이는 이들 기업의 이해관계자 대부분이 기업이 ESG 친화적으로 변하도록 강하게 요구하기 때문이다.

소셜 미디어에서는 대형 제약회사의 행위를 비판하는 글을 종종 볼 수 있다. 인간이 활동하는 모든 분야에는 항상 나쁜 행동을 일삼는 자들이 있게 마련이다. 그렇지만 지금까지 내가 함께 일하면서 경험한 기업 대부분에는 탐욕이나 사리사욕보다는 환자 치료 방법이나 세상을 개선하겠다는 열정을 가지고 한결같이 앞으로 나아가는 최고경영자와 사업부 관리자, 연구원이 일하고 있었다. 또한 어떤 현상이 과거 어느 시점에 유효했다고 해서 현재도 그렇다는 법은 없음을 잊지 말아야 한다. 소위 '불량 제약회사'의 사례를 찾기는 매우 쉽다. 그러나 상황은 나아지고 있으며 앞으로도 계속 발전할 것이다. 그리고 이 책의 뒷부분에서 다시 다루겠지만, 나쁜 소식이 좋은 소식보다 많은 관심을 받는 것도 사실이다.

공급 차원의 추진력으로서 경영진이 개인적인 선택에 따라 기업이 선량한 시장 행위자가 되도록 주도하는 경우가 아니더라도, ESG에 있어서 '수요' 차원의 견인력도 작용하고 있다. 이는 기업이 실질적으로 선량한 행위자가 되어야 하며, 만약 그렇지 않으면 과거 그 어느 때보다 ESG에 관심이 있는 투자자를 유치하고 소비자에게 제품이나 서비스를 판매해야 한다는 사실 때문에 심각한 문제에 직면하게 되기 때문이다.

세계에서 가장 크고 시장을 선도하는 기업에서는 점점 ESG를 중심으로 자신들이 하는 업무 대다수에 관한 의사를 결정하는 모습을 관찰할 수 있다.

블랙록^{BlackRock}은 전 세계에서 가장 큰 투자 기업 중 하나다. 블랙록의 최고경영자 래리 핑크^{Larry Fink}는 2020년 전 세계 수천 개 기업의 최고경영자에게 보낸 '금융의 근본적인 재편'이라는 제목의 서한에서 '블랙록 투자 접근방법의 중심에 지속 가능성^{sustainability}을 두기 위한 다양한 추진 과제'를 발표했다. 심지어 환경 파괴의 주범으로 손꼽히는 석유 및 가스 산업도 ESG 친화적인 방향으로 견인하는 거시적인 힘의 영향을 받고 있다. 같은 해에 쉘^{Shell}의 최고경영자 벤 반 뷰르덴^{Ben van Beurden}은 쉘이 '2050년 또는 그 이전까지 탄소 중립 에너지 기업이 되겠다'는 의지를 천명했다. 석유 및 가스 산업에서 이와 비슷한 포부를 가진 거대 기업은 쉘뿐만이 아니다. 대규모 정유 회사는 청정에너지 기술에 가장 많은 자금을 지원하는 투자자들이며 2020년 한 해에만 90억 달러를 투자했다. 기후 변화와 관련한 소식을 전하는 예일 기후 커넥션^{Yale Climate Connections}에 소개된 〈기관 투자가들이 대형 정유사에서 도망쳐 청정기술이라는 피난처로 향하고 있다〉와 같은 제목의 글을 볼 때, 이러한 변화는 전혀 놀라운 일이 아니다.

전 세계의 셀 수 없이 많은 기업에서 유사한 사례를 찾을 수 있다. 물론 이들 기업에서 환경을 중요하게 생각한다는 메시지를 발표할 때 '그린워싱^{greenwashing}(실제 친환경 경영이 아니라 겉으로만 그럴싸하게 포장하는 홍보-옮긴이)'이라는 비판도 있고, 일정 부분 사실로 드러나기도 한다. 하지만 기업에서 ESG 친화적인 활동이 자신들이 해야 할 일이라고 느낀다는 사실만으로도 과거에 비해 실질적으로 개선된 모습인 것은 분명하다.

바이오테크놀로지 및 헬스케어 산업은 ESG의 모든 측면에서 상당히 좋은 점수를 받고 있다. 기업의 평판 정보를 제공하는 덴마크의 유명 기업 렙트랙^{RepTrak}이 2021년 발표한 보고서에 따르면 제약, 바이오테크놀로지 및 생명과학 산업은 ESG 부문에서 1위에 선정되었다. 이 산업에 속한 기업이 해결해야 할 문제로 동물실험이 남아 있으며 이 문제가

ESG 점수에 부정적인 영향을 미친 것도 사실이지만, 이는 이들 기업이 환자 치료 결과에 광범위하게 미친 긍정적인 영향으로 상쇄되고도 남는다. 또한 상당수의 합리적인 과학자는 동물실험의 시대가 얼마 남지 않았다고 믿는다. 실제로 동물실험을 대체할 가능성이 큰 기술이 존재한다.

미래에 동물실험의 운명이 어떻게 될지에 관계없이 바이오테크놀로지 산업은 ESG 투자 확대의 수혜를 크게 입는 산업이 될 수 있다. 미국의 투자 기업 피델리티에서 2019년 발표한 보고서에 따르면 부유한 밀레니얼 세대의 77%는 '임팩트 투자(수익 추구만이 아니라 사회나 환경에 긍정적인 영향을 미치는 기업에 투자하는 행태-옮긴이)'를 한 경험이 있다. 또 다른 투자 기업인 아메리칸 센추리에서는 투자자 셋 중 하나는 임팩트 투자를 할 때 헬스케어 산업을 최우선 투자 대상으로 고려하는 것으로 추정했다. 쉽게 말해서 바이오테크놀로지 산업에는 혁신을 뒷받침하려는 자본이 풍부하게 존재한다.

여기서 나는 세상이 완벽하다거나 모든 기업이 매우 바람직한 방향으로 움직인다고 말하려는 것이 아니다. 다만 인류가 나아가는 방향이 긍정적이고 고무적이라는 말을 하고 싶다. 기업의 행동은 필연적으로 우리가 사는 사회를 반영한다. 그 기업에 관련된 사람은 모두 우리와 같은 사회의 구성원이기 때문이다.

ESG라는 용어와 가치가 존재하고 최근 수년간 약 1조 5,000억 달러의 신규 투자 자금이 ESG 펀드로 유입되었다는 사실만으로도 세상은 더 나은 방향으로 변하고 있으며 그 중심에는 풍부한 투자 자본이 뒷받침하는 바이오테크놀로지 산업이 있음을 알 수 있다.

5. 규제 환경 개선

평균적으로 약물을 시장에 출시하는 데는 거의 30억 달러의 비용과 약 10년이라는 시간이 필요하다. 이처럼 큰 비용과 시간이 필요한 것은 미국 식품의약국[FDA], 유럽의약품청[EMA], 중국국가식품약품감독관리총국[NMPA] 등 규제기관에서 약물 개발 및 시판에 필요한 각종 허가를 받기 위해 충족해야 하는 규제 요건과 크게 관련이 있다. 이는 헬스케어 분야에서 활동하는 바이오테크놀로지 기업이 직면한 가장 큰 어려움 중 하나로서, 특히 수익을 창출할 때까지 필요한 엄청난 비용과 시간을 감당할 수 있는 준비가 충분히 되지 않은 작은 기업의 경우에는 더욱 그렇다.

각종 인허가 프로세스의 처리 속도를 높이거나 비용을 낮출 수 있는 조치라면 무엇이든 바이오테크놀로지 부문의 가치 상승에 큰 도움이 된다. 다행히도 최근 몇 년 사이 일어난 변화의 방향은 긍정적이었다.

바이오테크놀로지 산업이 등장한 초기에 규제기관에는 바이오테크놀로지 기업에서 무슨 일을 하고 있는지 이해하는 직원이 부족했다. 특히 1980년대 이후로 과학적으로 새로운 지평이 열리면서 바이오테크놀로지 산업의 최첨단에서 일하는 사람들은 과학기술 측면에서 규제기관보다 훨씬 앞서 있는 경우가 잦았다. 그러한 기업의 과학자는 결국에는 노벨상을 받을 만한 유형의 사람들이었기 때문이다. 그러니 규제기관에서 이들이 개발한 의약품의 허가를 매우 주저한 것도 어찌 보면 당연했다. 이해하지 못하는 의약품을 편한 마음으로 허가하기는 어려우니 말이다.

이러한 문제가 자체적으로 해결되는 데는 상당한 시간이 걸렸으며 그러는 동안 시장에서는 규제기관의 허가를 받는 일의 비용과 복잡성이 증가했다.

이러한 현실은 그다지 놀랄 만한 일이 아닐 것이다. 새로운 기술이 만든 시장에 일찍 진출한 기업은 선발 주자로서 상당한 수준의 불이익에 마주한다. 여기에는 엄청난 초기 비용, 규제기관을 포함한 시장이 제품을 수용하고 채택할지에 대한 불확실성, 크리티컬 매스(기업이 수익을 내면서 추가 투자 없이 독자 생존할 수 있는 지점-옮긴이)에 도달하기에 충분한 네트워크 효과의 부족 등이 포함된다. 이들 기업은 상당 기간 이러한 불이익에 맞서 싸우고 이겨낸 뒤에야 선발 주자로서 가지는 이점을 누릴 수 있다.

역사상 거의 모든 주요 산업이 발전하는 과정에서 이러한 현상을 볼 수 있다. 1800년대 철도 산업의 발전이나 자동차 및 항공 산업의 발전을 생각해 보자. 인터넷 산업이나 전기차, 태양광 발전 시장의 성장 과정에서도 비슷한 일이 일어난 사례를 많이 찾을 수 있다.

최근 몇 년 사이에 전 세계 헬스케어 산업의 규제환경이 꾸준히 개선되고 있다. 이 산업이 매우 빠르게 성장했으며 그 최전선에서는 새로운 가능성을 광범위하게 탐색하고 있음에도 불구하고, 많은 시장 참여자는 주요 규제기관이 제대로 된 일을 하는 데 필요한 능력과 자원을 갖추고 있지 못하다고 생각하는 것처럼 보인다. 이들 규제기관에서 여전히 병목현상을 일으킨다는 점에는 논란의 여지가 없지만, 수천억 달러를 쏟아부을 여력이 있는 민간부문과 달리 공공부문의 자금 지원에는 각종 제약이 따른다는 한계 때문에 규제기관이 걸림돌이 되는 현상은 거의 늘 일어날 수밖에 없는 일이다.

변화의 방향을 보여주는 또 다른 사례를 살펴보자. 2015년 말 나는 런던에서 중국의 여러 고위 인사가 진행한 발표 자리에 참석했다. 발표의 주제 중 하나는 이들 규제기관이 과학기술 인재 확보에 적극적으로 투자하고 있다는 것이었다. 지난 10년 사이 중국 내 관계 기관에서 의약품 인허가 검토 업무를 담당하는 박사급 과학자의 수는 100명 미만에서 800명 이상으로 급증한 것으로 추정된다.

나는 이러한 전반적인 추세가 2020년 1분기 이후 코로나19 팬데믹으로 인해 한층 강화되었다고 본다. 전 세계의 모든 나라에서 가능한 한 빨리 효과적인 코로나바이러스 백신을 찾아야 한다는 정치적 부담으로 인해 정부와 유권자는 그 어느 때보다 보건의료 규제에 초점을 맞추었다. 영국의 대표적인 로펌 링크레이터스Linklaters에서는 다음과 같이 언급했다.

> 정부에서는 코로나19에 대한 업계의 대응을 지원하는 차원에서 헬스케어 기업의 규제 부담을 일부 완화하고 중요 의약품의 시장 진입 속도를 높이기 위해 노력하고 있다. (중략) 중기적으로 볼 때 더 많은 변화가 일어날 수 있다는 것은 분명하다. 정부와 규제기관에서는 당면한 팬데믹으로 드러난 취약점을 해결하고자 보건의료 규제를 면밀하게 검토하고 있다.

이처럼 새로운 약물의 시장 진입 속도가 빨라진 덕분에 인류는 기록적으로 짧은 시간 내에 백신을 개발할 수 있었다. 여기서 주목할 점은 코로나바이러스 백신의 필요성이나 그로 인해 전 세계의 모든 정부가 느낀 부담감은 지난 수십 년 동안 물밑에서 발전해 온 여러 변화의 주제가 한꺼번에 드러나는 기폭제였을 뿐이라는 사실이다. 영국의 작가이자 팟캐스터이며 익스포넨셜 뷰라는 뉴스레터의 제작자인 아짐 아자르[Azeem Azhar]는 2021년 출간한 자신의 책《익스포넨셜: 기술 가속화 시대의 질서와 혼란(Exponential: Order and Chaos in an Age of Accelerating Technology)》에서 이렇게 언급했다. "과학자들이 새로운 병원체 식별에서 유효한 백신 확보까지 나아간 속도는 인류 역사상 비슷한 사례를 찾을 수 없을 정도로 빨랐다."

인류가 기록적으로 짧은 시간에 백신을 만들어낼 수 있었던 것은 빅데이터, 컴퓨터의 연산 능력, 유전자 염기서열 분석 비용과 같은 요인이 놀랍도록 강력하게 결합한 덕분이었고, 전 세계의 과학자들은 그 어느 때보다 서로 협력하고 발전했다. 또한 정부와 규제기관이 빠르게 움직일 수 있는 강력한 정치적 동기를 가졌기 때문이다.

균형감을 잃지 않는 차원에서 말하자면, 백신 프로그램에 대한 일부 합리적인 의구심은 시간이 지나면 어느 정도 타당성이 입증될지도 모른다. 어쨌든 약물 개발은 극도로 어려운 일이고, 코로나19 백신을 접종한 인구가 전례 없이 큰 규모라는 면에서 인류는 지금 미지의 영역에 있기 때문이다. 궁극적으로 10억 명의 사람들을 치료할 때 발생하는 부작용 건수나 사망자 수는 100만 명을 치료할 때보다 1,000배일 가능성이 당연히 크다.

이처럼 난해한 상황을 바라보는 가장 효과적인 관점은 철학자 제러미 벤담의 공리주의 사상의 핵심인 효용[utility]일 것이다. 질병의 치료와 예방 약물뿐만 아니라 거의 모든 중요한 사안에 대한 정책적 대응은 전체 인구 중 최대 다수에게 최대한의 이익을 가져다주는 방향으로 검토되어야 한다는 의미다.

시간이 지나면 전 세계 백신 프로그램에 대한 공리주의 관점이 타당성을 얻을 가능성이 크다. 적어도 백신 프로그램을 시장에 도입하는 측면에서는 코로나19 팬데믹에 대응하여 취한 조치가 인류 전체의 이익에 부합하는 올바른 선택이었다.

백신이나 봉쇄령을 비롯해 논란의 여지가 있는 다른 모든 팬데믹 대응 조치에 대해 독자 여러분이 어떤 관점을 가지는지에 관계없이, 여기서 내가 말하고자 하는 핵심은 위기가 보건의료 규제의 작동 방식에 큰 폭의 긍정적인 변화를 촉발했는지에 관해서다.

새로운 규제 관행이 얼마나 오래 지속될 수 있는지 보는 것도 흥미로울 것이다. 바이오테크놀로지 및 헬스케어 산업의 주요 인사들은 이 관행이 지속될 수 있다고 생각하는 듯하다. 예를 들어 에볼라 백신인 에르베보ERVEBO는 1990년대부터 기술이 개발되기 시작했음에도 불구하고 2019년 말이 되어서야 허가받았다. 이 백신을 시장에 공급하는 데 20년 넘게 걸렸다는 이야기다. 그 이전에는 수막염 백신이 연구개발부터 허가까지 약 90년이 걸렸으며 소아마비 백신은 약 45년이 걸렸다. 이처럼 긴 연구개발 및 허가 일정표는 앞으로 덜 발생할 가능성이 크다. 과학과 규제기관이 이제는 훨씬 더 빠른 속도로 움직일 수 있기 때문이다.

6. 정부와 공공부문

바이오테크놀로지 부문은 오랫동안 세계 많은 나라의 정부가 핵심 전략 산업으로 주목해왔다. 바이오테크놀로지 산업은 상당한 규모의 경제적 가치를 창출했으며, 업계 평균 임금도 다른 여러 산업보다 현저히 높은 수준을 유지하고 있다.

미국 정부에서는 바이오테크놀로지 산업의 전략적 중요성과 경제적 가치 창출 잠재력을 고려하여 오랜 기간 지원을 아끼지 않았다. 바이든 정부의 2023년 회계연도 예산안에는 연방 정부의 주요 의학 연구 지원 및 수행 기관인 국립보건원에 625억 달러의 예산을 할당하는 계획이 포함되었다. 또한 많은 연방, 주 및 시 정부의 프로그램이 바이오테크놀로지 부문을 지원한다. 여기에다 민간부문에서는 빌&멀린다 게이츠 재단이나 챈 저커버그 이니셔티브, 소크 바이오 연구소, 브로드 연구소, 슈미트 퓨처스와 같이 유명한 단체들이 바이오테크놀로지 연구개발에 추가로 수십억 달러의 자금을 제공하고 있다.

EU 역시 비슷한 방식으로 바이오테크놀로지 산업을 지원하고 있다. EU 전체의 헬스케어 관련 지출이 GDP의 거의 10% 수준에 달하기 때문이다. 유럽투자은행이 헬스케어 관련 프로젝트에 투입한 자금도 2020년까지 약 350억 유로에 달한다.

인도 정부는 세계 최대 규모의 공공 건강보험 제도를 운용하며 5억 명의 국민에게 의료 서비스를 무상으로 제공하고 있다. 2021년 예산안에서 인도 정부는 헬스케어 관련 지출을 전년 대비 137%나 늘렸다.

한편 중국에서도 2009년 의료 개혁이 시작된 후 정부의 헬스케어 관련 지출이 3배 이상 증가했다. 2016년 10월 시진핑 주석은 '건강한 중국 청사진'을 발표하면서 공중 보건이 향후 모든 경제사회 발전의 전제조건이라고 선언했다. 또한 여기에는 2030년까지 헬스케어 서비스 산업의 규모를 6조 위안 또는 2조 3,500억 달러까지 확대하겠다는 목표가 담겨 있다.

In Summary

1장의 주요 내용

지금까지 설명한 여섯 가지의 구조적 요인은 지난 30년 동안 바이오 테크놀로지 산업이 상당한 가치를 창출하는 데 주도적인 역할을 했다. 바이오테크놀로지 산업이 탄생한 이래 이 산업은 수조 달러 규모의 실질적인 부를 창출했으며, 전 세계적으로 100만 명이 넘는 과학자에게 안정적인 일자리를 제공했다. 더욱 중요한 점은 결과적으로 과학이 유례없이 빠른 속도로 진보했다는 것이다. 헬스케어 분야에서 바이오테크놀로지는 암이나 당뇨병처럼 심각한 질병을 포함하는 다양한 질병을 앓는 수많은 사람의 삶에 영향을 미쳤고 삶의 질 개선에 이바지했다. 헬스케어 외의 영역에서도 바이오테크놀로지는 농업 혁신, 청정 발전, 처리 능력의 물리적 한계 극복 등 여러 분야에서 이미 중요한 역할을 하고 있다.

무엇보다 중요한 점은 지난 수십 년간 이룬 경제적 가치 창출과 과학적 진보가 앞으로도 계속될 것이며 더욱 빠른 속도로 진행될 가능성이 크다는 것이다. 인류 역사를 통틀어 실질적인 부의 창출은 인간이 겪는 실질적인 문제를 해결한 데서 비롯되었다. 농경이 발달한 것은 누군가를 먹여야 하고 식량 안보를 확보할 필요가 있었기 때문이다. 건축과 토목이 발달한 것은 몸을 피할 주거지가 필요했기 때문이다. 여행과 물품 수송에 대한 욕구는 해운, 철도, 자동차, 항공 산업의 발전으로 이어졌다.

오늘날 하나의 종으로서 인류가 직면한 가장 난해한 문제는 대체로 '생물학적' 시스템과 관련이 있다. 이는 바이오테크놀로지 산업이 그러한 문제를 해결하는 데 가장 적합한 위치에 있으며 결과적으로 미래에 경제 성장과 부의 창출을 선도하는 가장 중요한 원동력 가운데 하나가 될 것임을 의미한다.

경제적 가치 창출과 과학적 진보가 더욱 빠른 속도로 진행될 것으로 보는 다른 이유는 혁신이 일어나는 매우 많은 분야에서 기하급수적인 성장이 일어나고 있기 때문이다. 이 책의 후반부에서는 유전자 및 세포 치료와 유전자 편집은 물론이고 마이크로바이옴 치료법이나 머신러닝, 인공지능과 같은 분야도 다룰 예정이다. 새롭게 떠오르고 있는 이 모든 흥미로운 분야뿐만 아니라 다른 많은 분야는 현재 매년 20~30% 이상 성장하고 있으며, 앞으로도 상당 기간 이러한 성장세가 지속될 것으로 예상된다. 이처럼 과학적 진보와 그에 따른 경제적 가치 창출은 매우 빠른 속도로 이루어지고 있다.

이 책에서 놀라운 과학적 진보의 사례를 일부 살펴볼 예정이다. 그에 앞서 미국 외 국가에서 바이오테크놀로지 산업이 직면하고 있는 몇몇 어려운 문제를 들여다볼 필요가 있다.

2장

바이오테크놀로지 기업이
직면한 장애물

바이오테크놀로지 산업이 이미 상당한 발전을 이루었고 앞으로 더욱 기대할 만한 요소가 많다는 점은 분명하다. 그렇지만 모든 것이 순탄할 수는 없다. 바이오테크놀로지 부문에서 활동하는 많은 기업은 매우 까다로운 몇 가지의 구조적 문제가 발목을 잡는 상황에 놓여 있으며, 이는 기술적으로 가장 발전한 몇몇 나라에서도 마찬가지다. 특히 미국 외의 지역에서는 혁신적인 바이오테크놀로지 기업이라 해도 극히 어려운 자금조달 환경에 직면해 있다. 세상을 바꿀 수 있는 기업을 지원하고 성장시킬 자본이 턱없이 부족한 현실이다. 한편 주류 언론에서 바이오테크놀로지 산업이 하는 일을 너무 적게, 부정적으로 다룬다는 문제도 간과해서는 안 된다.

이 책에서 내가 '바이오테크놀로지에 미래가 있다'고 주장하는 이유를 살펴보기 전에, 구조적 문제를 깊이 들여다보면 유익할 것으로 생각한다. 어쨌든 바이오테크놀로지 산업이 그 잠재력을 충분히 실현하려면 이러한 문제를 반드시 해결해야 하기 때문이다.

글로벌 과학 격차와 부의 창출, 해결책은 있는가?

영국과 유럽에는 바이오테크놀로지 연구 분야에서 세계 최고 수준의 대학교 43곳이 있으며, 이는 미국의 34개 대학교보다 많은 수치다. 영국과 유럽의 학계에서 발표하는 관련 연구 논문의 수는 미국의 두 배에 달한다. 또한 영국과 유럽의 대학교수들이 받은 노벨상은 인구를 기준으로 비교할 때 깜짝 놀랄 정도로 많다. 특히 생리의학 분야에서 많은 노벨상을 받았다. 예를 들어 영국에서는 케임브리지대학교 한 곳만 해도 생리의학과 화학 분야에서 각각 27개와 25개의 노벨상을 받았으며, 그 가운데 다수는 바이오테크놀로지 산업의 발전에 너무나도 중요한 역할을 했다.

이처럼 뛰어난 과학적·학문적 역량에도 불구하고 영국과 유럽은 기업 설립이나 경제적 가치 창출 측면에서 미국에 비해 크게 뒤처져 있다. 영국이나 유럽과 비슷한 수준의 과학적 성과를 내는 다른 나라, 특히 오스트레일리아에서도 상황은 마찬가지다. 뛰어난 과학적 역량을 갖춘 초기 단계의 기업을 지원하는 일은 대부분의 국가가 잘하지만, 그렇게 지원한 기업의 규모를 키운 다음 과학을 시장으로 가져와서 환자들에게 도움을 주고 실질적인 부를 창출하는 상업적 성공을 만들어내는 일에는 너무나 부족하다.

이러한 현실의 이면에는 여러 구조적 원인이 있다. 첫째, 미국 외의 나라에는 역사적으로 학계에서 종사하는 과학자들 사이에 기업가 정신을 장려하는 문화가 거의 또는 전혀 없었다. 이는 세계 유수의 학술 기관에서도 마찬가지였다. 그에 반해 미국의 대학교에서는 교수나 연구원이 수행한 연구의 결과를 상업화하려는 시도를 수십 년간 지속한 끝에 실질적인 성과를 내고 있으며, 이를 뒷받침하는 기술 이전과 벤처캐피털 인프라도 발달했다. 그 결과 미국에서는 바이오테크놀로지 및 헬스케어 관련 분야에서 학생을 가르치고 환자를 진료할 뿐만 아니라 바이오테크놀로지나 의료기술 기업을 한두 개 또는 그 이상 창업한 학자를 비교적 흔하게 찾을 수 있다. 반면 미국 외의 나라에서는 이러한 사례가 거의 없다.

영국, 유럽에서는 기업가 정신을 장려하는 문화가 훨씬 덜 발달했으며, 그 결과 자유롭게 사업을 운영할 여지도 훨씬 적다. 많은 경우 학계의 과학자나 의사는 자기 회사를 설립하고 성장시켜서 연구 결과를 상업화하겠다는 생각 자체를 하지 못한다.

학계에 종사하는 순수주의 과학자는 '추잡한 상업적인 활동'에 자기 손을 더럽히기 싫어하며 '선량한 과학'을 추구하는 길에 부정적인 영향을 미친다고 생각한다. 물론 서서히 변화가 일어나고 있지만, 이 한계는 미국 외의 지역에서는 여전히 기술 이전이나 자금조달 인프라가 충분히 발달하지 않았다는 것을 의미한다.

투자 시장의 딜레마

어떤 과학적 발전이 아무리 혁신적이더라도 이를 상업화하여 환자나 소비자에게 전달하기 위해서는 수천만 달러에서 수억 달러의 투자 자본이 필요하다. 앞서 1장에서 살펴본 것처럼 제약 산업에서 어떤 약물을 시장에 선보이기까지는 평균적으로 10년이라는 긴 시간과 30억 달러라는 큰 비용이 소요된다.

새로운 치료법 개발에 전념하는 바이오테크놀로지 기업은 약물 개발 과정에서 서로 다른 네 단계(비임상 한 단계와 임상 세 단계)를 거쳐야 한다. 먼저, 사람에게 약물을 투여하기 전에 특정 화학적 또는 생물학적 화합물에 대한 다양한 전임상preclinical 연구와 시험을 진행해야 한다. 그런 다음 세 단계의 임상 시험clinical trial을 거치면서 환자에게 약물을 투여한다. 간단히 말해서 제1상 임상(Phase I)은 약물의 안전성을 확인하고 적절한 용량을 설정하는 단계다. 제2상 임상(Phase II)은 비교적 소수의 환자를 대상으로 약물이 통계적으로 유의미한 효과가 있는지 확인하는 단계다. 즉, 이미 시장에 있는 다른 약물과 비교할 때 충분한 치료 효과가 있는지 확인하는 것이다. 제3상 임상(Phase III)에서는 훨씬 더 많은 수의 환자를 대상으로 제2상에서 확인한 '통계적 유의성'을 검증함으로써 제2상 임상의 결과가 단지 통계적으로 우연히 발생한 일이 아님을 입증한다. 기업은 개발한 약물이 이 네 가지 개발 단계를 모두 통과해야만 규제 당국의 허가를 받아 수익을 창출할 기회를 얻을 수 있다. 각 단계를 준비하고 진행하기 위해서는 상당한 규모의 투자가 필요한 데 반해 약물은 어느 개발 단계에서든 실패할 수 있다.

바이오테크놀로지 산업에서 만들어내는 의료기기를 비롯한 일부 제품은 약물 개발에 비해 상대적으로 적은 자본이 들지만, 그 성과가 우리가 사는 세상과 질병에 시달리는 환자, 아니면 청정 발전이나 농업 산업에 실질적인 가치를 제공할 수 있는 단계에 도달하려면 여전히 매우 큰 규모의 투자 자본이 필요하다.

이처럼 대규모의 투자 자본을 확보하기 위해 과학자나 기업가는 회사를 설립한 다음 여러 단계의 자금조달 프로세스를 거치며 회사를 성장시켜야 한다. 가장 먼저 기업은 '시드 머니' 투자를 유치하게 된다.

초기 단계의 기업에 성장의 씨앗을 뿌린다는 의미의 시드 머니는 일반적으로 소수의 고액 자산가나 엔젤 투자자로부터 조달하며, 벤처캐피털과 같은 몇몇 전문 투자가가 자금조달에 참여하기도 한다.

이 단계에서 바이오테크놀로지 기업은 몇백만 달러의 자금을 조달하여 직원을 채용하고 사무 및 연구 공간을 확보한 다음 기업 설립의 배경이 된 아이디어를 시장에 선보이기 위한 활동을 시작할 것이다. 신약이나 의료기기를 개발하려는 기업의 경우에는 연구개발 업무의 진행, 제품의 치료 효과를 보여주는 초기 단계의 임상 시험에 필요한 자금의 지원, 특허권 확보, 관련 규제 당국을 상대하는 대관 업무 진행 등이 여기에 포함된다. 이 모든 일에는 큰 비용과 많은 시간이 든다.

이 모든 일이 순조롭게 진행된다는 가정하에 해당 바이오테크놀로지 기업은 몇 년 안에 훨씬 더 많은 투자 자본이 필요하게 될 것이다. 이 자금은 많은 환자를 대상으로 하는 제2상 및 제3상 임상 시험에 사용된다. 게다가 제조, 판매 및 마케팅 활동에 필요한 자금을 지원하는 데 더 많은 투자 자본이 필요할 수도 있다.

보통 초기 단계에서 기업은 비상장으로 운영되면서 엔젤 투자자나 벤처캐피털로부터 자금을 조달한다. 그러나 일정 시점이 되면, 상업적으로 완성 단계에 도달하는 데 필요한 수천만에서 수억 달러의 자금을 조달하기 위해 기업은 결국 IPO를 통해 기업을 공개하고 주식시장에 증권을 상장해야 한다.

이 시점에 미국 외의 나라에서 활동하는 바이오테크놀로지 기업은 자금조달에 많은 어려움을 겪는다. 여기에는 연구개발 단계에서 혁신적인 기업이 적절한 관심과 지원을 받지 못하는 구조적이고 역사적인 이유가 분명히 존재한다. 그리고 이는 기업의 잠재력이나 제공할 수 있는 가치, 상업적 성장 가능성보다는 자본시장과 투자 산업의 작동 방식에 더많은 관련이 있다. 그러다 보니 멋진 성과를 낼 잠재력이 큰 과학적 발전이 제대로 꽃피워보지도 못하고 사라져버리는 일이 너무 자주 발생한다.

이와 같은 구조적이고 역사적인 이유에는 크게 다음 네 가지를 들수 있다.

- 투자 시장은 잘게 쪼개져 있다.
- 중소기업 전문 투자가는 제너럴리스트인 경향이 있다.
- 다수의 바이오테크놀로지 기업은 스페셜리스트 투자가가 다루기에는 규모가 너무 작다.
- 따라서 투자 시장은 '비효율적'이다.

이 네 가지 이유를 하나씩 살펴보자.

투자 시장은 잘게 쪼개져 있다

우선, 유럽의 투자 시장이 본질적으로 미국 시장보다 훨씬 더 잘게 쪼개져 있다는 것은 널리 알려진 사실이다. 유럽에는 영국을 포함하여 15개의 서로 다른 국가의 증권거래소에 상장된 바이오테크놀로지 기업이 있지만, 미국에서는 하나의 증권거래소에만 상장하면 된다. 유럽 모든 나라와 오스트레일리아의 주식시장 규모를 합쳐도 미국의 주식시장보다 작다. 한마디로, 유럽에서는 '자본의 깊이'가 미국에 비해 매우 얇다. 기업을 지원할 의향과 능력이 있는 자금이 훨씬 적다는 것을 의미한다.

흔히 투자 자본은 국경을 자유롭게 넘나들면서 전 세계 모든 나라에 영향을 미친다고 생각한다. 일부 초거대 기업의 경우에는 대체로 맞는 이야기다. 기업 가치가 수십억 달러 이상인 전 세계의 상장 기업 대부분은 세계 방방곡곡의 주주로부터 투자를 유치할 수 있다. 하지만 수많은 중소기업, 즉 전 세계의 거의 모든 기업에 있어 주식시장은 여전히 지역적 한계가 너무나 뚜렷하다.

투자 업계에서는 일반적으로 기업 가치가 수십억 달러(단위가 파운드나 유로로 바뀌어도 마찬가지다)에 미치지 않는 기업을 '중소기업'으로 부른다. 대체로 중소기업은 자금을 조달할 때 자국의 투자 시장에 크게 의존한다. 예를 들어 수천만에서 수억 파운드의 가치가 있는 영국 기업은 보통 영국의 투자자로부터 자금을 지원받기 위해 거의 모든 시간을 투자해야 한다. 이는 프랑스나 독일, 스칸디나비아, 오스트레일리아, 일본, 한국 등 모든 나라의 기업도 마찬가지다.

중소기업 전문 투자가는 대체로 제너럴리스트다

초기 단계의 바이오테크놀로지 기업 대부분은 중소기업에 해당한다. 이들이 임상 시험이나 제품 개발, 생산에 필요한 자금을 조달할 때 대체로 기업을 설립한 나라에서 투자자를 찾아야 한다는 의미다.

그리고 여기서부터 문제가 발생한다. 가장 핵심이 되는 문제는 바로 투자 업계에서 중소기업 전문 투자가는 '제너럴리스트'라는 사실이다. 중소기업을 투자 대상으로 하는 자금을 운용하는 사람들은 거의 모든 산업 부문에 속한 기업을 들여다본다. 오늘 정유사를 살펴봤다면 내일은 양조업체나 소매업체, 소프트웨어 개발사를 찾아가는 식이다. 이러한 제너럴리스트는 매년 수백 개의 기업을 만나고 검토해야 한다.

어떤 기업의 주식을 매수할지 매도할지 판단하는 일은 매우 복잡하고 주관적이며 불확실성이 많은 작업으로 과학이라기보다는 예술에 가깝다. 업계에서 인정받는 투자 전문가라면 누구나 투자의사 결정에 도움이 되는 다양한 '가치평가 기법'을 사용한다. 여기에는 주가수익률^{Price to Earnings Ratio, PER}, EV/EBITDA, 잉여 현금 흐름^{Free Cash Flow, FCF}, 사용자본이익률^{Return on Capital Employed, ROCE}, 투하자본수익률^{Return on Invested Capital, ROIC}과 같은 각종 비율과 지표는 물론이고, 투자자가 어떤 기업의 부채 규모와 수준이 자본 비용 등 재무적 위험 측면에서 적절한지 이해하는 데 도움이 되는 자금조달 비율도 포함된다.

대다수 기업은 전통적인 가치평가 기법을 사용하여 가치를 판단할 수 있다. 그런데 바이오테크놀로지 기업은 이러한 분석이 훨씬 더 어려우며 때로는 불가능하기까지 하다. 바이오테크놀로지 기업은 이익은커녕 매출을 일으킬 때까지도 오랜 시간이 걸릴 수 있다는 점에서 전통적인 가치평가 기법을 적용하기 어려운 경우가 많다.

개략적으로 설명하면, 투자자가 바이오테크놀로지 기업이나 해당 기업의 자산, 즉 개발 중인 약물의 가치를 평가하려면 그 자산이 모든 개발과 인허가 과정을 거쳐 시장에 출시된다는 가정이 있어야 한다. 만약 어떤 바이오테크놀로지 기업이 10억 달러의 가치를 가지는 약물이 될 가능성이 20%인 자산을 가지고 있다면 그 자산의 가치를 2억 달러로 평가할 수 있다. 실제로는 더 복잡한 계산 과정을 거치지만, 기본적인 개념은 다르지 않다.

이러한 방법을 통해 상당수의 바이오테크놀로지 기업이 매출이나 이익을 낼 때까지 아직 상당한 시간이 남아 있음에도 불구하고 수천만에서 수억 달러의 가치를 인정받는다. 예를 들어 유방암에 뛰어난 치료 효과를 기대할 수 있는 제1상 임상 단계의 약물이 있다면 해당 약물이 상업적으로 성과를 낼 때까지는 앞으로 몇 년이 더 걸릴 것이다. 어떤 투자자는 해당 기업을 분석한 다음 향후 수년 내에 50억 달러의 가치가 있는 유방암 치료 약물을 개발할 가능성이 10%라고 생각할 수 있다. 그렇다면 이 투자자는 약물의 미래 가치 50억 달러에 일정한 할인율을 적용하여 현재 가치로 환산한 다음 여기에 확률 10%를 곱하여 약 3억 5,000만 달러의 가치를 부여할 수 있다.

독자의 이해를 돕기 위해 간단하게 설명했지만, 이와 같은 가치평가 접근방법은 전문적인 지식과 경험이 필요한 매우 까다로운 작업이다. 그러다 보니 중소기업 전문 펀드 매니저가 제너럴리스트로서 바이오테크놀로지 기업을 자신감 있게 검토하고 가치를 평가하기 어렵다고 느끼는 것도 전혀 이상하지 않다. 이들은 바이오테크놀로지 기업을 분석하느니

차라리 다른 분야에서 투자 기회를 찾는 것이 낫다고 생각한다.

이러한 모습은 다수의 중소기업 전문 제너럴리스트 펀드 매니저의 투자 이력이나 성과를 살펴보면 한결 이해하기 쉽다. 이들 중 상당수는 뛰어난 장기 투자 성과를 보유하고 있다. 중소기업 전문 투자라는 틈새 시장에서 10년 이상 연평균 10~15%의 수익률을 달성한 펀드 매니저도 드물지 않다. 당연한 말이겠지만, 탁월한 성과가 이들이 대규모 펀드를 운용할 수 있는 이유다.

제너럴리스트 펀드 매니저는 오랜 기간 주식시장에서 자신이 잘 아는 부문에 집중하면서 매우 성공적인 성과를 내왔다. 그러한 위치에 있는 펀드 매니저가 주력 분야를 벗어나 바이오테크놀로지 기업처럼 자신이 잘 알거나 평가하기 어려워서 위험해 보이는 기업을 투자 대상으로 선택할 이유나 동기는 거의 없다. 또한 대부분이 자신이 가장 잘 알고 있으며 그래서 가장 잘할 수 있는 분야에 집중하는 것이 합리적인 선택임을 보여준다. 이러한 선택을 비판할 수는 없다.

이 지점에서 바이오테크놀로지 산업에 대한 투자가 쉽지 않은 또 다른 이유를 살펴보자. 바이오테크놀로지는 투자하겠다고 마음먹었다면 반드시 비교적 많은 수의 기업에 투자해야 하는 분야다. 즉, 한두 개의 기업에만 투자하는 것이 아니라 포트폴리오를 구성해야 한다. 바이오테크놀로지 기업은 투자유치 시점에 매출이나 수익을 창출하지 못하는 경우가 많다. 따라서 임상 시험 실패 등으로 인해 투자 시점에 설정한 상업화 계획을 지키지 못하면 투자 기업의 주식은 그 가치를 거의 잃는다. 이러한 이유에서 최소한 10개에서 가능하면 20개 이상의 기업에 투자하여 위험을 분산하는 전략을 적용해야 한다. 이와 같은 접근방법은 상업화 성공에 따른 투자 이익이 상업화 실패로 인한 투자 손실을 크게 상회하는 방식으로 훌륭한 투자 성과를 낼 가능성이 크다. 이는 펀드 매니저가 많은 일을 하고 상당 규모의 자본을 투입해야 한다는 결론으로 연결된다. 이것이 중소기업 전문 제너럴리스트 투자가들이 바이오테크놀로지 부문을 회피하는 경향을 보이는 이유다.

바이오테크놀로지 부문에서 일할 당시 나는 영국 내 투자 기업 50곳 중 불과 여섯 곳만 소규모 바이오테크놀로지 기업에 투자하고 있다는 점을 파악했다. 얼마 안 되는 용감한 투자 기업조차도 매우 적은 금액을 간헐적으로 투자했을 뿐이다. 영국에서는 중소 바이오테크놀로지 기업에 공동 투자하거나 투자를 집행할 권한이나 의지가 있는 대형 자산운용사 집단을 찾아보기 어려웠다. 심지어 영국에 본사가 있는 몇몇 바이오테크놀로지 전문 펀드조차도 대기업이나 미국에 설립된 기업에 대한 투자에 거의 모든 역량과 자본을 집중하고 있다. 이러한 현상은 다른 많은 나라의 투자 시장에서도 마찬가지다.

다수의 바이오테크놀로지 기업은
스페셜리스트 투자가가 다루기에는 그 규모가 너무 작다

결과적으로 연구개발부터 상업화에 이르는 험난한 과정을 지탱할 자금을 조달해야 하는 바이오테크놀로지 기업은 자국 시장의 중소기업 전문 투자가로부터 너무 전문적인 분야라 투자의사 결정이 쉽지 않다는 평가를 받기 일쑤다. 이러한 투자가야말로 바이오테크놀로지 기업에 필요한 자본을 지원할 최적의 위치에 있는데도 말이다.

소규모 바이오테크놀로지 기업이 중소기업 전문 투자자 대부분이

다루기에는 '너무 전문적'이라는 문제가 있다면, 이를 해결할 방법은 이 분야를 이해할 수 있는 이른바 '스페셜리스트' 투자가에게 다가가는 것은 아닐까?

그리고 이 지점에서 우리는 경제학자들이 흔히 '시장의 실패'라고 부르는 또 다른 사례를 발견하게 된다. 바로 바이오테크놀로지 부문에 특화된 투자 자본 대부분이 미국에서 활동하는 스페셜리스트 투자가에게 집중되어 있다는 문제다. 만약 영국, 프랑스, 독일 또는 오스트레일리아에 있는 소규모 바이오테크놀로지 기업에서 특정 암에 대한 치료 효과를 기대할 수 있는 약물 개발에 필요한 자금 1억 달러를 조달하고 싶다면, 해당 기업에서 할 일은 미국의 스페셜리스트 투자가를 접촉해서 개발 중인 약물이나 회사의 밝은 미래에 관해 충분히 설명한 다음 투자가를 설득해서 자금을 확보하는 것이다. 그러나 안타깝게도 현실적인 두 가지 이유로 인해 그와 같은 방식으로 일이 되지는 않는다. 적어도 지금까지는 그랬다.

❶ 인적 자원의 문제

첫 번째 문제는 '인적 자원의 문제'라고 할 수 있다. 바이오테크놀로지 부문에 전문적으로 투자하는 미국의 '스페셜리스트' 투자가에게는 다른 나라에 있는 소규모 바이오테크놀로지 기업을 살펴볼 만한 시간적 여유가 부족하다. 뉴욕이나 보스턴, 샌프란시스코에서 활동하며 바이오테크놀로지 산업을 다루는 애널리스트나 펀드 매니저에게 가장 중요한 일은 미국의 주식시장에 이미 상장된 바이오테크놀로지 기업 수백 개를 모니터링하는 것이다.

이들이 관리하는 포트폴리오에는 운용하는 펀드의 규모에 따라 50개 또는 그보다 훨씬 많은 수의 기업이 이미 포함되어 있다. 이러한 기업 대다수는 분기 1회, 즉 연 4회 정기적으로 실적 보고서를 공시할 뿐만 아니라 그보다 훨씬 더 자주 기업 경영과 관련한 중요한 사안을 수시로 공시한다. 애널리스트와 펀드 매니저는 광범위한 제품 및 치료 영역에서 포트폴리오에 포함된 기업 하나하나가 어느 정도의 진전을 이루고 있는지를 항상 파악하고 있어야 한다. 어느 날 상사가 갑자기 특정 기업 X에서 최근에 실시한 임상 시험의 결과가 어땠는지 물었을 때 즉시 대답할 수 있어야 한다고 생각하면 된다. 결코 쉬운 일이 아니다.

할 일은 이것만이 아니다. 자기 역할을 충분히 잘 해내려면 포트폴리오에 담겨 있는 기업에 영향을 미칠 수 있는 다른 많은 기업과 나아가 업계 전반의 발전 상황을 주의 깊게 관찰해야 한다. 운용하는 펀드가 특정 질환의 치료제 개발을 목표로 하며 미국 증시에 상장된 혁신적인 바이오테크놀로지 기업의 주식을 보유하고 있다고 가정하자. 해당 펀드의 매니저는 경쟁사가 어떻게 활동하고 있는지 알 필요가 있다. 특히 바이오테크놀로지 부문에서는 적절한 시점에 현재 펀드가 보유하고 있는 지분을 인수할 가능성이 있는 기업에 대해서도 고민해야 한다. 바이오테크놀로지 부문 투자에서는 이러한 방식이 주요 엑시트 전략이기 때문이다.

그러므로 미국에서 활동하는 애널리스트나 펀드 매니저라 하더라도 스위스에 상장된 노바티스^{Novartis}나 일본의 다케다^{Takeda}, 영국의 글락소스미스클라인^{GSK}, 스웨덴의 아스트라제네카^{AstraZeneca}, 덴마크의 노보노디스크$^{Novo Nordisk}$를 포함해 전 세계 수많은 기업의 동향을 명확히 파악하고 있어야 한다. 이를 가장 간단하고 합리적으로 해내는 방법 하나는 기업 가치나 매출을 기준으로 일정 규모 이상의 기업만을 검토하는 것이다. 예를 들어 블룸버그 터미널Bloomberg terminal처럼 시장 데이터 서비스를 활용한다면 이 선별 작업을 비교적 쉽게 끝낼 수 있다. 펀드 매니저는 기업 가치를 기준으로 100억 달러나 50억 달러 이상인 기업만 다루겠다고 간단히 정할 수 있다. 그리고 그 기준을 높게 설정할수록 추적 관찰하고 신경을 써야 할 기업의 수가 크게 줄어들어서 펀드 매니저의 일은 더 수월해진다.

파레토 법칙을 적용해 보자. 펀드 매니저는 기준을 높게 설정함으로써 일자리를 지키는 데 필요한 성과의 80% 이상을 달성하면서도 업무량을 적절한 수준으로 유지할 수 있을 것이다. 그렇지 않으면 너무 많은 정보와 지나치게 많은 수의 기업, 제품 및 자산을 다루다가 감당하기 어려운 상황에 놓일 수도 있다. 높은 기준을 설정한다는 말은 아무리 흥미로운 기업이라도 해당 기준 이하라면 들여다볼 시간이나 의지가 없음을 의미한다.

아직 끝나지 않았다. 바이오테크놀로지 업계가 호황일 때면 투자은행의 세일즈나 트레이딩 부서의 직원 수십 명이 매주 펀드 매니저에게 전화를 걸어 자신이 밀어붙이는 딜을 검토해 달라고 요청할지도 모른다. 대표적인 예는 펀드의 포트폴리오에 이미 들어간 기업을 포함하여 기존 기업이 추가로 자금을 조달하려는 경우다. 바이오테크놀로지 기업이 얼마나 자주 새롭게 자금을 조달해야 하는지 생각해 보면 쉽게 이해할 수 있다. 한편 IPO를 통해 새로운 기업을 주식시장에 데뷔시키려는 경우도 있다. 예를 들어 미국에서는 2020년 한 해에만 78개의 바이오테크놀로지 기업이 IPO를 통해 주식시장에서 자금을 조달했다. 펀드 매니저에게 이러한 딜을 검토하는 과정은 투자의사 결정을 위해 상당한 시간과 노력을 들여야 한다는 측면에서 매우 부담스러운 일이다.

전 세계적으로 주식시장에 상장된 바이오테크놀로지 및 헬스케어 기업만 해도 수천 개에 달하며, 아직 기업을 공개하지 않은 비상장 기업은 가늠할 수 없을 정도로 많다. 따라서 바이오테크놀로지 산업을 다루는 애널리스트나 펀드 매니저가 일을 성공적으로 해내기 위해서는 시간과 역량을 집중할 기업을 매우 공격적으로 선별해야만 한다.

물론 예외는 있겠지만, 이들 애널리스트나 펀드 매니저에게는 미국에서 수천 킬로미터나 떨어져서 자신과 밤낮이 바뀐 지역에 있는 데다 환율 변동 위험과 조세제도처럼 나라마다 천차만별인 부분까지 생각해야 해서 골칫거리만 더해주는 소규모 기업을 들여다볼 여유가 없다.

과거 일했던 직장에서 나는 씁쓸한 농담을 던지곤 했다. 내가 담당하는 기업 가운데 한 곳이 모든 암을 치료하는 약물을 개발했다거나 납을 금으로 바꾸는 기술을 발견했다는 이야기와 함께 미국에 있는 전문 투자가에게 투자를 제안한다 해도 그들의 반응은 대체로 "정말 죄송하지만, 지금 당장은 해당 기업의 경영진과 통화할 시간을 내기 어렵습니다."일 것이라는 사실에 가까운 이야기였다.

❷ '너무 많은 자본'의 문제

'인적 자원의 문제'에 더해 다른 문제가 상황을 더욱 어렵게 만든다. 바로 미국에 있는 바이오테크놀로지 전문 투자가는 대체로 매우 큰 규모의 자금을 운용하고 있다는 사실이다. 미국에서 가장 큰 바이오테크놀로지 펀드는 운용 규모가 수십억 달러에 이른다. 이처럼 대규모의 자금을 운용할 때는 이른바 대어를 낚아야 한다는 부담감으로 인해 상대적으로 큰 기업에 초점을 맞출 수밖에 없다.

30억 달러 규모의 투자 자본을 운용하면서도 과중한 업무 부담은 부진한 실적으로 연결된다는 생각에 따라 포트폴리오에 50개가 넘는 기업을 담고 싶지 않은 펀드 매니저가 있다고 상상해 보자. 수학적으로 투자 기업당 보유 지분의 규모가 평균적으로 6,000만 달러가 되어야 한다는 의미다. 실제로 이 정도 규모의 펀드는 보통 포트폴리오의 상위에 있는 몇몇 대규모 기업에 6,000만 달러보다 훨씬 더 큰 자금을 투자한 다음 나머지 기업에는 비교적 작은 지분을 보유하지만, 기본적인 논리는 여전히 유효하다. 이러한 펀드의 매니저가 주식시장에서 일 평균 거래액이 50만 달러에 불과하거나 그보다 거래액이 훨씬 작은 유럽의 소규모 기업에 투자할 생각을 하는 것 자체가 현실적으로 불가능한 일이다.

예외적으로 어느 소규모 바이오테크놀로지 기업의 IPO에 참여해서 펀드의 평균적인 보유 지분 규모의 절반인 3,000만 달러만을 투자한다고 가정해 보자. 이때 펀드 매니저는 이 소규모 기업에 평소 편안하게 여기는 지분 비율보다 훨씬 더 큰 비율의 지분을 보유하게 되며, 이는 나중에 투자 의견이 바뀌었을 때 시장이 호황이더라도 지분을 매도하는 데 상당히 시간이 걸릴 가능성이 크다는 문제로 이어진다.

여기서 '인적 자원의 문제'로 돌아가면 투자의사를 결정하는 데 필요한 분석과 검토 작업의 양은 소규모 기업이든 100억 달러 가치의 기업이든 크게 다르지 않다는 점도 간과해서는 안 된다. 펀드 매니저의 시간과 노력 투입 대비 성과를 고려하면 소규모 기업은 그만한 가치를 가지기 어렵다. 특히 다른 나라의 소규모 기업에 투자할 때 따라오는 복잡한 요인들, 즉 지리적 거리, 시차, 환율 변동 위험 등을 고려하면 더욱 그렇다. 그래서 '스페셜리스트' 투자가는 기업 가치가 100억 달러인 기업에 1억 달러를 투자해서 지분 1%를 확보하는 거래를 기업 가치가 훨씬 더 작은 기업에 같은 금액을 투자해서 훨씬 더 큰 지분을 확보하는 거래보다 선호한다. 설령 그 100억 달러짜리 기업의 주가가 이미 상당히 오른 상태이며, 소규모 기업에 더 큰 성장 가능성이 있더라도 말이다.

따라서 투자 시장은 '비효율적'이다

투자 전문가로서 내가 오랜 시간 바이오테크놀로지 시장을 들여다본 결과, 개발 중인 약물 같은 바이오 자산을 보유한 영국이나 유럽의 기업은 유사한 자산을 보유한 미국 기업에 비해 예외 없이 훨씬 더 낮은 기업 가치를 인정받았다. 오스트레일리아에 있는 상장 기업의 경우에는 가치평가 격차가 한결 두드러진다.

투자 전문가라면 이처럼 가치평가 격차가 존재하는 상황에서 '차익거래 기회aribtrage opportunity'를 포착할 것이다. 예를 들어 미국 나스닥에 상장된 기업 A와 영국 주식시장에 상장된 기업 B가 있다고 하자. A사는 특허 등 지식재산권을 포함한 각종 자산을 보유하고 있으며 나스닥에서 시가 총액 10억 달러로 평가받고 있다. A사와 똑같거나 유사한 치료제 시장을 목표로 매우 비슷한 자산을 확보한 B사는 영국의 주식시장에서 불과 2억 달러로 평가받고 있다. 다른 모든 조건은 같다고 할 때, 투자 전문가라면 이처럼 큰 규모의 가치평가 격차를 알아차린 다음 이를 상당히 의미 있는 투자 기회로 여기고 영국에 상장된 B사의 주식을 매입하려 할 것이다. 이렇게 차익거래 기회가 실현되면 B사의 주가는 상승할 것이고, 결과적으로 A사와 B사 사이에 존재했던 가치평가 차이는 사라지지 않을까?

효율적 시장 가설이 작동된다면 이러한 일이 일어나야 한다. 기본적인 아이디어는 이렇다. 전 세계의 금융시장 참가자는 특정한 주식시장에서 기업이 어떻게 평가되는지를 결정하는 모든 가정과 데이터를 주의 깊게 살펴보고 있다. 그러다 어느 순간 명확한 가치평가 격차가 드러나게 되면, 다른 조건이 모두 같다는 전제하에 금융시장 참가자는 모든 자산의 가격이 정확하게, 즉 효율적으로 책정될 때까지 상대적으로 가격이 싼(저평가된) 자산을 매입하고 비싼(고평가된) 자산을 매도하는 활동을 지속한다.

금융학계라는 상아탑 안에서 볼 때는 상당히 그럴듯한 이론이다. 하지만 현실 세계, 특히 소규모 바이오테크놀로지 기업이 활동하는 시장으로 되돌아오면 위에서 설명한 구조적이고 역사적인 이유로 인해 이 이론은 현실에 전혀 부합하지 않는다. 글로벌 바이오테크놀로지 시장은 철저하게 비효율적인 방식으로 작동하는 경향을 보여왔다.

실패한 시장을 넘어서:
바이오 기업이 겪는 진짜 문제들

이러한 요인을 종합적으로 고려해 보면, 현재의 자산 구성이나 장기적인 상업화 전망이 유사한 두 기업 가운데 주식시장에서 기업 가치가 2억 달러로 평가받는 기업이 10억 달러로 평가받는 기업보다 전 세계 투자 전문가에게 덜 매력적으로 보일 수도 있다는 현실을 어느 정도는 설명할 수 있다.

지난 100년 이상 전통적인 경제학과 금융시장 이론에서는 제품이나 서비스의 가격이 낮을수록 잠재 구매자에게 더 매력적이라고 설명했다. 그러나 현실 세계에서는 그 반대의 경우가 종종 발생한다. 이는 어떤 시장이 오랜 기간에 걸쳐 일련의 원인으로 인해 상당한 수준의 '불균형' 상태에 놓여 있으며 그 결과 일종의 '시장의 실패'를 겪을 수 있기 때문이다.

적어도 일부 경제학자나 금융시장 참가자는 이런 현실을 잘 이해하고 있다. 1978년 이후로 수여된 노벨 경제학상 가운데 적어도 다섯 번은 '행동 경제학' 분야의 업적에 주어졌다. 그리고 이 다섯 가지 연구 결과는 모두 어느 정도는 여기서 내가 언급한 시장의 실패나 불균형을 정확하게 설명하려고 시도했다. 예를 들어 2017년 노벨 경제학상 수상자인 리처드 탈러Richard Thaler는 "경제적 의사결정 분석에 심리학적으로 현실적인 가정을 도입"한 공로를 인정받았다. 또한 "탈러는 합리성의 한계가 초래한 결과를 탐구함으로써 이러한 인간의 특성이 개인의 의사결정뿐만 아니라 시장의 성과에 체계적으로 어떻게 영향을 미치는지를 보여주었다."

쉽게 말해서 미국에서 대규모 펀드를 운용하는 투자가는 미국에 본사가 있는 바이오테크놀로지 기업의 주식을 더 높은 가격에 매입하는 것이 더 합리적인 선택이라고 생각한다. 이것이 바로 막대한 가치평가 격차가 존재할 수 있고 실제로 존재하는 이유다. 이러한 가치평가 격차는 특정 기업의 실제 상업적 활동을 뒷받침하는 펀더멘털과는 별다른 관련이 없으며, 투자 산업의 구조나 주식시장의 효율적인 움직임을 방해하는 구조적 장애 요인과 훨씬 관련이 있다.

미국 외의 나라에서 활동하는 소규모 바이오테크놀로지 기업들은 자국 시장에서 중소기업 전문 제너럴리스트 투자가의 관심을 끌기 어렵다. 또한 미국을 중심으로 활동하는 대형 헬스케어 및 바이오테크놀로지 전문 스페셜리스트 투자가의 눈에 흥미롭게 보이거나 심지어 눈에 띄기에도 너무 규모가 작고 지리적으로 멀리 떨어져 있다.

이러한 상황을 고려할 때, 미국 이외의 나라에 있는 바이오테크놀로지 기업은 매우 심각한 수준의 '자금조달 격차'라는 문제에 직면해 있다. 특히 주식시장 상장의 필요성을 검토할 정도로 성장한 기업에게 이는 매우 심각한 문제라 할 수 있다.

문제는 여기서 끝나지 않는다

자금조달이나 투자를 둘러싼 다양한 문제는 미국 외의 나라에서 바이오테크놀로지 산업 발달에서 수많은 다른 문제를 불러온다. 투자 자본을 조달하여 기업을 성장시키기 어려운 상황에서는 크리티컬 매스에 도달한 기업이 턱없이 부족하기에 해당 국가의 바이오테크놀로지 산업 전반에 걸쳐 규모의 경제를 이루지 못한다.

예를 들어 영국이나 유럽, 아시아, 오스트레일리아 기업들은 전 세계를 무대로 과학기술 인재와 경영 전문가를 영입하기 위해 경쟁한다.

그렇지만 미국 기업이 제공하는 급여나 각종 혜택 수준으로 맞춰줄 여력이 없다. 쉬운 예로 바이오테크놀로지 부문에서 박사 학위를 받으면 영국에서는 연봉으로 대략 5만 달러를 받을 수 있는 데 반해 미국에서는 7만 달러 이상을 받을 수 있다. 더 위로 올라가면, 바이오테크놀로지 기업을 경영하는 데 필요한 과학적 재능과 재무적 역량을 갖춘 고위 임원은 애당초 드물다. 이러한 상황에서 미국에서는 기업 가치를 훨씬 더 높게 평가받을 수 있고, 정교하게 설계한 스톡옵션 패키지를 임직원에게 제안할 수 있으며, 조세제도조차도 기업 경영에 우호적이다. 그러다 보니 영국이나 유럽, 아시아에서는 유능한 임원급 인재 상당수가 미국 기업이 제안하는 일자리를 선택하면서 심각한 두뇌 유출 문제를 겪고 있다.

마찬가지로, 성장하기 위해 도움받을 수 있는 전문가 인프라, 즉 경영 컨설턴트나 변호사, 회계사, 세무사, 투자 은행가와 같이 고도의 전문성을 갖춘 네트워크 역시 덜 발달했다. 특히 유럽에서 이 문제가 두드러지는데, 유럽 각 나라에 각자 고유한 규칙과 규정이 있다 보니 법률, 금융, 규제 등 여러 영역에서 적절한 자문을 제공하는 시장이 매우 잘게 쪼개지고 복잡하기 때문이다.

바이오테크놀로지 산업에서 활용할 수 있는 투자 자본이 부족한 결과 실험실 공간처럼 평범하면서도 기업 활동에 필수적인 요소의 공급이 부족하다는 실질적인 문제도 존재한다. 영국의 부동산 컨설팅사 비드웰스^{Bidwells}에 따르면 이 책을 준비하는 시점에 영국 케임브리지에서만 실험실 공간 수요가 약 $93,000m^2$(약 28,000평)에 달하지만, 사용할 수 있는 공간은 수요의 100분의 1에 불과한 실정이다. 과학 분야의 노벨상을 많이 배출한 대학 도시 중 하나인 케임브리지에서조차 과학자가 충분한 실험실 공간을 찾을 수 없는 현실이다.

지금까지 언급한 문제들은 꼬리에 꼬리를 물고 서로 연결되면서 점점 강도가 세지는 특징을 가지고 있다. 투자 자본이 부족하므로 바이오테크놀로지 기업은 상업적으로 성장하고 성장하는 데 어려움을 겪는다. 상업적으로 성장하고 성공하기 어렵다 보니 영국, 유럽, 오스트레일리아 등지의 투자자나 정부, 금융 규제기관은 하나같이 기업들을 매우 위험한 투자 대상으로 인식한다. 그리고 이는 투자 자본이 부족한 원인이 된다.

특히 영국과 유럽의 투자가는 주식시장 투자에서 보수적인 경향을 보여왔다. 그중에서도 영국의 월스트리트로 불리는 시티오브런던은 영국 저널리스트 엠마 던컨Emma Duncan이 2023년 1월 《타임스》에 기고한 글에서 설명한 바와 같이 "돈을 벌지 못하는 스타트업이 아니라 안정적인 사업 기반을 구축하고 배당금을 지급하는 기업"에 초점을 맞추고 있다. 영국, 유럽 등지의 금융 규제나 조세제도 역시 문제 해결에 도움이 안 되기는 마찬가지다. 일례로 영국의 연기금은 비교적 위험도가 높은 투자 기회를 검토할 때면 가혹하리만치 엄격한 규정에 부딪히곤 한다. 이러한 한계는 영국의 1조 5,000억 파운드 규모의 연기금이 바이오테크놀로지 산업에 대한 지원에 나서지 못하는 결과로 이어졌다. 반면에 미국을 비롯한 다른 나라에서 연기금은 바이오테크놀로지 산업에게 충분히 이용할 수 있는 자본이다.

물론 이러한 문제가 바이오테크놀로지 산업에만 국한된 이야기는 아니기는 하다. 거의 똑같은 원인을 주제로 미국의 기술 산업이 수조 달러 이상의 가치를 창출한 이유를 충분히 잘 설명할 수 있다.

최근까지 미국 외의 나라에서 설립되어 어렵사리 미국에 있는 벤처 캐피털의 관심을 끌어낸 유망한 바이오테크놀로지 기업들 다수가 미국 나스닥에 곧바로 상장하기로 결정했다. 2018년부터 2021년까지 4년 동안 유럽의 바이오테크놀로지 기업 22곳이 미국 주식시장에 상장했다. 해당 기간 IPO를 거친 14개의 영국 바이오테크놀로지 기업 중 11곳은 나스닥에 상장했다. 이 현상에 대해 던컨은 "기업의 무게중심이 미국 쪽으로 기울고 있다. 영국이 누릴 수도 있는 일자리와 기업 이익, 조세수입이 영국이 아니라 미국으로 향한다."라는 메시지를 전한다. 또한 오스트레일리아의 몇 안 되는 헬스케어 전문 투자 기업 가운데 한 곳인 브랜든 캐피탈Brandon Capital의 설립자 크리스 네이브Chris Nave가 "오스트레일리아는 의학 연구에서 세계 최고 수준이라고 평가받고 있지만, 연구를 통해 발견한 사실을 시장에 선보이는 데는 세계 최악의 국가 중 하나다."라고 말한 주된 이유이기도 하다.

미국의 주식시장에서 IPO에 성공한 해외 기업은 비교적 행운아일 것이다. 미국에서 기업을 상장한다는 것은 많은 시간과 큰 비용이 드는 까다로운 작업이기 때문이다.

미국에서 상장에 성공한 해외 기업들이 자국에서 상장한 기업보다는 미국의 대형 바이오테크놀로지 투자가의 관심을 유발할 가능성이 크지만, 여전히 미국에 있는 투자 전문가와 수천 킬로미터나 떨어진 곳에서 전혀 다른 시간대에 활동한다는 사실은 달라지지 않는다. 또한 해외 기업의 경영진은 미국 기업의 경영진과 같은 수준의 '문화적 자본cultural capital'을 거의 가지지 못했다. 이들은 미국의 투자 전문가와 같은 대학을 다니거나, 가까운 지역에 거주하면서 정기적으로 교류하고 어울리는 과정에서 효과적인 네트워크를 구축하기 어렵다.

미국의 주식시장에 상장한다는 것이 해외 기업의 경영진에게 만만치 않은 도전인 다른 이유는 상장 이후에도 미국에서 상당한 시간을 보내야 하기 때문이다. IR 활동의 일환으로 매년 수차례 미국의 여러 도시를 돌아다니며 투자 로드쇼를 진행하는 것은 오스트레일리아나 유럽에 거주하는 경영진에게 너무나 힘든 일이다. 이 모든 어려움을 종합하면, 미국의 주식시장에 다른 나라의 기업을 상장한다는 것이 만병통치약은 아니라는 점은 분명하다. 특히 최근 수년간 많은 기업이 겪어온 것처럼 바이오테크놀로지 시장이 전반적으로 예전처럼 활기를 띠지 않는 상황에서는 더욱 그렇다.

그러다 보니 자국 시장에 남아 있으면서 미국에 상장을 추진하려던 해외 기업이 결국 포기하고 매각하는 경우가 빈번하게 발생한다.

고든 상게라Gordon Sanghera는 영국 기반의 바이오테크놀로지 기업 중 하나인 옥스퍼드 나노포어 테크놀로지Oxford Nanopore Technologies의 최고경영자다. 상게라는 이렇게 말했다. "미국 기업이 어느 영국 기업을 인수하겠다면서 5억 파운드를 제안하면 모두가 환호성을 지른다. 하지만 그 제안을 거절하고 최고의 인재를 데려와서 '50억 파운드짜리 기업으로 키워봅시다!'라고 말하면 왜 안 되는가?" 또는 옥스퍼드 사이언스 엔터프라이즈Oxford Science Enterprises의 대표를 지낸 알렉시스 도만디Alexis Dormandy가 말한 바와 같이 "대개 영국의 스타트업은 수억 달러에 미국이나 아시아의 기업으로 매각된다. 그 설립자는 자축하며 모두가 한마음으로 성공을 기념한다. 그러나 바로 그 시점이 어떻게 하면 수십억 달러를 넘어 100억 달러의 가치를 인정받는 기업을 구축할 것인지 물어야 하는 순간이다."

투자 산업이나 정부 규제, 조세제도부터 기업 지원 생태계가 발전하기에는 부족한 크리티컬 매스에 이르기까지 이 모든 구조적 요인으로 인해 미국 외의 나라에서 활동하는 혁신적인 소규모 바이오테크놀로지 기업은 자금조달에 큰 어려움을 겪고 있다. 그리고 이는 인류가 달성할 수 있는 과학적 발전은 물론이고 더 나아가 인류의 진보와 부의 창출까지 저해하고 있다.

그렇지만 이러한 문제 가운데 상당수가 비교적 가까운 미래에 해결되거나 개선될 것으로 볼 수 있는 희망찬 이유는 충분히 있다. 이 책에서 그러한 이유를 살펴보기에 앞서 과학적 발전과 인류의 진보, 부의 창출을 방해하는 또 다른 요인을 주의 깊게 살펴볼 필요가 있다. 그것은 바로 언론, 특히 주류 언론과 소셜 미디어에는 본질적으로 매우 강력한 부정 편향이 존재한다는 점이다.

언론의 편향과 투자 리스크

한때 소규모 바이오테크놀로지 기업에 자문하는 일을 하는 동안 나는 이들 기업이 직면한 모든 문제가 아주 이상한 현상으로 인해 더 심각해지는 모습을 여러 차례 목격했다. 그 이상한 현상은 바로 주류 언론이 이러한 기업에 아무런 관심이 없어 보인다는 것이었다. 어떠한 이유인지는 몰라도, 예를 들어 암 치료와 같이 중요한 분야에서 엄청나게 중요한 성과를 내는 기업조차도 의미 있는 언론 보도의 기회를 전혀 얻지 못했던 것이다.

물론 규모가 작고 위험한 데다 종종 돈도 벌지 못하는 기업이 하는 일을 홍보하는 것처럼 보이면, 기자로서 경력이 위험해질 수 있다는 점은 이해할 수 있다.

해당 기업에서 정말 중요한 과학적 진보를 이룰 가능성이 큰데다 기업 경영진이나 나처럼 자문을 제공하는 사람이 직접 기자에게 연락해서 잠재적 성과를 설명하려 하더라도 상황은 바뀌지 않는다. 적절한 수준의 언론 보도만 있더라도 이들 기업이 성장 궤도에 올라 기업 규모가 더 커지고 위험은 낮추는 데 큰 도움이 될 것이다. 이는 환자 치료와 인류의 진보는 물론이고 더 나아가 경제 전반에 상당한 이익으로 연결될 수 있다.

그러나 언론 보도에 관한 한 다른 근본적인 문제가 있다. 언론이 본질적으로 부정적이고 선정적인 일은 선호하면서도 긍정적이거나 평범한 일은 도외시하는 편향성이 매우 강하다는 사실이다. 우리가 매일 접하는 뉴스는 대부분 부정적인 내용을 담고 있다. 소셜 미디어도 전혀 다를 바 없다.

여기서 중요한 점은 이러한 현실이 과학의 발전과 의료 분야의 모범 사례에 미치는 영향이다. 수많은 연구에서 좋은 뉴스보다 나쁜 뉴스가 훨씬 더 많은 관심을 끈다는 사실을 보여주었다. 이는 주류 언론이 혁신적인 신기술처럼 고무적인 이야기보다는 전쟁이나 기근, 살인, 질병, 정치적 부패에 훨씬 더 많은 관심을 기울인다는 것을 의미한다.

우리가 매일 접하는 뉴스가 지금과 같은 모습인 이유는 인간의 심리가 근본적으로 어떻게 작동하는지, 인간 심리의 작동 방식이 뉴스 소비자로서 우리에게 어떠한 영향을 미치는지, 그리고 결과적으로 기자와 편집자, 미디어 기업이 어떻게 행동하는지와 관련이 있다.

문제는 인간의 뇌 안에서 작동하는 소프트웨어에 심각한 결함이 있다는 사실이다. 인간은 타고나기를 심리적으로 평범한(즉, 긍정적인) 것은 배제하고 특이한(즉, 부정적인) 것에 초점을 맞추도록 설계되어 있다. 기자나 뉴스 편집자는 이 사실을 잘 알고 있으며, 그래서 이들에게서 부정적인 사건에 편향된 모습을 관찰할 수 있는 것이다. 어쨌든 부정적인 뉴스가 신문의 판매 부수와 웹사이트의 클릭 수를 증가시킨다. 그리고 인간은 모두 그러한 뉴스에 반응하도록 설계되어 있다. 언론 산업에 종사하는 이들이라면 누구나 잘 아는 말이 있다. "피가 흐르면, 기사가 된다."

이보다 더 심각한 문제는 부정적인 가짜 뉴스가 종종 진실보다 빨리 퍼져 나갈 수 있다는 사실이다. 이는 특히 과학이나 과학적 진보의 영역에서 문제가 되며, 바이오테크놀로지 기업에도 실질적인 문제를 일으킨다.

영국의 생물학자 네사 캐리Nessa Carey 박사는 자신의 책《인생의 암호를 해킹하다: 유전자 편집은 인류의 미래를 어떻게 다시 쓸 것인가 (Hacking the Code of Life: How Gene Editing Will Rewrite Our Futures)》에서 언론의 부정 편향이라는 구조적인 문제가 유전자 편집, 유전자 변형(GM) 작물, 백신 등 중요한 의미가 있는 기술의 발전에 심각한 영향을 미친 사례를 몇 가지 제시한다. 유전자 변형 식품과 관련하여 저자는 영국의 과학자 아르파드 푸스타이Arpad Pusztai가 1998년 TV에서 "유전자 변형 감자를 섭취한 쥐가 발육 부진을 겪고 면역체계가 억제되었다."라고 주장한 사례를 인용했다. 푸스타이의 주장은 그 당시뿐만 아니라 현재까지도 학계의 검증을 거치지 않았다고 지적하며 저자는 이렇게 말했다. "그러나 그 여파는 즉각적이었고, 유전자 변형 식품이 인간의 건강에 미칠지도 모르는 영향을 둘러싼 격렬한 논쟁을 촉발하는 데 큰 역할을 했다. 영국 왕립학회에서 과학적으로 검증한 결과 푸스타이가 내린 결론을 뒷받침할 만한 데이터는 없었다. 하지만 이미 발생한 피해는 돌이킬 수 없었다."

저자가 반복해서 설명하는 바와 같이, 언론이 중개한 이러한 피해는 장기적일 수 있다. 또 다른 유명한 사례는 오늘날까지 이어지고 있는 홍역·이하선염·풍진(MMR) 백신을 둘러싼 논쟁이다. 1998년 영국의 의학 저널인 《란셋》에는 앤드루 웨이크필드^{Andrew Wakefield}가 자폐와 MMR 백신 사이의 연관성을 주장하는 저품질의 조작된 연구 결과가 게재되었다. 해당 연구가 발표된 뒤에 자폐와 MMR 백신 사이에는 아무런 연관성이 없으며 백신 접종이 20세기에 의료계에서 일어난 가장 중요한 혁신임이 명확히 입증되었지만, 웨이크필드의 소위 '연구'는 여전히 온라인에서 백신 접종을 자폐의 원인으로 비난하는 근거로 사용되고 있다.

《인생의 암호를 해킹하다》에서 저자가 주목하는 다른 문제는 "철회된 논문이라고 해서 사라지지는 않는다."라는 것이다. 이 문제가 앞서 살펴본 우리 내면의 불완전한 인지 편향과 결합할 때, "흥미롭지만 나쁜 과학은 이를 바로잡는 좋지만 지루한 과학보다 훨씬 오랫동안 대중의 의식 속에 남아 있다."

언론의 부정 편향 문제를 지적한 사람은 비단 캐리 박사만이 아니다. 과학 분야의 문헌과 대중 과학 서적에서도 계속해서 이 문제를 주제로 다뤄 왔다. 또한 내가 바이오테크놀로지 기업의 경영진이나 헬스케어 분야 투자 전문가를 만났을 때와 업계 컨퍼런스의 참석자들이 수시로 언급하는 주제이기도 하다.

이제 이 문제가 얼마나 큰 영향을 미치는지 강조할 필요가 있다고 생각한다. 언론이 반응하는 방식은 바이오테크놀로지 부문에서 활동하는 기업의 가치는 물론이고 해당 기업이 자금을 조달해서 성장하는 능력에 매우 부정적인 영향을 미칠 수 있다. 또한 잘못된 과학도 설사 그 잘못이 지적되고 오류가 바로잡히더라도 큰 영향을 미칠 수 있다. 이는 잘못된 과학이 매우 중요한 기술적·과학적 발전을 이루려 노력하는 기업의 가치를 수억 달러에서 수십억 달러까지 갉아먹을 수 있으며, 과학적·상업적 발전을 몇 년씩 뒷걸음질하게 할 수도 있기 때문이다.

더 중요한 것은 언론의 부정 편향으로 인해 발생할 수 있는 질병, 사망 등 인류가 겪을 고통이 그렇지 않았을 경우보다 훨씬 더 커질 수 있다는 점이다. 특히 몇 년 사이에 가장 흥미로운 혁신이 일어날 잠재력이 있는 여러 분야는 상당히 복잡한 윤리적, 경제적, 심지어 정치적 의문을 불러일으킬 가능성이 있다는 면에서 더 큰 위험에 처해 있다.

해결되지 않은 의료 분야의 과제들

여기 연관된 중요한 문제가 하나 더 있다. 놀랍도록 발전하고 모두가 서로 연결된 세상에서도 의료 분야의 모범 사례가 전 세계 각지에서 보편적으로 채택되기까지는 몇 년을 넘어 때로는 수십 년이 걸리기도 한다는 사실이다. 이른바 선진국이라고 해서 상황이 다르지는 않다. 이처럼 의료 분야의 모범 사례가 제대로 전파되지 않는 현상은 훌륭한 연구 성과를 제대로 보도하지 않는 언론의 부정 편향과 일정 부분 관련이 있지만, 인간의 본성이나 제도적 타성, 보건경제학과 관련 있는 여러 복잡한 구조적 문제가 초래한 결과이기도 하다.

많은 사람이 선진국이라면 어느 곳이든 헬스케어 시스템이 기본적으로 같은 수준이거나 적어도 유사할 것으로 생각하는 듯싶다. 건강에 심각한 문제가 있거나 어떤 수술을 받을 필요가 있는 경우, 런던, 에든버러, 파리, 스톡홀름, 제네바, 뉴욕, 보스턴, 샌프란시스코, 도쿄, 시드니 등 부유한 선진국의 대도시에 거주하고 있다면 그곳이 어디든 병원 진료 및 수술 경험과 치료 결과에 대한 전망이 대체로 비슷할 것이라고 보지 않을까? 개발도상국에 살고 있으나 소위 서구식 의료 서비스를 누릴 수 있을 만큼 부유한 사람도 마찬가지로 생각할 것이다.

나 역시 성인이 된 이후 자연스레 같은 가정을 하며 지냈다. 그러다 바이오테크놀로지 기업과 일하기 시작하고, 특히 2014년 말 영국 BBC의 라디오 강의 시리즈인 리스 강연^{Reith Lectures}을 진행한 미국의 외과 의사이자 작가이며 공공보건 연구자인 아툴 가완디^{Atul Gawande} 박사의 연구를 접하게 되면서 내 가정이 틀렸다는 사실을 알게 되었다. 가완디 박사는 2010년《타임》이 선정한 세계 최고의 사상가 가운데 다섯 번째에 이름을 올렸으며 현재 하버드대학교 교수로 재직하고 있다. 하버드 대학교 교수라는 자리가 시사하듯 놀랍도록 화려한 이력을 보유한 그는 옥스퍼드대학교에서는 저명한 철학·정치학·경제학(PPE) 전공으로 석사 학위를 취득하기도 했다.

의료 분야에서 모범 사례의 문제와 관련하여 특히 주목할 만한 가완디 박사의 저서로는 2009년 출간된 《체크리스트 매니페스토: 제대로 일하는 방법(The Checklist Manifesto: How to Get Things Right)》이 있다. 이 책의 핵심 개념은 항공기 조종에서부터 고층 빌딩 건설에 이르기까지 체크리스트가 인류에게 가장 어려운 도전을 가능하게 했다는 점이다. 가완디 박사는 이를 까다롭고 다양한 외과 수술 분야로 확장하여 90초라는 짧은 시간 안에 간결한 체크리스트를 작성함으로써 사망률과 합병증을 3분의 1 이상 줄일 수 있었다. 이후 라이프박스라는 비영리단체를 설립했으며, 세계보건기구를 통해 '수술 안전 체크리스트[Surgery Safety Checklist]'를 발표하여 전 세계적으로 위험한 수술로 인한 합병증과 사망률을 최대 40%까지 낮추는 데 크게 이바지했다. 수술 합병증 및 사망률 감소 효과는 선진국의 최첨단 병원에서든, 아니면 개발도상국의 척박한 현장에서든 비슷한 수준으로 나타났다. 스코틀랜드에서 실시한 초기 연구에 따르면 체크리스트를 사용한 이후 4년 만에 스코틀랜드에서만 9,000명이 넘는 사람의 생명을 구했다. 그로부터 수년이 지난 2019년까지 스코틀랜드 전역에서 수술 현장에 체크리스트를 적용한 결과 수술 후 사망률이 36.6% 감소한 것으로 나타났다.

가완디 박사는 2014년 리스 강연에서 감동적인 일화 몇 가지를 들어가며 전 세계적으로 의료 분야의 모범 사례가 심각할 정도로 잘 퍼져나가지 않는 현실과 그 이유를 설명했다. 첫 강연은 가완디 박사 본인의 아들 워커가 태어난 지 불과 11일 만에 목숨을 잃을 뻔했던 경험을 이야기하며 시작한다. 당시 보스턴에 거주하던 가완디 박사는 가장 가까운 병원의 응급실 의료진이 워커의 증상이 무엇인지 파악하고 이를 치료할 수 있는 역량까지 갖추고 있었던 덕분에 신속하게 적절히 치료 받을 수 있어서 너무나도 운이 좋은 경우였다고 강조한다. 워커가 입원한 병원 응급실의 의료진은 증상의 원인을 파악한 다음 프로스타글란딘 E2라는 이름의 약물을 처방했다. 가완디 박사는 해당 약물이 워커가 태어나기 불과 약 10년 전에 개발되었다는 점을 지적한다. 약물 처방과 더불어 워커는 심장 수술을 통해 기형으로 자란 심장 대동맥을 교체하고 기존에 앓던 심장병을 치료했다. 일련의 치료를 통해 워커는 살아날 수 있었으며 결국 완벽히 회복했다. 강연에서 가완디 박사는 아들 워커의 입원 및 치료 과정에서 경험한 일화를 다음과 같이 전한다.

> 워커가 입원해 있던 중환자실 바로 옆 병상에는 보스턴에서 320킬로미터나 떨어진 메인주에서 온 아이가 있었습니다. 그 아이의 병명도 워커와 같았지만, 그 아이는 문제가 무엇인지 파악한 다음 보스턴으로 병원을 옮기고 약물을 투여해서 혈액 순환을 정상 수준으로 되돌릴 때까지 너무 오래 걸렸습니다. 그 결과 그 아이는 안타깝게도 간과 신장 기능을 완전히 잃었습니다. 그 아이가 가질 수 있는 유일한 희망은 기약 없는 기다림 끝에 장기 이식으로 생존 확률을 높이는 것뿐이었습니다. 하지만 설사 생존한다고 해도 그 아이의 미래는 워커의 미래와는 전혀 다른 모습이 될 것임은 분명했습니다.

가완디 박사의 부모는 인도 마하라슈트라주의 시골 마을 출신이다. 가완디 박사가 강연에서 아들의 이야기를 들려준 이유는, 만약 워커가 인도에서 태어났다면 치료 예후가 암울했을 것임은 어렵지 않게 예측할 수 있으나 보스턴에서 불과 300킬로미터 남짓 떨어진 곳에 사는 아이에게도 같은 일이 벌어질 수 있다고 생각하기는 쉽지 않다는 점을 강조하기 위함이었다. 그러나 현실에서는 그러한 일이 자주 일어난다. 어디에 거주하든 최상의 의료 서비스와 치료 결과를 기대할 수 있는지 여부는 오늘날에도 여전히 지극히 운에 따라 결정되는 것이 현실이다.

이러한 경험은 가완디 박사가 오류나 의료 사고의 위험을 낮춤으로써 환자의 치료 결과를 매우 큰 폭으로 개선하고 기존에는 불가능하다고 여겨졌던 수준의 의료 서비스를 달성하는 메커니즘으로서 체크리스트라는 종합적인 아이디어를 구상하게 된 계기 가운데 하나였다. 가완디 박사는 꾸준히 체크리스트 접근방법을 가다듬고 탄탄한 증거로 그 유효성을 입증하려 했으며 전 세계에서 보편적으로 채택될 수 있도록 노력했다. 연구 초기에 가완디 박사의 연구진은 체크리스트가 보편적으로 채택된 다른 분야가 있다는 사실을 파악했다. 건설업과 항공업이 그 대표적인 예다.

수술 절차에 관한 체크리스트를 설계하는 과정에서 가완디 박사의 연구진은 보잉의 안전 담당 수석 엔지니어를 초빙해 도움을 받았다. 수십 년에 걸쳐 항공 산업은 가장 위험한 교통수단 중 하나에서 통계적으로 가장 안전한 교통수단으로 변모했다. 1929년에는 승무원이나 탑승객이 사망한 항공 사고가 51건 발생했는데, 이를 오늘날의 항공기 이용률을 기준으로 환산하면 매년 7,000건 이상의 사고가 발생하는 것과 같다. 1970년부터 2019년까지 1조 유상 여객 킬로미터(수송한 유상 여객 수에 운항 거리를 곱한 값으로 항공 수송량을 나타내는 단위-옮긴이)당 사망자 수는

3,218명에서 40명으로 80분의 1로 감소했다.

이처럼 항공 사고의 위험이 감소한 데는 여러 가지 원인이 있겠지만, 결정적인 요인 하나는 항공업계 전반에서 조종사와 정비사가 체크리스트를 사용하는 것이 표준화되었다는 점이다. 이는 건설업계뿐만 아니라 나사, 반도체 제조사 등 인간이 하는 일 가운데 너무 복잡해서 작은 실수가 막대한 비용을 초래하거나 생명을 앗아갈 수 있는 다른 많은 분야에서도 마찬가지다.

실제 수술 장면을 보기 위해 수술실에 도착한 보잉사의 엔지니어는 의료진이 모든 절차를 올바르게 수행하는지 확인하는 명확한 규정이나 체계적인 프로세스가 없다는 사실을 발견하고 매우 놀랐다. 더욱 걱정스러운 점은 기껏해야 두세 명이 조종석에 앉을 수 있는 항공 산업과는 달리 의료 현장에서는 수십 명이 같은 공간에 머물 수 있기에 일이 잘못될 가능성이 기하급수적으로 커진다는 사실이다.

지난 십여 년간 의료 현장에 체크리스트 접근방법을 적용한 결과, 일관적으로 환자의 치료 결과가 좋아졌고 의료 사고나 사망률은 낮아졌으며 헬스케어 시스템 전반에서 상당한 비용이 절감되었다.

이와 같은 성과에도 불구하고 가완디 박사의 연구진이 선진국에서조차 체크리스트 시스템과 프로세스를 불완전하게나마 비교적 광범위하게 채택하도록 하는 데 많은 시간이 걸렸으며, 개발도상국의 경우에는 지금까지도 상당히 드물게 채택된 상태에 머물러 있다.

오랜 시간 업계에서 실제로 그 효과를 입증했으며 상식적으로 생각해도 비교적 쉽게 받아들여지는 것이 당연한 시스템이었지만, 체크리스트는 예상만큼 도입 과정이 순탄하지는 않았다. 가완디 박사가 설립한 비영리단체 라이프박스에 따르면, 체크리스트 도입 지연이나 낮은 도입률의 원인으로 '의사도 위험한 실수를 저지를 수 있다는 암시에 대한 의사 집단의 거부감, 체크리스트 도입에 있어 병원 행정 부서의 느슨한 태도, 일부 문화권에서 간호사가 가지는 낮은 권한' 등이 꼽혔다.

2007년 전 세계의 여덟 개 도시에서 체크리스트 프로그램을 처음으로 도입하고 3개월이 지난 시점에 가완디 박사의 연구진은 의료진을 대상으로 체크리스트에 대한 의견을 물었다. 설문조사 결과 20%가 넘는 의료진이 반감을 드러냈고, 그중 상당수는 체크리스트 작성이 시간을 낭비하는 귀찮은 일이거나 불필요한 서류작업을 추가할 뿐이라고 여겼다. 특히 병원의 고위직을 차지하고 있는 의료진의 경우에는 외과의사로서 수십 년의 경력을 쌓은 후에 이처럼 유치한 절차를 따라야 한다는 점에 큰 불만을 드러냈다.

그런데 흥미롭게도 같은 설문조사에서 '본인이 수술받는 경우 수술 담당 의료진이 체크리스트를 사용하기를 원하는가?'라는 질문에는 의료진의 94%가 '그렇다'라고 답했다. 어쩌면 탁월하게 설계된 문항이 도입 후 몇 년 만에 체크리스트 프로그램이 성공하는 데 어느 정도는 도움이 되었을 것이다. 보다 근본적으로는 체크리스트의 실질적인 효과가 데이터로 입증되기 시작하면서 프로그램의 성공이 가시화되었다.

의료 혁신의 숨겨진 이야기들

2014년 가완디 박사의 리스 강연 직후 나는 한 기업에서 기관 투자가를 대상으로 점심 식사를 겸해 진행한 발표 자리에 참석했다. 이 기업의 주력 제품은 심혈관 수술에 사용하는 새로운 '재생성 생체조직'이었다. 발표의 주요 내용은 세계 각지의 저명한 심장혈관흉부외과 의사가 등장해서 해당 기업의 제품이 의료계의 '표준 치료법'보다 환자에게 더 나은 치료 결과를 선사했음을 입증하는 경험담이었다.

그 자리에 모인 여러 투자 전문가가 제기한 중요한 문제 하나는 해당 기업이 상업적으로 성공하기 위해 자신들이 개발한 제품이 의료계에서 광범위하게 채택될 수 있도록 유도할 수 있는가였다. 물론 이들이 개발한 제품을 사용하면 환자가 더 나은 치료 결과를 기대할 수 있으며 세계 최고 수준의 의사들이 제품의 치료 효과를 인증한다는 것은 사실이다. 하지만 일이 어떻게 돌아가는지 아는 사람들은 여전히 해당 기업의 기술이 상업적 성공을 거둘 가능성에 대해 회의적인 시각을 가지고 있었다.

해당 기업이 맞닥뜨린 의구심은 가완디 박사가 언급한 유형의 문제를 정확하게 보여주는 실제 사례였다. 그리고 이는 이후 8년간 내가 직접 경험한 수많은 유사 사례의 시작이었을 뿐이다. 이 글을 쓰기 불과 몇 달 전에도 나는 특정 치료 분야를 선도하는 외과 의사인 지인에게 정확히 그 분야에 적용할 수 있는 혁신적인 기술을 개발한 어느 기업에 관해 물어봤지만, 돌아온 답은 그 기업이나 제품에 관한 소식을 들어본 적이 없다는 것이었다. 해당 기업이 이미 상당한 시간 동안 관련 분야 의료진을 대상으로 그 혁신적인 기술을 홍보해 왔는데도 말이다.

이제 잠시 멈춰서 이러한 사례가 그토록 자주 발생하는 이유를 생각해 볼 필요가 있다. 결국 이유는 제도적 타성, 그리고 경제학에서 만족화 행동이라고 설명하는 의료 전문가 집단의 행동과 관련이 있다. 여기서 '만족화'란 이용할 수 있는 여러 실용적인 대안 가운데 가장 먼저 발견한 대안에 따라 선택하거나 행동한다는 의미다. 즉, 의료 시스템이 최적으로 발전하는 데 부정적인 영향을 미치더라도 상황과 맥락을 고려하면 충분히 이해하거나 용인할 수 있는 행동이라 할 수 있다.

외과 의사나 의료 시스템이 환자 치료와 수술에 있어 새로운 접근방법을 기꺼이 도입하고 의료 현장에 적용할 때까지 오랜 시간이 걸리는 데는 여러 구조적인 이유가 있다. 우선, 새로운 치료법이나 수술법을 도입하면 기존의 치료 및 수술 관행을 크게 바꿔야 할 가능성이 크고, 이는 이미 오랜 시간 자기만의 방식을 습득한 의료진을 다시 훈련해야 함을 의미한다. 당연히 매우 부담스러운 일이다.

경제학적 관점에서 이는 매우 중대한 '매몰 비용'의 문제가 있음을 의미한다. 이와 같은 현실을 극복하려면 그 새로운 접근방법이 기존 방법보다 우수하며 환자의 치료 결과가 개선된다는 점을 매우 설득력 있는 데이터에 기반한 증거로 입증해야 한다. 그러나 그러한 증거를 취합하는 데 수년씩 걸리는 경우가 많은 데다 취합한 증거조차도 필연적으로 흑과 백으로 명확하게 구분할 수 있는 경우는 극히 드물다. 근거 중심의 의학 연구에서는 이른바 '확실한' 데이터를 사용하고자 하지만, 새로운 치료법이나 수술법의 효과를 입증하는 일이 여전히 매우 미묘하고 복잡하다 보니 새로운 접근방법이 정말로 의문의 여지 없이 더 나은지에 대한 논쟁이 한동안 이어질 수 있다.

여기에 더해 세계 각국의 보건 경제 상황이 서로 다르다는 현실은 문제를 더욱 복잡하게 만든다. 고가의 약물을 투여해야 하거나 새로운 의료기기 도입에 대규모 자본을 투자해야 한다는 이유에서 극도로 비싼 경우가 많은 새로운 치료법이나 수술법은 상대적으로 자원이 부족한 나라의 의료 시스템에서 선택할 수 있는 대안이 아닐지도 모른다. 2013년 영국의 왕립외과학회[UK Royal College of Surgeons]가 발표한 보고서에서도 이 문제를 지적한 바 있다.

> 연구의 성과는 의료 현장에서 제대로 구현되지 않으면 거의 가치가 없다. 환자에게 도달하여 혜택을 제공하는 경우에만 그 성과는 의미가 있다. 외과 수술에서 혁신을 확산한다는 것은 원칙적으로는 매력적이나 실제로는 상당히 어려운 일이다. 사실 외과 수술 혁신의 확산은 특히 증거와 훈련, 역량 측면에서 어려움을 겪고 있다. 예를 들어 새로운 수술법을 뒷받침하는 적절한 증거가 부족한 경우 혁신에 필요한 기술이나 인프라에 대한 투자와 임상 및 환자 수요가 제한될 수 있다.

경제학에서는 다양한 상황에서 시장 참여자, 특히 기업의 경영진과 직원이 하는 행동을 설명하기 위해 '만족화'라는 표현을 사용한다. 1978년 노벨 경제학상을 받은 허버트 사이먼[Herbert Simon]은 수상 연설에서 "의사결정권자는 단순한 세상에 적합한 최적의 해결책을 찾거나, 아니면 그보다 현실적인 세상에 적합한 만족스러운 해결책을 찾음으로써 만족감을 느낄 수 있다."라고 말했다. 이를 평범한 사람들이 흔히 사용하는 표현으로 바꾸면 아마도 모두가 잘 아는 '문제가 없다면 고치지 마라.' 정도가 될 것이다. 정신없이 바쁘지만 가용 자원에 한계가 있는 의료 전문가의 관점에서 볼 때, 이러한 접근방법은 충분히 이해할 수 있는 사고방식이다.

그러나 이는 의료 분야의 모범 사례가 세계 전역으로 퍼져나가기까지 오랜 시간이 걸릴 수 있음을 의미하며, 더 나아가 의료 시스템을 개선하고 전 세계의 많은 나라에서 과학적 발전의 혜택을 누릴 수 있도록 하려는 인류의 노력에 부정적인 영향을 미칠 수 있다.

한편 이러한 현상은 언론의 역할과도 밀접한 관련이 있다. 양질의 아이디어가 경쟁하는 전 세계 시장에서 언론은 의료기술의 발전과 혁신, 모범 사례에 관한 정보를 사회의 주요 이해관계자들에게 전파하는 중요한 역할을 한다. 언론 보도는 새로운 의료기술이 시장에서 신뢰와 신용을 쌓는 데 도움이 될 수 있으며, 의료 정책이나 지침을 형성하는 데도 중요한 역할을 한다. 또한 미디어의 관심은 대중의 압력과 그에 따른 정치적 의지를 불러일으켜서 새로운 의료기술을 도입하고 자금을 지원하는 일에 우선순위를 두도록 유도할 수 있다.

반대로 언론에서 전혀 보도하지 않거나 보도하더라도 지나치게 부정적이거나 부정확하게 다룬다면, 일반 대중이나 의료 정책을 입안하는 공무원과 국회의원은 물론이고 심지어 의료 전문가조차도 중요한 기술 혁신이 있는지 인식하지도 못한 채 지낼 수 있다. 더 걱정스러운 점은 이들이 근본적으로 부정확한 정보를 접수하고 잘못된 방향으로 이끌려 갈 경우, 일반 대중이 불필요한 두려움이나 의구심을 갖게 되고 부적절한 정책이 수립되는 결과로 이어질 수도 있다.

In Summary

2장의 주요 내용

지금까지 살펴본 바와 같이 전 세계 여러 지역에서 과학적 발전을 저해하는 매우 근본적인 문제가 존재한다. 역사적으로 미국 외 나라에서는 비효율적으로 작동하는 주식시장과 투자 산업으로 인해 자금조달 격차가 명확하게 발생해 왔다. 그 결과 지난 수십 년간 꾸준히 기초 과학 발전에 이바지하고 세계적인 교육 기관을 보유한 선진국에서조차 수많은 바이오테크놀로지 기업이 어려움을 겪고 있다.

자금조달 격차라는 재무적 문제를 더 어렵게 만드는 요인은 기술적 잠재력이 큰 다수의 바이오테크놀로지 기업이 언론의 관심을 거의 받지 못하는 현실에 있으며, 더 일반적으로는 세상을 바꿀 수도 있지만 자본의 투자가 필요한 혁신적인 기술에 지나칠 정도로 관심을 두지 않는 주류 언론의 부정 편향에 있다.

언론에 내재하는 이 부정 편향은 나쁜 과학이 좋은 과학보다 더 많은 언론의 주목을 받을 수 있음을 의미하기도 한다. 이러한 요인은 전 세계 각지에서 의료 분야의 모범 사례가 채택되는 과정을 지연시키고 정부에서 효과적인 정책을 구현하는 일에 부정적인 영향을 미칠 수도 있다.

자금조달 격차, 언론의 부정 편향 등의 문제로 인해 놀라운 잠재력을 지닌 치료 방법과 기술이 채 싹을 틔워보기도 전에 좌초되는 경우가 너무나 자주 발생한다. 지금도 뛰어난 과학적 연구 가운데 상당수는 상업적으로 아무런 빛을 보지 못하고 있으며, 이는 환자의 치료결과와 잠재적인 부의 창출, 인류의 진보에 있어 전반적으로 큰 비극이라 할 수 있다. 특히 미국에서 상업화에 성공한 과학적 성과와 비교할 때 전 세계 다른 나라에서 이룬 과학적 성과가 전혀 뒤지지 않는다는 점을 고려하면 이러한 상황은 쉽게 받아들이기 어렵다.

그럼에도 불구하고 이와 같은 문제가 대부분 극복될 수 있다고 보는 다양한 이유를 다음 장에서 살펴볼 예정이다.

3장

바이오테크가 그리는 미래,
새로운 기회를 열다

2장에서 언급한 여러 문제는 해결하기 힘들 것만 같으며, 헬스케어 시스템은 변하지 않을 것만 같을지도 모른다. 하지만 상황이 나아질 수 있다는 희망을 품을 이유는 많이 있다. 전반적인 변화의 방향은 상당히 고무적이다. 기술적 발전과 사회적 변화가 상황을 일정 부분 개선할 것이며, 인류의 진보는 문제 가운데 일부는 완화하고 나머지는 해결할 것이다.

세계 유수의 기관 투자가나 정부, 학술 및 교육 기관에서 바이오테크놀로지 산업이 당면한 자금조달 문제를 깨닫고 있다는 신호가 이미 곳곳에서 나타나고 있다. 미국 외의 나라에서 저평가된 바이오테크놀로지 기업이 처한 위기가 이전에는 대규모 투자 자본을 운용하며 자국 시장 너머를 보려 하지 않았던 투자 전문가의 눈에 점점 새로운 투자 기회로 인식된다는 이야기다.

영국을 보면, 옥스퍼드 사이언스 엔터프라이즈는 2015년 옥스퍼드

대학교에서 도출한 연구개발 성과의 상업화를 지원할 목적으로 설립되었다. 이 조직의 홈페이지에서는 생명과학 분야와 관련하여 이렇게 말하고 있다. "우리는 과학계의 선구자와 함께 획기적인 연구 성과를 새로운 약물로 전환하여 환자의 삶을 개선한다."

옥스퍼드 사이언스 엔터프라이즈는 설립 이후 현시점까지 옥스퍼드대학교의 연구실에서 탄생한 기업을 지원하는 데 8억 파운드 이상의 자본을 투입했다. 더 고무적인 사실은 세계 최고 수준의 헬스케어 산업 투자사 수십 곳으로부터 포트폴리오에 포함된 기업에 대한 훨씬 큰 규모의 추가 투자를 유치하는 데도 이바지했다는 것이다. 결과적으로 옥스퍼드대학교가 배출한 과학기술 중심 스타트업의 수는 2015년 4곳에서 2021년 20곳 이상으로 늘었으며, 이들 기업에 대한 투자 규모는 2011년부터 2015년까지 연평균 1억 2,500만 파운드에서 2016년부터 2021년까지는 연평균 6억 파운드 이상으로 거의 다섯 배나 증가했다.

2장에서 언급했듯이 케임브리지의 실험실 공간은 여전히 매우 부족한 상황이지만 많은 발전이 이루어지고 있기도 하다. 런던에서는 연구시설 전문 부동산 개발사 카단스 사이언스 파트너스가 5억 파운드를 투자하여 연 면적 약 76,000m²(약 23,000평) 규모의 23층짜리 '수직형' 생명과학 캠퍼스 건설을 추진하고 있다. 영국의 다른 지역에서도 전문 부동산 개발사 브런트우드 사이테크가 영국 최대 규모의 투자 기업 중 하나인 리걸 앤드 제너럴과 협력하여 버밍엄, 맨체스터, 리버풀, 리즈 등 대도시에서 모두 합쳐 약 460,000m²(약 140,000평) 규모의 11개 과학단지 개발을 진행하고 있다.

이와 같은 변화의 뿌리는 투자 그 자체의 본질에 있다. 벤저민 그레이엄은 "단기적으로 주식시장은 투표 장치이나 장기적으로는 저울이다."라는 유명한 말을 남겼다. 이는 2장에서 다룬 여러 요인으로 인해 단기적 또는 중기적으로 기업의 '펀더멘털', 즉 본질적인 가치에서 상당히 벗어날 수 있지만 결국 장기적으로는 제자리로 돌아오기 마련이라는 의미다. 만약 어떤 기업이 실제로 거두고 있는 상업적 성과에 비춰볼 때 부당하게 저평가되었다면 궁극적으로 이러한 상황은 해소될 수밖에 없다. 주식 투자자 사이에서 자주 언급되는 말로 바꿔 말하자면 "낮은 가격을 치료하는 약은 낮은 가격 그 자체다."

실제로 이러한 일이 일어나고 있다는 신호가 있다. 세계 여러 나라의 기업이 직면한 자금조달 문제에 언론과 정부, 투자가 모두가 점점 더 많이 주목하고 있는 것이다.

바이오테크가 불러올 상업적 혁명

여기서 무엇보다 중요한 점은 바이오테크놀로지 산업에서 활동하는 많은 기업이 오랜 시간 겪은 자금조달 환경의 문제에도 불구하고 실질적인 상업적 성과를 거둘 수 있는 시점에 도달할 가능성이 크다는 사실이다. 따라서 바이오테크놀로지 산업에 내재하는 진정한 잠재력이 그 어느 때보다 우리 앞에 가까이 있다고 할 수 있다.

다른 모든 조건이 같다고 할 때, 특정 바이오테크놀로지 기업의 가치는 임상 및 상업화 단계를 성공적으로 거치면서 점점 상승하게 되며, 특히 수익성을 확보하면 기업 가치가 크게 상승하기 마련이다. 최근 수

년간 여러 요인에 발목이 잡혀 앞으로 나가는 데 어려움을 겪었던 많은 기업이 연구개발부터 임상을 거쳐 상업화에 이르는 장기 레이스에서 상당한 진전을 이뤄냈다.

지난 몇 년 동안 내가 함께 일한 수십 개의 기업 가운데 상당수는 매우 초기 단계였다. 이들 기업 중 다수는 현재 후기 임상이나 상업화 단계에서 가치를 창출하는 시점에 매우 가까워졌다. 그러다 보니 상업적 성과를 도출할 때까지 많은 시간이 필요했던 이들 기업을 못 본 척 지나쳤던 세계 유수의 투자가가 이제는 후기 임상 단계의 자산을 확보했거나 규제기관으로부터 각종 인허가를 확보한 기업에 높은 가치를 부여하게 될 것이다. 이러한 기업 가운데 다수는 수천만 달러대에서 수억 달러 수준의 가치로 재평가될 때까지 그리 오랜 시간이 걸리지 않을 것이다.

결정적으로 이 시점이 여러 바이오테크놀로지 기업에 중요한 전환점이 되는 경우가 많다. 이 단계에 도달하면 대규모 자금을 운용해야 하는 세계적인 기관 투자가의 레이더 화면에 마침내 이들 기업이 나타날 것이기 때문이다. 이미 다수의 대형 기관 투자가는 이들 기업을 철저하게 분석했으며 대규모 자본을 지원할 의향을 가지고 있다. 하지만 이는 그 기업이 다음 임상 단계에서 긍정적인 결과를 도출했을 때만 가능한 일이다.

이를 일종의 '투자자 사다리'라고 부를 수 있다. 기업이 계속 발전하고 성장하는 과정에서 접근할 수 있는 투자가 그룹도 여러 차례의 단계적 변화를 겪게 된다. 이는 바이오테크놀로지 기업이 연구개발부터 상업화까지 각 단계를 성공적으로 마칠 때마다 기업 가치를 빠르게 끌어울릴 수 있음을 의미한다.

　지난 수년간 미국 외 나라에서 활동하는 많은 기업이 힘든 시간을 보낸 것은 사실이다. 하지만 이들도 세계적인 대규모 자본이 제공하는 '산소'를 마실 수 있는 시점에 매우 가까워졌다.

지수 편입 효과

이미 주식시장에 상장된 기업이 주가를 한층 더 끌어올릴 수 있는 또 다른 요인으로는 '지수 편입^{indexation}' 효과가 있다. 모든 주식시장에서는 상장 기업이 일정한 규모에 도달하면 해당 주식시장의 지수에 편입되는데, 영국의 FTSE 250이나 오스트레일리아의 ASX 300이 그 예다. 여기서 중요한 점은 지수에 편입되지 않은 기업에 비해 주요 지수에 편입된 기업에 전 세계에서 훨씬 더 많은 자본이 집중된다는 사실이다.

　수십억 달러 규모의 자본을 운용하는 대형 투자 회사 대다수는 펀드 매니저의 투자 대상, 방법 등을 제한하는 내부 규정에 따라 주요 지수에 편입된 종목만을 검토하게 된다. 예를 들어 주요 지수에 편입되지 않은 종목에 대한 투자가 전혀 허용되지 않을 수도 있으며 운용 자본에서 극히 제한된 비율만 투자할 수 있는 경우도 있다.

　또한 어느 기업이 특정 지수에 편입되면 해당 기업에 반드시 투자해야 하는 펀드도 다수 존재한다. 예를 들어 인덱스펀드나 상장지수펀드는 펀드 투자자를 대신하여 주가지수를 구성하는 모든 종목을 보유해야 한다. 전 세계적으로 이러한 펀드가 운용하는 자금의 규모는 수천억 달러에 달한다.

주가지수 편입은 기업의 펀더멘털이나 근본적인 상업적 성과 전망과는 관계없이 주가를 움직이는 구조적 요인의 또 다른 사례다. 애플이나 아마존, 알파벳(구글), 메타(페이스북), 테슬라와 같은 기업의 가치가 꾸준히 상승할 수 있었던 원인 중 하나로 주가지수 편입이 꼽힌다.

영국, 유럽, 오스트레일리아 등지에도 각국 주식시장의 주요 주가지수에 편입될 수 있을 정도의 규모에 근접한 기업이 다수 나타났다. 그리고 이러한 변화는 그간 미국 외 나라에 존재하지 않았던 소위 '중형 mid-cap' 바이오테크놀로지 기업의 생태계를 형성할 가능성이 있다.

종국에는 기업 가치가 수십억 달러에 달하는 성공 사례가 속속 등장하기만 해도 헬스케어 및 바이오테크놀로지 부문에는 서광이 비칠 것이다. 대규모 투자은행도 이 산업에 훨씬 더 많은 관심을 가질 것으로 예상할 수 있는데, 그렇게 움직일 경제적 유인이 충분하기 때문이다.

JP모건, 골드만삭스, 모건스탠리 등 세계 최대 규모의 투자은행은 기본적으로 중소기업에 개입하지 않는다. 초대형 투자은행의 비용 구조나 사업 모델을 고려할 때 경제적 유인이 없기 때문이다. 이들은 매일 수억 달러 상당의 주식 거래를 중개하고 종종 수십억 달러 규모의 초대형 거래를 성사시킨다. 어느 슈퍼모델이 비아냥거리듯 한 말을 빌리자면, 초대형 투자은행은 1억 달러짜리 기업 정도에는 '침대에서 나올' 생각조차 하지 않는다. 요즘에는 이들이 침대에서 나오는 기준이 아마도 최소 10억 달러는 되지 않을까 싶다.

앞으로 대형 바이오테크놀로지 기업이 더 많이 등장한다면 이러한 투자은행으로부터 훨씬 더 많은 자금 지원을 기대할 수 있을 것이다. 이는 투자 산업과 투자 전문가 집단의 관심도 그만큼 증가할 것이라는 의미다.

성공은 또 다른 성공을 불러오며, 작은 물줄기가 거대한 물줄기로 바뀔 수 있는 법이다. 이러한 변화는 궁극적으로 기업 가치 창출은 물론이고 더 나아가 환자 치료 결과와 과학적 발전 전반에 매우 긍정적인 영향을 미치는 결과로 이어질 수 있다.

포워드 멀티플 '1'이 갖는 의미

상업적 성과 측면에서 보면, 임상 및 상업화 과정을 성공적으로 헤쳐 나간다는 가정하에 이러한 유형의 기업 가운데 상당수가 언젠가는 수천만에서 수억 달러의 '이익'을 창출할 수 있다는 점에 주목할 필요가 있다.

물론 바이오테크놀로지 부문의 기업은 임상 시험에 실패하거나 의료기기 관련 인허가를 확보하지 못할 위험이 크다. 이러한 일이 발생하면 주가는 대폭 하락할 수 있다. 나아가 개발 중인 자산이 하나뿐이라면 해당 기업의 가치는 제로(0)에 수렴할 수도 있다. 이러한 위험이 중소기업 전문 '제너럴리스트' 투자가가 이들 기업에 대한 투자를 회피했던 가장 큰 이유다.

그렇기는 해도 약물 치료법을 연구하는 바이오테크놀로지 기업의 임상 단계별 평균 성공률에 관한 연구 자료는 상당히 많다. 10년이 넘는 기간에 걸쳐 진행된 수천 건의 임상 시험 결과를 분석한 바에 따르면, 제2상 임상에 돌입한 개발 자산이 제3상으로 넘어갈 확률은 대략

30%이며 제3상이 진행 중인 개발 자산이 최종 허가를 확보할 확률은 52% 수준이다(임상 각 단계의 내용은 2장 참조). 또한 과거에 통계적으로 성공 가능성이 더 크다고 꾸준히 입증된 종류의 질병이나 약물 개발 접근 방법에 초점을 맞추면 평균보다 높은 확률을 기대할 수 있다. 여기에 더해 혁신적인 신기술이 약물 개발에 적용됨에 따라 의약품 연구개발 및 상업화가 성공할 가능성은 더욱 커질 것으로 보인다.

시장, 특히 미국 외의 시장에는 현재는 '기업 가치'가 수천만 달러(단위가 파운드나 유로, 오스트레일리아 달러로 바뀌어도 마찬가지다) 정도로 평가받고 있으나 상업화에 성공하기만 하면 그만큼의 '이익'을 낼 수 있는 기업이 많다. 큰 그림에서 볼 때 이런 유형의 기업을 들여다볼 의사가 있는 투자 전문가라면 포워드 멀티플(현재의 기업 가치를 미래의 기대 이익으로 나눈 값-옮긴이)이 '1'인 기업을 상당수 포함하는 포트폴리오를 구축할 수 있음을 의미한다. 가까운 미래에 이러한 가능성을 매력적인 투자 기회로 여길 투자가가 상당수 나타날 것이다.

적절한 시점이 되면 이러한 기업 중 일부는 수억 달러의 이익을 창출할 것이다. 이들 기업은 시장에서 10억 달러 이상으로 평가받을 수 있고 주식시장의 주요 주가지수에 편입될 수도 있다. 아니면 대형 제약회사에 인수되어 해당 기업의 제품 파이프라인을 강화하는 데 필요한 지식재산을 제공할 수도 있다.

작은 바이오테크놀로지 스타트업이 이처럼 중형 기업으로 성장하면, 전 세계 투자 자본에 더욱 매력적으로 보일 가능성이 커질 뿐 아니라 대형 제약회사에서 인수 대상을 탐색하는 업무를 담당하는 사업개발 전문가의 컴퓨터 화면에 등장하게 된다. 이는 2장에서 설명한 '효율적 시장 가설'이 소규모 바이오테크놀로지 기업에 잘 들어맞지 않는 또 다른 이유다. 제약회사의 사업개발 담당자는 전 세계의 수많은 기업과 기술을 검토하느라 매우 바쁘다. 그러다 보니 잠재적인 검토 대상 기업이 일정 규모에 도달하지 않는 한 아무리 흥미롭거나 가치 있는 지식재산을 보유하고 있더라도 '침대에서 일어나지' 않을 때가 너무 많다.

하지만 이러한 기업도 중요한 임상 단계를 거치며 기업 가치 측면에서 조금씩 성장하다 보면 마침내 대규모 투자 자본을 운용하는 이들의 호기심을 끌어낼 수 있는 규모에 도달할 수 있다. 이들 투자가가 보유하고 있는 투자 자본의 규모는 상상을 초월한다. 앞서 1장에서 언급했듯이 언스트앤영에 따르면 2023년 말 현재 전 세계 제약 산업에서 바이오테크놀로지 기업 인수에 쓸 수 있는 자금은 1조 4,000억 달러에 달한다. 그리고 자금의 상당 부분은 지속적인 매출과 이익의 성장을 위해 혁신적인 기술을 확보해야 하는 대형 제약회사의 필요에 따라 향후 수년 내에 어떠한 형태로든 사용되어야 한다.

또 다른 중요한 점은 다른 모든 조건이 같을 때, 수익성을 갖춘 바이오테크놀로지 기업은 제너럴리스트 투자가에게 더 흥미로운 투자 대상으로 보인다는 사실이다. 수익을 낼 수 있을 때까지 오랫동안 살아남은 바이오테크놀로지 기업은 제너럴리스트 투자가의 관심을 끌어낼 가능성이 훨씬 커지며, 이들 투자가는 이익 멀티플처럼 전통적인 가치평가 지표에 따라 해당 기업을 투자 대상으로 검토할 수 있다.

이것이 앞서 2장에서 다룬 구조적 문제를 헤쳐 나아갈 수 있는 기업이라면 결국 해당 주식시장에서 주가가 고공행진을 하는 기업 가운데 하나가 될 수 있는 이유다. 과거에는 소수의 기업만이 이 어려운 일을 해냈지만, 미래에는 분명 더 많은 기업이 그렇게 할 수 있을 것이다.

이처럼 점점 더 많은 바이오테크놀로지 기업이 과학적 및 상업적으로 성과를 낼수록 한때 '독이 든 성배'와 같았던 상황이 소용돌이치듯 상승하는 '선순환'으로 변화할 가능성이 있다. 이는 미국 외의 나라에서 활동하는 바이오테크놀로지 기업은 물론이고 산업 전체가 마침내 진정한 모멘텀을 누릴 수 있음을 의미한다.

기술적 성과가 신문 1면에 실리는 의미

모멘텀 관점에서 도움이 될 수 있는 다른 요인으로는 미래의 기술적 성과와 새로 등장할 치료법이 신문 1면을 장식하는 뉴스로 소개되면 결국에는 많은 언론의 관심을 유도할 수 있다는 점이다.

이 책의 머리말에서 언급한 바와 같이, 현재 업계에서는 수많은 '기적'이 일어나고 있으며 과학적 사실은 점점 더 공상과학 영화를 닮아가고 있다. 특정 유형의 암이나 유전병 치료에 효과가 있는 치료법 개발에 성공하는 기업은 초기 단계에 있었을 때보다 훨씬 더 의미 있는 언론 보도의 대상이 될 가능성이 크다. 이와 마찬가지로, 수많은 생명을 구하고 의료 시스템 비용을 큰 폭으로 절감할 수 있는 혁신적인 의료기기도 아직 입증되지 않은 실험실의 아이디어일 때보다는 시장에 출시된 다음에야 언론의 관심을 끌 수 있을 것이다.

과학적 발전의 속도를 이해하는 사람들이 점점 더 많아지고 암, 당뇨병, 낭포성 섬유증, 파킨슨병, 알츠하이머병, 다발성 경화증 등 다양한 질병에 대한 '혁신적인 치료법'이 신문과 인터넷 뉴스의 머리기사를 장식함에 따라 바이오테크놀로지 산업 전반에 관한 관심도 점점 더 커질 것이다.

다수의 바이오테크놀로지 기업이 만들어내는 상업적 성과와 그 가운데 일부 엄청난 성공 사례가 결합하면 대중의 관심을 훨씬 더 많이 끌어내고 궁극적으로는 미국 외 나라에 있는 바이오테크놀로지 기업에도 상당한 규모의 자본이 유입될 것이다.

기하급수적 발전과 통섭이 바꿀 세상

바이오테크놀로지 산업에 산적한 많은 문제는 고등학교 수학에서 지수함수exponential function가 보여주듯이 피할 수 없는 기하급수적 성장에 의해 거의 완벽히 해결될 것이다.

피터 디아만디스와 스티븐 코틀러는 그들의 베스트셀러《풍요: 미래는 당신이 생각하는 것보다 좋다(Abundance: The Future is Better Than You Think)》에서 인간의 뇌는 기하급수적 사고에 적합하도록 설계되지 않았다고 언급한다. 이를 설명하기 위해 저자는 서른 번의 선형적 단계(1, 2, 3, 4, …, 30)와 서른 번의 기하급수적 단계(1, 2, 4, 8, 16, …)를 비교한다. 우리는 모두 지금 있는 곳에서 서른 걸음을 걸으면 어디까지 갈 수 있는지 비교적 정확하게 추정할 수 있다. 그에 반해 기하급수적 단계 서른 번을 거치면 지구를 스물여섯 바퀴나 돌 수 있는 거리가 나온다는 사실을 아는 사람은 거의 없다.

예를 들어 청정에너지로 생산하는 전력이 전체 발전량의 1%에 불과하면 그 비율이 결코 100%에 도달하지 못할 것처럼 보일 수 있다. 그러나 청정에너지 기술이나 시장이 발전하는 속도는 선형적이 아니라 기하급수적이다. 세계 여러 지역의 전체 발전량에서 청정에너지가 차지하는 비율은 해가 갈수록 1%, 2%, 3%, 4%와 같이 선형적으로 성장하는 것이 아니라 1%, 2%, 4%, 8%, 16%와 같이 기하급수적으로 성장한다. 결과적으로 상당수의 지역에서 청정에너지는 이제 단 한두 해만 두 배씩 성장하면 전체 발전량의 100%에 도달할 수 있다. 그리고 똑같은 일이 다른 수많은 문제에서도 일어날 수 있다.

100%에 도달할 때까지 마지막 한두 번의 기하급수적 성장만 남았다는 부분이 핵심이자 우리가 기하급수적 성장의 속도를 쉽게 이해하기 힘든 또 다른 이유다. 이 개념을 설명할 때 자주 언급되는 예로는《포브스》가 세계에서 가장 영향력 있는 최고 마케팅 책임자 가운데 하나로 선정한 미국의 경영인 존 베처John Becher가 자신의 블로그 〈거닐며 경영하기(Manage by Walking Around)〉에서 소개한 '수련 연못'이 있다. 여기서 베처는 단 한 장의 수련잎이 떠 있는 큰 연못을 상상해 보라고 말한다. 수련잎의 수는 기하급수적으로 증가하여 3년 만에 연못 전체를 덮어버린다. 매달 수련잎이 두 배씩 증가한 결과 36개월 후에는 연못이 완전히 뒤덮이게 되는 것이다. 이때 연못이 수련잎으로 반 정도 덮이는 시점이 언제인지 물어보면 사람들은 대부분 36개월의 중간인 18개월이라고 답할 것이다. 그러나 실제로는 35개월이 걸린다. 매달 수련잎의 수가 두 배로 증가하므로 연못이 수련잎으로 완전히 뒤덮이기 바로 직전 단계가 반 정도 덮인 상태이기 때문이다. 설명을 듣고 나면 간단히

이해할 수 있는 개념처럼 보이지만, 우리 뇌는 기하급수적 성장을 자연스럽게 이해하지 못한다.

베처는 계속해서 다음과 같이 설명한다.

30개월이 지난 시점에도 연못은 1/64만 수련잎으로 뒤덮여 있으며 완전히 뒤덮일 때까지 6개월밖에 남지 않았다. 이는 기하급수적으로 성장하는 모든 분야가 직면한 매우 혼란스러운 문제다. 어떤 현상이 나타날 때까지 36개월이 걸리는 일에서 전체 기간의 75%인 30개월이 지났으나 거의 아무런 결과도 나타나지 않았기 때문이다. 연못의 극히 일부(1.6%)만 수련잎으로 덮인 상태이기에 많은 사람은 기하급수적 성장 추세가 진짜라고 믿지 않는다. 심지어 이 현상을 가장 가까운 곳에서 지켜본 사람들조차도 수련잎으로 덮인 면적이 얼마나 커질지 이해하지 못할 수 있다.

베처는 실생활에 가까운 예로 스마트폰 보급률을 설명한다. 1980년대 초반 세계적인 경영 컨설팅사 맥킨지는 미국의 거대 통신 기업 AT&T에 이동통신 사업에 진출하지 말라는 자문 결과를 보고하면서 2000년까지 휴대전화 사용자 수가 100만 명에 미치지 못할 것으로 예측했다. 그러나 2000년이 끝나는 시점에 휴대전화 사용자 수는 맥킨지 예측의 100배가 넘는 1억 명에 도달했다. 단순히 계산해도 맥킨지가 한 예측의 정확도는 단 1%였다. 베처는 그 이유를 이렇게 설명한다. "이 일이 벌어지기 이전이나 이후에 있었던 다른 많은 사람과 마찬가지로 맥킨지의 컨설턴트도 선형적 사고에 빠져 있었기 때문이다." 오늘날에는 거의 70억 명이 스마트폰을 보유하고 있다. 기하급수적으로 성장하는 세상에서 이 선형적 사고의 문제는 우리가 사는 세상에 대해, 그리고 구체적으로는 바이오테크놀로지 산업과 이 산업이 인류에게 선사할 그 모든 혜택에 대해 지나치게 비관적일 가능성이 매우 큰 이유를 설명하는 데 많은 도움이 된다.

이는 오늘날 기술과 세상이 발전하는 속도가 얼마나 기하급수적인지 생각할 때 특히 더 적절한 이야기다. 기하급수적 성장의 본질은 그 속도가 점점 더 빨라지며 과거 어느 때보다 지금이 더 강력하다는 것이다.

소셜 미디어가 세상에 등장했을 때부터 미국인 열 명 가운데 일곱 명이 사용하는 상황에 도달할 때까지 걸린 시간은 11년이었다. 이제는 유물이 된 소셜 미디어 플랫폼인 마이스페이스는 2003년 설립 후 5년이 지난 2008년까지 1억 1,500만 명의 사용자를 확보했지만, 그 시점에 페이스북은 마이스페이스를 추월한 후 2019년 말까지 25억 명의 사용자를 기록했다. 현재로 오면, 챗GPT는 출시 두 달 만에 월간 활성 사용자 1억 명에 도달하여 역사상 가장 빠르게 성장하는 앱이 되었다. 챗GPT는 이른바 최초의 소셜 미디어 '현상'이었던 마이스페이스가 5년 넘게 걸린 일을 불과 몇 주 만에 이뤄냈다. 기술이 채택되는 속도가 약 서른 배나 빨라졌다는 이야기다.

이처럼 기하급수적 성장 속도를 이끄는 핵심 동력은 다양한 기술 간에 점점 더 복잡하게 일어나는 상호작용이다. 이 상호작용은 상호의존적이면서 자체적으로 발전하는 수많은 기술의 융합이 하는 역할이며, 이는 과학과 진보가 그 어느 때보다 빠르게 진행될 수 있음을 의미한다.

융합과 관련 있는 또 다른 개념은 통섭이다. 이 용어는 미국의 생물학자이자 하버드대학교 교수인 에드워드 윌슨^{Edward Wilson}이 1990년대 후반에 처음으로 도입했다. 윌슨은 1998년 출간한 자신의 저서《통섭: 지식의 대통합(Consilience: The Unity of Knowledge)》에서 서로 다른 분야의 지식을 근본적으로 통합할 필요가 있다고 주장했다. 그러면서 자연과학이나 사회과학, 인문학을 포함한 모든 주요 학문이 서로 연결되어 있기에 함께 연구해야만 세상을 더 완전하게 이해할 수 있다고 이야기했다. 윌슨이 통섭의 개념을 발전시킨 이후로 기술적 발전과 융합은 과학자에게 점점 더 통섭적인 연구를 할 수 있는 도구를 제공했다. 물론 과학적 발전의 최전선에서는 여전히 환원주의('모든 사물은 원자의 집합'이라고 하는 것처럼 다양한 현상을 하나의 기본 원리나 개념으로 설명하려는 입장-옮긴이)와 초전문성(자기만의 분야에서 형성한 고도의 전문적 능력-옮긴이)이 매우 중요하다는 점에는 변함이 없다. 하지만 기술은 가장 본질적인 수준에서 학제 간 협력이 점점 더 많이 일어나도록 유도해 왔으며, 이는 기하급수적 성장을 지탱하는 또 하나의 기둥이다.

아짐 아자르^{Azeem Azhar}는 자신의 책《익스포넨셜: 기술 가속화 시대의 질서와 혼란(Exponential: Order and Chaos in an Age of Accelerating Technology)》에서 향후 몇 년 동안 기하급수적 발전을 할 중요한 네 가지의 핵심 기술로 (a) 인공지능, (b) 로보틱스, 점점 더 정밀하게 생체 조직을 조작할 수 있도록 도와주는 유전자 편집이나 DNA 합성과 같은 (c) 합성 생물학, 그리고 3D 프린팅이라고 불리는 (d) 디지털 제작을 꼽았다.

이처럼 다양한 기술 간에 융합이 점점 더 많이 일어나고 과학자와 연구원이 모든 기술을 아우르는 통섭적 연구를 할 수 있는 능력을 더 많이 갖추게 되면 과학은 전반적으로 계속 발전할 수 있으며 그 속도는 점점 더 빨라질 것이다. 나아가 이는 인류의 미래에 근본적으로 긍정적이고 광범위한 영향을 미칠 것이다. 아자르가 이야기한 것처럼 "인류는 완전히 새로운 인간 사회와 경제 조직의 시대에 접어들었다." 바로 아자르가 "기하급수의 시대Exponential Age"라고 명명한 시대 말이다.

바이오테크놀로지는 기하급수적 성장과 융합, 통섭 모두에서 가장 중요한 역할을 한다. 큰 그림에서 우리는 《매드 맥스》와 《스타 트렉》 사이에 있다고 묘사할 수 있다. 사회는 붕괴 직전에 있으며 자원 부족으로 극심한 갈등이 벌어지는 디스토피아적 미래(매드 맥스)와 첨단 기술이 인류가 윤택한 생활을 영위하는 데 필요한 모든 것을 제공하고 유일하게 남아 있는 생존 위협은 외계 종족에게서 나오다 보니 황홀할 정도로 평온한 유토피아(스타 트렉) 사이의 경주 말이다. 지난 수 세기 동안 인류가 이룬 경이로운 진보와 너무나 많은 분야에서 일어난 기술적 발전을 고려할 때, 인류에게는 《스타 트렉》이 그리는 미래를 실현할 가능성이 충분히 있다.

새로운 패러다임이 열리다

선진국에 사는 사람들은 대부분 세상이 점점 더 살기 힘들어지고 있다고 믿고 있다. 2018년에 실시한 어느 설문조사에서는 설문에 참여한 미국인 중 단 6%만이 세상이 살기 좋아지고 있다고 응답했다. 영국과 독일에서 그 비율은 4%에 불과했고 오스트레일리아와 프랑스에서는 3%

로 더 낮아졌다. 이러한 설문조사 결과의 원인은 거의 모든 사람이 정말 중요한 세상의 흐름에 관해 근본적으로 잘못된 인식을 하고 있기 때문임을 보여주는 증거가 상당히 많다.

예를 들어보자. 사람들은 대부분 전 세계적으로 빈곤율이 높아지고 있다고 생각하지만, 사실 빈곤은 지난 수십 년 동안 감소해 왔다. 사람들은 대부분 전쟁이나 폭력, 테러, 범죄가 증가하고 있다고 믿지만, 실상은 그 반대다. 물론 이 글을 쓰고 있는 시점에도 진행 중인 러시아-우크라이나 전쟁과 이스라엘이 가자 지구에서 벌인 끔찍한 일에도 불구하고 말이다. 또한 사람들은 기후 변화가 자연재해의 위협이 커지게 한다고 생각하지만, 지난 백여 년간 지진, 홍수 등으로 인한 인구 백만 명당 사망자 수는 깜짝 놀랄 정도로 줄어들었다.

앞서 2장에서 살펴본 것처럼, 언론의 본질적인 부정 편향으로 인해 미디어는 일반적으로 나쁜 소식이나 세상에 존재하는 악당(환경 파괴를 일삼는 공장, 탐욕스러운 기업, 악덕 제약회사 등)이 나오는 이야기에는 매우 많은 관심을 두지만, 긍정적인 소식은 거의 다루지 않는다. 세상에는 분명 긍정적인 일이 많이 일어나는데도 말이다.

어쩌면 언론은 99%가 차 있는 유리잔을 바라보면서도 나머지 비어 있는 1%에 거의 모든 관심이나 보도를 집중하고 있다고 할 수 있다. 이러한 현실과 우리 뇌에 내재하는 심리적 편향이 결합한 결과 우리도 대부분 같은 모습을 보이게 된다. 물론 긍정적인 뉴스를 찾기가 너무나 힘든 현실을 고려하면 어느 정도는 이해할 수 있지만, 그렇다고 해서 이 문제를 바로잡는 시도조차 하지 말아야 한다는 것은 아니다.

오스트레일리아의 비영리단체 퓨처 크런치[Future Crunch]는 지난 6년 동안 매년 '아마도 여러분이 들어보지 못했을 99가지 좋은 뉴스'를 발표했다. 2022년 발표한 99개의 이야기는 인권, 보호·보존, 세계 보건, 탈탄소, 개발, 동물 등 여섯 가지 범주로 분류되었다. 퓨처 크런치는 홈페이지 첫 화면에서 이렇게 이야기한다. "21세기 인류의 이야기를 바꾸고 싶다면 우리 자신에게 들려주는 이야기를 바꿔야 한다." 또는 그보다 백여 년 전 아인슈타인이 남긴 이야기처럼 "우리가 만들어낸 세상은 우리가 사고하는 과정의 결과다. 우리의 사고를 바꾸지 않으면 세상은 바뀌지 않는다."

주류 언론의 기사나 인기 있는 넷플릭스 다큐멘터리에서 세상의 상황을 극도로 암울하고 걱정스럽게 그리는 장면을 찾기는 너무나 쉽지만, 전 세계의 많은 곳에서 지금도 이루어지고 있는 탁월한 발전과 진보를 전하는 이야기를 찾는 것은 훨씬 더 어렵다. 그러나 긍정적인 이야기를 찾으려는 노력은 가치가 있고 희망을 주는 일이다. 이제 환경과 헬스케어라는 두 가지 주요 분야를 살펴보면서 우리의 사고를 바꿔보도록 하자.

환경

환경과 보존 분야에서는 전 세계적으로 발생한 피해를 되돌리려는 노력과 헌신이 꾸준히 이어져 왔다. 그리고 수많은 혁신적인 사기업, 정부 기관, 비영리단체에서 실제로 긍정적인 변화를 만들고 있다. 그러나 대중은 이러한 노력과 변화를 거의 인식하지 못한다. 대중의 인식 부족은 단지 세상에 대한 우리의 생각에 부정적인 영향을 미칠 뿐만 아니라 변화에 이바지하려는 조직에서 필요한 자금을 유치하는 일도 어렵게 만든다.

지난 십여 년 동안 여러 민간 및 공공 단체가 세계 전역에서 영국이나 대한민국 영토의 수십 배에 달하는 넓은 지역에 해양 보호구역Marine Protected Area, MPA을 조성했다. MPA는 멸종위기종과 생태계를 보호함으로써 생물 다양성을 보존하는 동시에 지속 가능한 어업을 활성화하는 것을 목표로 한다. 이에 유엔은 MPA를 생물 다양성의 손실과 기후변화가 해양 환경에 미치는 영향을 해결하기 위한 핵심 메커니즘으로 인식하고 있다. 이와 같은 변화의 상당 부분은 2014년 이후 각종 해양보존 프로젝트에 1,280억 달러 이상의 자금을 확보한 아워 오션 컨퍼런스Our Ocean Conference, OOC라는 단체가 이끌었다.

2021년 4분기만 해도 북동대서양 해양환경보호 협약Convention for the Protection of the Marine Environment of the North-East Atlantic, OSPAR은 아일랜드 연안의 150만km²에 달하는 광대한 해역을 보호하기 위해 북대서양 해류 및 에블라노프 해분 MPANorth Atlantic Current and Evlanov Sea Basin MPA를 조성했다. 한편 지구 반대편에서는 열대 동태평양 해양 통로 MPAEastern Tropical Pacific Marine Corridor MPA가 에콰도르, 콜롬비아, 파나마, 코스타리카 연안의 태평양 해역에 갈라파고스 제도까지 아우르는 100만km² 이상의 해역을 보호할 예정이다. 오스트레일리아, 뉴질랜드, 세이셸 제도, 남대서양의 광활한 해역에서도 이미 수년 전부터 유사한 프로젝트가 진행 중이다.

육지에서도 비슷한 일이 일어나고 있다. 전 세계의 육지에는 수백만 제곱킬로미터 면적의 보호 및 보존 지구와 국립공원, 보호구역이 있으며, 이러한 변화의 방향은 상당 기간 긍정적인 모습을 보여왔다.

2021년 인도네시아는 조코 위도도 대통령의 주도로 4년 연속 산림 파괴가 감소하는 성과를 달성했다고 발표했다. 같은 해에 인도는 복원에 애쓴 덕분에 1980년대 이후 맹그로브 숲의 면적이 25% 증가했다고 발표했다. 또한 다른 여러 프로젝트에서도 전 세계적으로 호랑이 개체 수가 두 배로 늘어나는 등 다양한 성과를 내고 있다.

심지어 오랫동안 전 세계 환경 문제에 가장 큰 책임이 있는 나라 가운데 하나로 지적받은 중국조차도 전환점을 맞이한 것처럼 보인다. 2021년 중국 정부에서는 2015년부터 추진한 프로젝트의 하나로 세계 최대 규모의 국립공원 시스템을 구축하겠다는 계획을 발표했다. 이 계획에 따르면 영국의 국토 면적에 육박하는 총 23만km²에 다섯 개의 국립공원이 새롭게 조성되어 주요 야생 동물 종의 30%를 보호할 예정이다. 중국도 불과 한 세대 전까지만 해도 상상하기 힘든 발전을 이루어내고 있다. 그러나 최소한 서방의 언론에서는 이와 같은 소식이 거의 보도되지 않는 것이 현실이다.

실제로 이와 비슷한 사례는 매우 많다. 물론 회의적인 시각을 가진 이들은 여기서 내가 입맛에 맞는 사례만 골라 넣었다고 비판할 수 있으며, 그러한 비판에도 타당한 측면이 있는 것도 사실이다. 특히 산업혁명 이래로 발생한 환경 문제를 해결하고 그 피해를 되돌리기 위해서는 가야 할 길이 멀다는 점을 고려하면 더욱 그렇다. 하지만 그렇다고 해서 여기서 내가 전달하려는 본질적인 내용, 즉 이처럼 긍정적인 변화를 전하는 뉴스가 언론에 거의 보도되지 않는다는 사실이 달라지지는 않는다.

헬스케어

헬스케어, 특히 바이오테크놀로지 분야에서는 전반적으로 엄청난 발전이 일어나고 있다. 암 치료법을 예로 들어 보자. 일본은 전 세계에서 가장 선진적이고 효과적인 의료 시스템 중 하나를 갖추고 있는 것으로 꾸준히 평가받고 있다. 일본의 10년 암 생존율은 계속해서 상승한 결과 현재는 겨의 60%에 육박한다. 한때 불치병으로 여겨졌던 암의 생존율은 의학 기술의 발전과 함께 점진적으로 상승했다. 일본에서는 전립선암의 10년 생존율이 99.2%로 가장 높으며, 여성 유방암 87.5%, 대장암 69.7%, 위암 67.3% 등을 기록하고 있다. 미국의 경우, 미국 암학회의 홈페이지에 따르면 "암으로 인한 사망률은 계속 감소하고 있다. 1991년부터 2018년까지 암 사망률은 31% 하락했다. 2017년과 2018년 사이에는 2.4%나 하락했는데, 이는 연 단위 하락률로는 최고 기록이다." 유럽에서 들리는 이야기도 크게 다르지 않다. 최근 연구에 따르면 유럽에서는 지난 30년간 490만 명의 암 환자가 죽음의 덫에서 벗어날 수 있었다.

기술이 얼마나 빠른 속도로 발전하는지 생각하면, 많은 종류의 암과 다른 다양한 질병을 효과적으로 치료할 수 있는 약물이나 치료법이 그리 머지않은 미래에 나올 것이라는 기대가 전적으로 비현실적이지는 않다. 그러한 치료법은 개발도상국에서도 이용할 수 있을 만큼 낮은 가격으로 생산될 수 있을 것이다. 독자 여러분도 잘 알겠지만, 현재 암과 같은 질환을 치료하는 최첨단 약물이나 기술의 가장 큰 문제는 다름아닌 비용이다. 최첨단 과학기술을 집약한 약물의 제조 비용은 1회 투여량을 기준으로 수십만 달러에서 때로는 100만 달러를 초과하기도 한다. 그런데 상황이 변화하고 있다. 그리고 그 속도는 기하급수적이다. 이 책의 후반부에서는 현재의 의료 시스템에서 들어가는 비용의 극히 일부를 쓰면서도 매우 효과적인 치료법을 시장에 선보일 수 있는 바이오테크놀로지 기업을 살펴볼 예정이다.

한편 2장에서 이미 언급한 바와 같이, 코로나19라는 끔찍한 구름 위로 비치는 반가운 한 줄기 희망의 빛은 전 세계가 새로운 약물 치료법을 획기적으로 빠른 속도로 승인하려는 의지와 그럴 수 있는 역량을 갖추고 있다는 것이다.

효과적인 암 치료법부터 다른 많은 질병의 퇴치와 지난 100년 이상 환경이 입은 피해의 복구를 지나 농업 생산성을 크게 높이거나 모두에게 청정에너지를 낮은 가격으로 풍부하게 공급할 수 있는 새로운 기술의 개발에 이르기까지 그 목적이나 분야가 무엇이든 상관없이 전 세계에서 경이로운 발전과 진보가 이루어지고 있다.

기술 발전으로 달라지는 이야기

이처럼 희망의 근거가 되는 다양한 계획과 노력이 궁극적으로 인류의 가장 어려운 문제를 해결할 수 있는가와는 별개로, 이러한 계획과 노력이 언론에 훨씬 더 많이 보도되어 훨씬 더 많은 사람이 이를 인식하게 되는 것만으로도 많은 도움이 될 것임은 분명하다. 퓨처 크런치에서 이야기한 것처럼 "뉴스에 나쁜 소식만 있는 것이 아니라면 어떻게 될까?" 그러나 실제로 우리는 사실의 탈을 쓴 의견이 대부분인 종말론적 예측이 끊임없이 쏟아지는 현실에 시달리고 있다. 2019년 스웨덴의 환경운동가 그레타 툰베리Greta Thunberg는 영국 의회에서 한 연설에서 인류가 "인간이 통제할 수 없으며 돌이킬 수 없는 연쇄적인 반응을 촉발하게 될 것이며, 이는 우리가 알고 있는 인류 문명의 종말로 연결될 것"이라고 말했다. 미국의 정치인 알렉산드리아 오카시오-코르테즈Alexandria Ocasio-Cortez는 더욱 구체적으로 "기후 변화 문제를 해결하지 않으면 세상은 12년 후에 종말을 맞이할 것"이라고 경고했다. 이러한 발언은 별다른 비판 없이 언론에 널리 보도되는 경우가 매우 많다. 하지만 합리적인 과학자라면 이러한 발언이 과학적 근거를 갖추고 있지 않으며 완전히 잘못되었다고 생각하기 마련이다.

오스트레일리아 출신의 기후학자인 톰 위글리Tom Wigley는 기후 변화 분야를 선도하는 전문가다. 그는 1970년대 중반부터 기후 변화를 연구해 왔으며, 1987년에는 최초의 기후 예측 모델 가운데 하나이자 오늘날까지도 사용되고 있는 MAGICC을 개발했다. 또한 지난 수십 년간 인류가 초래한 기후 변화에 대해 경각심을 불러일으키는 주요 인사로 활동했다. 군이 분류하자면 위글리는 '기후 변화 부정론자'라기보다는 가장 앞장서서 문제를 찾아내는 과학자라고 할 수 있다. 그러한 위글리도 기후 변화가 실제로 문명을 위협하느냐는 질문에 이렇게 답했다. "마음이 상당히 불편하네요. 왜냐하면 잘못된 생각이기 때문입니다. 수많은 젊은이가 잘못된 정보를 받아왔습니다. 이는 어느 정도 그레타 툰베리의 책임이기도 합니다. 물론 고의는 아니었겠지만, 툰베리가 틀렸습니다."

여기서 기후 변화에 관한 논쟁을 벌이고 싶지는 않다. 내가 강조하고 싶은 것은 다른 많은 중요한 주제와 마찬가지로 기후 변화에 대한 논쟁에서도 논의가 어느 한쪽으로 지나치게 기울거나 상당히 왜곡될 가능성이 있다는 점이다. 그리고 이는 아래에서 설명하는 모든 이유로 인해 논의의 부정적인 측면이 긍정적인 측면보다 본질적으로 훨씬 더 큰 힘을 가지기 때문이다.

　이처럼 논쟁에서 부정적인 측면의 힘이 너무 강력하다 보니 격변설이나 종말론을 지지하는 수많은 사람이 수십 년간 우리 곁에 있었다는 사실을 망각하게 된다. 미국의 생물학자 폴 에를리히$^{Paul\ Ehrlich}$는 지금도 매년 여러 글에서 종말이 임박했다고 주장하며 그럴 때마다 많은 주목을 받는다. 지난 50년 이상 극단적으로 잘못된 예측을 일관되게 해왔음에도 불구하고 말이다. 에를리히는 1968년 자신의 책《인구 폭탄(Population Bomb)》에서 1970년대부터 매년 수억 명의 사람들이 기아로 사망할 것으로 예측했으며, 추후 그 시점을 1980년대로 수정했다. 그중에서도 가장 극단적인 예측은《프로그레시브(The Progressive)》의 1970년도 지구의 날 특집판에서 1980년부터 1989년까지 10년 사이에 전 세계에서 약 40억 명이 사라질 것이라고 예언한 내용이었다.

　에를리히는 인류 역사에서 이처럼 극단적으로 잘못된 예측을 한 첫 번째 인물이 아니며 마지막 예언자도 아닐 것이다. 에를리히보다 170년 전에 맬서스도 본질적으로 같은 주장을 펼쳤다. 1798년《인구론(An Essay on the Principle of Population)》에서 맬서스는 "인구의 증가 능력은 지구가 인류를 먹여 살릴 능력을 무한히 초과한다."라고 주장했다.

　다행스럽게도 맬서스와 에를리히를 비롯한 많은 예언자의 예측은 지난 수백 년 동안 계속 틀렸다. 비관주의의 주요 한계 하나는 기하급수적으로 증가하는 문제에는 기하급수적으로 발전하는 해결 방안이 있을 수 있다는 사실을 간과한다는 점이다. 만약 나쁜 소식이 들릴 것으로는 예측하지만 다양한 분야의 기술, 특히 바이오테크놀로지가 예를 들어 헬스케어나 농업 생산성, 에너지 효율성을 개선할 수 있다고 예측하지

1
부

120

못한다면, 결과적으로 부정적인 전망만을 보게 되는 것이다.

진보가 문제를 앞지르는, 즉 기술의 발전 속도가 문제가 확대되는 속도보다 빠른 현상은 앞으로 계속 나타나고 심지어 기하급수적으로 증가할 가능성이 크다. 이는 이러한 현상이 기하급수가 가장 근본적인 수준에서 작동하는 방식이기 때문이다. 예를 들어 인류가 식량 생산 방식을 크게 개선하는 데 있어 바이오테크놀로지가 어떠한 역할을 하는지 살펴보자.

영국의 투자가 짐 멜런^{Jim Mellon}은 2020년에 출간한 자신의 저서《무의 법칙: 새로운 농업혁명에 대한 투자 가이드(Moo's Law: An Investor's Guide to the New Agrarian Revolution)》에서 "전 세계적인 산림 전용 및 토지 이용 범위의 문제는 머지않아 등장할 새로운 생산 방식에 의해 방향이 바뀔 수 있으며 그렇게 될 것이다. 현재 가축 사육에 이용하는 토지의 99%는 다시 자연 상태로 되돌리거나 주거, 여가 등 다른 용도로 전환될 수 있다."라고 설득력 있게 주장한다. 만약 농경지의 99%를 다시 자연 상태로 되돌린다면 환경에 얼마나 긍정적인 영향을 미칠지 생각해 보기 바란다. 멜런의 이야기에서 핵심은 앞으로 수년 내에 농업 분야에서 일어날 기하급수적인 기술 발전이 전 세계의 식량 공급 방식에 혁명을 가져옴으로써 농업 전반에서 효율성이 큰 폭으로 높아질 뿐만 아니라 농업이 환경에 미치는 영향도 매우 많이 줄어들 것이라는 점이다.

네덜란드는 아주 작은 나라임에도 불구하고 농업 생산성이 매우 높은 덕분에 전 세계에서 농산물을 가장 많이 수출하는 나라 순위에서 미국 다음으로 두 번째 자리를 차지하고 있다. 네덜란드의 인구는 미국의 5% 수준이고 국토 면적은 0.4%에 불과하지만, 2021년 네덜란드의 농산물 수출 규모는 미국의 70%에 육박했다. 농업 생산성 측면에서 네덜란드의 반대쪽 끝에 있는 나라는 인도다. 인도에서는 열악한 식품 시스템과 공급망으로 인해 생산된 식품의 약 40%가 버려지고 있다. 다른 많은 개발도상국에서도 상황은 마찬가지다. 하지만 이와 같은 기술 격차는 좁혀질 수 있으며 결국 좁혀질 것이다. 수경재배나 배양육 생산과 같은 분야의 기술 혁신은 식량 생산을 훨씬 더 효율적이고 지역 중심적인 방식으로 바꿀 것이다. 이 사실만으로도 지난 수백 년 동안 일어난 환경 파괴의 속도를 상당히 늦출 수 있다.

마찬가지로 청정 발전에서도 진보는 산술적이 아니라 기하급수적으로 이루어진다. 2019년 영국의 《가디언》에는 질리언 앰브로즈Jillian Ambrose가 작성한 〈영국에서 재생 에너지 전기가 처음으로 화석 연료를 넘어섰다〉라는 제목의 기사가 게재되었다. 해당 기사에서는 불과 10년 전만 해도 화석 연료가 영국의 전체 전력 생산량의 80%를 차지했지만, 2019년에는 화력 발전의 비중이 전체 전력 생산량에서 1% 미만으로 낮아졌다고 지적했다.

독일에서 재생 에너지가 전체 에너지 생산량에서 차지하는 비중은 2000년까지만 해도 5% 미만이었으나 2021년에는 42%를 넘어섰다. 새로운 기술이 발전 효율성을 개선하면서 이러한 흐름은 앞으로도 계속 이어질 것으로 보인다. 최근에 영국의 신문사 《인디펜던트》의 기자 앤서니 커스버트슨Anthony Cuthbertson은 "독일 연구진이 '기적의 물질'로 불리는 페로브스카이트를 사용하여 태양 전지의 효율성 분야에서 새로운 세계 기록을 세웠다."라고 보도했다. 부퍼탈, 쾰른, 포츠담, 튀빙겐 등 4개 대학 연구진은 유기물과 페로브스카이트를 결합한 탠덤 태양 전지(흡수할 수 있는 파장이 다른 태양 전지 두 개를 접합해 넓은 파장의 빛을 흡수할 수 있도록 만든 태양 전지-옮긴이)를 개발했으며, 이 기술은 머지않아 기존 태양 전지에 사용되는 실리콘 기반 기술을 대체할 수 있을 것으로 기대된다.

원자력 발전 분야에서도 마찬가지로 흥미로운 발전이 일어나고 있다. 토륨은 우라늄보다 풍부한 원소이면서도 더 안전하고 폐기물 처리 부담도 적다. 중국은 머지않아 세계 최초로 토륨 원자로 실험을 진행할 예정으로 2030년까지 첫 토륨 원자로를 건설할 수 있을 것으로 보인다. 그러면 이제 남은 것은 기존 원자력 발전 기술인 핵분열보다 7배 이상의 에너지를 생산하는 핵융합이다. 물론 아직 상용화까지 가야 할 길이 많이 남아 있지만, 핵융합도 이번 세기 안에는 분명히 중요한 역할을 할 수 있을 것이다.

다섯 가지 거대한 문제

미국의 NGO인 브레이크스루 에너지[Breakthrough Energy]는 실질적으로 온실가스 배출 요인의 100%를 차지하는 '다섯 가지 거대한 문제'를 선정했다. 구체적으로는 전력 생산과 운송, 제조, 건축물, 농업이다. 이번 장에서 이미 향후 수십 년 내에 농작물 생산과 청정에너지 발전 분야에서 기하급수적인 속도로 혁신을 이룰 현실적인 가능성을 파악했다. 이제 운송과 제조 분야를 보면 기하급수적 결과를 가져올 수 있는 또 다른 흥미로운 현상을 찾을 수 있다. 바로 협력적 소비다.

레이첼 보츠먼[Rachel Botsman]과 루 로저스[Roo Rogers]는 2011년에 쓴 통찰

력 있는 책《내 것이 당신의 것이 될 때: 협력 소비는 어떻게 생활 방식을 바꾸는가(What's Mins Is Yours: How Collaborative Consumption is Changing the Way We Live)》에서 이렇게 이야기했다. "잔디 깎는 기계는 1년에 평균 네 시간 사용된다. 전동 드릴은 완전히 고장 날 때까지 단 20분 돌아간다. 자동차는 매일 22시간 주차장에 서 있으며, 도로 위를 달릴 때도 보통 좌석 세 개는 비어 있다." 이 가운데 마지막 부분의 경우에는 이미 새로운 기업이나 기술이 등장했으며 가장 대표적인 기업이 우버와 테슬라다. 다른 많은 기업도 차량 이용 방식을 근본적으로 혁신하기 위해 노력하고 있다. 이 분야는 앞서 언급한 '수련 연못'처럼 아직 초기 단계에 있다. 하지만 기하급수적 성장과 발전의 본질을 고려할 때, 앞으로 많은 사람이 자동차를 소유해야 한다는 인식에서 벗어나 필요할 때만 그 소유권을 부분적으로 대여하는 방식으로 행동을 바꾸게 될 것이다.

지금으로부터 200년도 되지 않은 과거로 돌아가 영국에서 처음으로 철도 운송 서비스가 시작되었을 때, 빅토리아 시대의 평론가들은 열차가 시속 30킬로미터라는 위험한 속도로 빠르게 달리면 승객들이 정신 이상 증세를 겪거나 심지어 사망할 수도 있다고 우려했다. 오늘날에는 전 세계에서 수백만 명이 그보다 열 배는 빠른 속도로 달리는 기차를 편안하게 이용하고 있다. 22세기 무렵에는 개인이 소유한 자동차가 90% 가까이 줄어들 수도 있다는 발상이 아마도 오늘날 우리 대부분에게는 낯설게 느껴질지 모르지만, 이는 19세기 빅토리아 시대 사람들이 다음 세기가 되면 한국이나 일본과 같은 나라에 시속 300킬로미터로 달리는 기차가 생길 것이라는 생각을 전혀 할 수 없었던 것과 다를 바 없다.

자동차 소유권 사례와 유사한 대여 모델이 광범위한 제품군에서 계속 퍼져나갈 가능성이 크다. 끊임없이 쏟아져 나오는 신기술은 마치 스마트폰이 우버와 같은 서비스의 활성화에 이바지한 것처럼 대여 모델의 확산이라는 변화를 촉진할 것이다.

한편 기술이 발전하고 비즈니스 모델이 변화하게 되면서 이동의 필요성이 줄어들 가능성이 크며, 더 나아가 건물을 짓고 사용하며 건물에 에너지를 공급하는 위치나 방식도 계속해서 훨씬 더 효율적인 방향으로 발전할 수 있다. 코로나19 팬데믹이 선사한 또 다른 희망의 빛은 바로 일부 회사 업무는 줌이나 마이크로소프트 팀즈, 구글 미트와 같은 화상회의 앱을 활용해 수행할 수 있다는 사실을 전 세계 기업이 인식했다는 점이다. 이는 이동의 필요성과 사무 공간의 수요가 줄어들었으며, 심지어 인간으로서 우리가 하는 일과 사는 삶 사이의 관계와 더 나아가 삶의 질까지도 근본적으로 개선되었음을 의미한다.

2021년 항공편 운항 수는 2020년 대비 43.5% 감소했다. 물론 이처럼 극단적인 항공편 운항 감소는 전 세계적인 봉쇄 정책의 산물이었고 항공 산업은 그 이후로 다시 반등했지만, 장기적으로는 항공 산업에 구조적 변화가 일어날 가능성이 농후하다. 최소한 항공 산업은 경제적 필요에 따라서라도 가능한 모든 영역에서 효율성을 높이기 위해 최선을 다해야 할 것이다. 2021년 미국의 경영 컨설팅사인 맥킨지에서 코로나19 이후 항공 산업을 주제로 발표한 자료에 따르면, "2008년 세계 금융 위기는 그 성격이 전적으로 경제적이었으며 소비력 약화라는 결과를 초래했던 반면 코로나19는 소비자 행동 양식과 더 나아가 항공 산업을 돌이킬 수 없는 수준으로 바꾸어 놓았다."

이미 여러 항공사에서는 창문이 없는 여객기를 구상하고 있다. 물리적으로 존재하는 진짜 창문 대신 광학 카메라로 비행기 외부를 촬영한 이미지를 가상의 창문에 투사해 승객들이 바깥 경치를 즐길 수 있도록 하는 방식이다. 에미레이트 항공의 회장 팀 클락Tim Clark은 이렇게 보여주는 이미지가 그냥 눈으로 보는 장면보다 훨씬 선명하다고 언급했다. 물리적 창문을 제거하면 항공기의 무게가 최대 50%까지 줄어들고 동체의 강도가 높아지며 비행 속도와 고도가 증가할 수 있어서 결과적으로 연료 소비량과 온실가스 배출량이 크게 줄어들게 된다. 이는 비교적 간단해서 지금도 기술적으로 충분히 할 수 있는 일이면서도 가까운 미래에 핵심 산업이 기후 변화에 미치는 영향을 의미 있게 줄일 수 있는 혁신을 보여주는 또 하나의 사례다.

이 모든 변화가 어디까지 이루어질지는 지켜봐야겠지만, 우리가 농사짓고 먹고 생활하며 일하고 만들며 소비하거나 이동하는 방식 전반에서 일어나는 기술적 발전과 상당한 변화가 온실가스 배출량은 물론이고 환경 전반에 막대한 긍정적인 효과를 가져올 것으로 생각한다.

더불어 이 모든 변화가 언제쯤 가능할 것인지 걱정할 수는 있다. 하지만 적어도 직관에 반하는 기하급수적 변화의 특성 덕분에, 지금부터 몇 년 뒤에 저 '수련 연못'에서 수련잎이 마지막으로 두 배가 되는 시점이 되면 모든 변화가 놀랍도록 빨리 일어날 수 있다. 그리고 결국 그 순간이 되면 모두가 필요로 하는 결과가 나타날 것이다.

In Summary

3장의 주요 내용

2장에서 이야기한 바와 같이, 미국의 우호적인 환경을 벗어나면 세계 많은 나라에서 바이오테크놀로지 산업의 발전은 근본적인 문제에 부딪힌다. 그런데도 향후 수년 내에 이러한 시장의 실패 가운데 상당수가 자연스럽게. 기하급수적으로 해결될 것이라고 믿을 만한 이유가 충분히 있다. 바이오테크놀로지 기업과 기술은 전 세계적으로 성장할 전망이며, 현재 이 분야의 불균형한 글로벌 투자 환경도 균형을 찾기 시작했음을 보여주는 초기 징후도 이미 나타나고 있다.

게다가 미디어가 매일 쏟아내는 암울한 메시지에도 불구하고, 전반적인 인류의 번영에 대한 전망은 우리가 미디어에 이끌려 생각하는 것보다 훨씬 더 낙관적이다. 질병이나 빈곤, 환경 파괴와 같이 인류가 압도될 수밖에 없는 문제를 해결하기 위한 거대한 변화가 일어나고 있으며 바이오테크놀로지를 포함한 기술의 기하급수적 발전은 그 과정에서 핵심적인 역할을 할 수 있고 그렇게 할 것이다.

2부에서는 이러한 문제 영역 중 하나인 보건에 초점을 맞춰 바이오테크놀로지가 의료뿐만 아니라 개인이 일상 속 웰빙을 관리하는 방식을 어떻게 혁신하고 있는지 살펴볼 예정이다.

2부

건강 관리의 미래, 의료 3.0을 향하여

이 책의 2부에서는 의료의 역사와 현대 의학이 어떻게 발전해 왔는지를 살펴본다. 우선 항생제와 백신의 개발을 비롯해 지난 수 세기 동안 개선된 영양, 위생 및 위생 시설이 사망률과 수명에 끼친 놀랍도록 긍정적인 영향을 알아본다.

그런 다음에는 당뇨병이나 비만, 간질, 염증성 장 질환, 다양한 자가면역 질환, 정신건강 문제와 같은 수많은 '현대성 질병'의 폭발적인 증가 현상과 이와 같은 현상에서 미생물계가 담당하는 핵심적인 역할, 그리고 이 모두가 현대 의학의 부상과 어떻게 연관되어 있는지를 파악한다.

나아가 바이오테크놀로지가 이러한 문제를 해결하는 가장 적합한 수단임을 보여준다. 인류가 수많은 현대성 질병에 맞서 싸우고 풍요롭고 건강한 삶을 더 오래 영위하기 위해서는 생애 전 주기에 걸쳐 '질병 치료'보다는 진정한 '헬스케어'에 집중하며 살아가야 한다. 또한 인간 게놈(유전체)과 바이옴(미생물 군집) 사이의 복잡한 상호작용을 이해한 다음 이 상호작용이 각 개인에 적합한 식단에 미치는 영향에 대해서도 알아야 한다.

바이오테크놀로지는 우리가 의료와 보건에 접근하는 방식을 근본적인 수준에서 혁신하는 데 필요한 기술과 헬스케어 시스템을 제공할 수 있고 결국 그렇게 할 것이다. 그리고 이를 통해 인류는 '의료 3.0'이라고 불리는 새로운 시대로 나아갈 것이다. 데이터와 기술을 중심으로 과거 어느 순간보다 종합적이면서 개인화된 방식으로 의료와 보건에 접근함으로써 인류 대부분이 평생 더 건강하고 행복할 수 있는 시대 말이다.

4장

의료의 역사:
변화를 이끈 전화점

바이오테크놀로지 산업에서 개발되고 있는 흥미로운 신기술에 대해 알아보기 전에 의료의 역사를 간략하게 살펴보자.

의료의 암흑기

인류 역사의 대부분에서 많은 사회는 질병을 신이 내리는 벌이라고 믿었다. 인체 해부학이나 전염성 미생물의 역할, 면역계의 기능은 물론이고 심지어 영양에 대한 이해도 전혀 없었던 탓에 세계 방방곡곡의 모든 사회에서는 불가사의하거나 미신에 기반한 원인으로 인해 질병이 발생한다고 생각했다. 만약 질병의 진단이나 치료가 있다 해도 주술사나 무당 같은 인물의 영역이었다.

이러한 진단·치료 행위는 오늘날에도 많은 나라에 여전히 존재하며, 심지어 주요 종교에서도 여전히 신앙 기반의 치유나 다양한 대체 의학이 행해진다는 점을 고려하면 완전히 사라진 것은 아니다.

신기하게도 이러한 행위 가운데 상당수에서 치료 효과가 나타날 수 있다. 지난 수천 년 동안 대다수의 인간 사회에서 유사한 행위가 보편적으로 발전한 이유는 적어도 어느 정도 치료 효과가 있는 경우가 많았기 때문일지도 모른다.

현대 의학의 눈으로 보면 그 이유를 이해할 수 있다. 주술사나 무당, 신앙 치료사, 요가 수행자가 종종 환자를 '치유'할 수 있었던 것은 신과의 교감보다는 이들의 치료법에 공통적으로 존재하는 실용적인 습관과 관련이 있었기 때문이었다.

이 실용적인 습관에는 충분한 영양 섭취와 수분 공급, 어느 정도 강제성 있는 휴식과 함께 결정적으로 환자 자신이 회복할 수 있다고 믿는 마음에서 종종 비롯되는 강력한 플라시보 효과가 포함된다.

아시아의 농촌 마을, 브라질의 열대우림, 고대 그리스, 아니면 아프리카나 태평양 외딴섬의 어딘가일 수도 있다. 아픈 사람이 어디에 있었든지 상관없이 많은 지역의 '치료법'에는 다양한 약초 또는 신성한 과일이나 음식을 종교의식처럼 섭취하는 과정이 포함되곤 했다. 이러한 약초 요법은 환자가 오늘날과 달리 안전하고 신선한 식수를 구하는 일이 훨씬 더 어려웠던 시대와 지역에서도 제때 충분한 수분을 섭취할 가능성을 높여 주었다.

여러 문화권에서 발견된 다른 공통된 행위로는 강제성 있는 휴식이 있었다. 고대 로마의 '목욕, 낮잠, 포도주', 아프리카나 아시아, 라틴

아메리카 마을에 존재했던 종교의식 성격의 회복용 오두막, 또는 스칸디나비아나 터키, 일본에 있었던 초기 버전의 사우나와 한증막까지 다양한 형태가 포함된다.

그러나 무엇보다 중요한 것은 플라시보 효과와 오늘날 '심신 연결mind-body connection'이라 불리는 방법의 힘이었을 것이다. 이 두 가지 개념은 이전에는 제대로 이해되지 못했으며, 심지어 의학자 사이에서는 상당히 냉소적으로 비판받기도 했다. 반면 《엠보 리포트》에 기고한 글에서 비키 브로워Vicki Brower는 이와 같은 인식에 변화가 일어나고 있다고 이야기한다.

> 지난 30년간 진행된 감정, 행동, 사회적 및 경제적 상태, 성격 등과 건강 사이의 연관성에 관한 연구를 통해 이 분야의 연구와 치료는 생의학의 주변부에서 주류로 옮겨갔다. 기존의 생물의학 모델을 대체하는 심신 또는 생물심리사회 패러다임에 따르면 마음과 몸 사이에 실질적인 경계가 존재하지 않으며, 이는 신경, 내분비 및 면역체계와 뇌 사이에 존재하는 의사소통 네트워크 때문이다.

이를 브로워의 말을 빌려 표현하자면 "질병과 치유에서 마음의 역할에 대한 증거가 쌓이면서 점점 더 많은 사람이 심신 의학을 수용하는 결과로 이어지고 있다."

특히 플라시보 효과에 관해 2021년 12월 하버드 의과대학에서 〈플라시보 효과의 힘(The power of the placebo effect)〉이라는 제목으로 발표한 글을 주목할 필요가 있다.

> 뇌가 몸을 설득해 가짜 치료가 진짜라고 믿도록 하여 치료 효과
> 를 높일 수 있다는 생각, 이른바 플라시보 효과는 수천 년 동안
> 존재했다. 오늘날 과학이 발견한 사실은 적합한 환경에서 플라시
> 보가 기존 치료법만큼 치료 효과를 낼 수 있다는 것이다.

주변의 모든 사람이 마을의 주술사나 무당이 사용하는 방법이 효
과적이라고 생각하는 사회에서는 이러한 방법이 종종 자기충족적 예언,
즉 미래에 대한 기대가 실현될 수 있는 예언이 될 수 있다. 특히 앞서 언
급한 치료법 요소가 더해졌을 때는 플라시보 효과가 증폭되곤 했다.

이 전통적인 치료법 가운데 신비스러운 방법으로는 많은 문화권에
서 사용해 온 강력한 약초 기반의 천연 환각제를 들 수 있다. 아프리카
문화권의 이보가^{iboga}나 아마존의 아야와스카^{ayahausca}, 북미 원주민의 페
요테^{peyote}, 세계 여러 지역에 마법 버섯으로 만든 실로시빈^{psilocybin}이 있
고, 태평양 섬 지역의 카바^{kava}나 아랍 및 동아프리카의 카트^{khat}와 같은
도취제나 자극제 성분이 있는 천연 물질도 있다.

과거에는 이러한 물질은 전적으로 위험하며 피해야 할 대상으로
여겨졌다. 그러나 최근 현대 과학에서는 여러 화합물을 세밀하게 연구
하기 시작했다. 현재 다양한 물질을 대상으로 대규모 임상 연구가 활발
하게 진행되고 있으며 불안, 우울증, 외상 후 스트레스 장애(PTSD), 약물
및 알코올 중독 등 각종 질병의 치료에 실제로 효과가 있다고 믿는 과
학자와 의료진도 많다. 특히 지금까지 이러한 정신질환 가운데 상당수

가 치료가 사실상 불가능하다고 여겨졌다는 점에서 이러한 변화는 상당히 고무적이다.《타임》이 언급한 것처럼 "상당한 시간 동안 정신건강 분야는 의미 있는 치료법 발전이 거의 없는 불모지나 다름없었다."

하지만 세계 여러 지역의 원주민이 사용하던 몇 가지 천연 화합물이 상황을 바꿀 힘을 가지고 있는 것으로 보인다. 2019년 미국의 작가 마이클 폴란^{Michael Pollan}은 이 주제를 다룬 획기적인 책《마음을 바꾸는 방법(How to Change Your Mind)》을 출간했다. 여기서 폴란은 다음과 같이 이야기한다.

> 1950년대부터 1960년대 초반까지 정신의학계의 많은 사람은 LSD와 실로시빈을 우울증과 불안, 외상, 중독을 비롯한 다양한 질병을 치료하는 특효약으로 여겼다. 그러나 이러한 약물이 1960년대 반체제 운동과 연결되면서 불쾌한 환각 체험이나 정신병적 발작 사례가 전해지기 시작하자 이들 새로운 약물에 대한 열광은 도덕적 공포로 바뀌었다. 이제 여론의 향배가 다시 바뀌고 있으며, 이러한 약물이 다양한 정신질환의 치료를 돕는 수단으로 유용할 수 있다는 측면에서 사람들의 관심이 빠르게 커지고 있다."

이러한 화합물 중 많은 수가 현재 대규모 임상 연구의 대상이 되었으며, 가까운 미래에 관련 시장의 규모가 수십억 달러에 달할 것으로 예상된다.

인류 역사의 대부분에서 '전통' 의료가 적어도 어느 정도는 치료 효과가 있었던 이유는 나을 수 있다는 믿음과 영양 공급, 수분 섭취, 적절한 휴식 덕분이었다. 또한 정신건강 문제를 다루는 데 천연 환각제를 선구적으로 사용했던 것도 도움이 되었을 가능성이 있다. 그러나 이러한 광범위한 접근법은 아무것도 하지 않는 것보다는 나았을지 모르지만 치료 효과는 불확실했으며 운에 좌우되기 쉬웠다.

이 전통적인 치료법이 여러 시대와 장소에 존재했던 많은 공동체에 긍정적인 치료 결과를 가져왔으나 모든 이들이 운이 좋았던 것은 아니다. 천연 치료제와 치료법을 제대로 적용하여 치료 효과를 경험한 문화권도 있었는가 하면 치료 효과가 없거나 심지어 환자의 상태를 악화하는 방법을 적용한 문화권도 많았다.

역사적 기록과 고고학적 증거를 살펴보면 끔찍할 정도까지는 아니더라도 어이없이 웃기는 수준의 치료법이나 전혀 치료 효과가 없는 방법을 보여주는 사례를 상당히 많이 찾을 수 있다. 예를 들어 고대 로마인들은 오줌을 다양한 치료 목적뿐만 아니라 치아 미백제로 사용하기도 했다.

독자 여러분 가운데 상당수는 역사 수업 시간에 거머리나 더 일반적으로는 사혈(피 뽑기)이 고대부터 최근까지도 광범위하게 적용된 치료법이었다는 이야기를 들어본 적이 있을 것이다. 하지만 사혈은 심각한 상황으로 이어지는 경우가 많았다. 미국 초대 대통령 조지 워싱턴이나 17세기 영국 왕 찰스 2세와 같은 역사적인 인물은 물론이고 수 세기 동안 수많은 이들의 죽음을 초래하거나 적어도 그 죽음을 앞당겼던 것으로 보인다.

초기 인간 사회에는 전반적으로 상처 치료에 대한 개념이 부족했으며, 병원체 매개 질병에 대한 이해도 전혀 없었다. 비교적 가벼운 상처여도 감염이 심각해지면 치명적일 수 있었다.

19세기 중반이 되어서야 인류는 병원체가 질병 확산에 어떠한 역할을 하는지 이해하기 시작했다. 그럼에도 모기, 진드기, 파리 등으로 인해 발생하는 말라리아나 뎅기열과 같은 매개체 매개 질병에 대해서는 상당히 최근까지도 제대로 이해하지 못했다. 세계 여러 지역에서 사람들은 가축과 함께 생활했으며 이는 생활 환경이 신선한 물이 나오는 곳과 가까웠음을 의미한다. 이러한 생활 습관으로 인해 인간이 매개체 또는 병원체 매개 질병에 노출될 위험이 컸다.

대개 배변 활동은 야외에서 이루어졌으며 위생 개념은 존재하지 않았다. 1840년대까지만 해도 손 씻기는 논란의 대상이었다. 실제로 1847년 손 씻기가 좋은 습관일 수 있다고 처음 제안한 헝가리의 산부인과 의사 이그나스 제멜바이스^{Ignaz Semmelweis}는 사람들의 비웃음을 샀고 결국 정신병원에 갇혀 간수들에게 구타당한 끝에 2주 만에 생을 마감했다.

그러다 보니 어떤 질병이 발생할 때마다 그 영향이 끔찍할 정도로 심각했던 것도 놀라운 일이 아니다. 특히 소빙하기 현상으로 인해 농작물 작황이 극도로 악화하는 등 전 세계 인구가 영양 부족으로 질병에 취약한 상태가 되면 질병이 끼치는 영향은 더욱 끔찍해졌다. 일례로 14세기 흑사병이 발생했을 때 세계 인구의 30%에서 최대 60%가 줄었을 것으로 추정된다.

영국의 철학자 토마스 홉스는 1651년에 펴낸 자신의 책《리바이어던(Leviathan)》에서 인간의 삶은 고독하고 가난하며 비참하고 잔인한데다 짧기까지 하다고 묘사했다. 이렇게 말한 이유는 많았겠지만, 질병에 대한 이해 부족과 기본적인 의료 서비스의 부재가 문제의 중요한 원인이었음은 분명하다. 인류가 암울한 현실에서 벗어난 데는 합리적인 과학적 방법이 발전하고 그 행복한 결실로서 현대 의료가 발전했다는 사실이 상당히 중요한 역할을 했다.

'현대' 의료의 발전

특히 의료에 관한 한, 이 '비참하고 잔인하며 가난하고 고독한데다 짧기까지 한' 존재에서 벗어나는 긴 여정은 2,000년 이상 전에 그리스의 의사 히포크라테스[Hippocrates of Kos]의 탄생과 함께 시작되었다.

앞서 우리는 많은 인간 사회가 질병과 질환을 일종의 미신적 관점에서 바라보며 신이나 영혼이 내리는 벌이라고 믿었던 모습을 살펴보았다. 이러한 믿음에서 벗어나 과학에 기반해 현대적이고 합리적으로 질병의 원인을 이해하는 상태로 나아가는 여정은 히포크라테스와 그 추종자로부터 시작되었다고 할 수 있다. 이 중요한 사상가이자 치유자들은 미신에 기반하거나 신비로운 원인으로 질병이 발생한다는 믿음에서 최초로 벗어나, 관찰에 기반해 질병의 원인을 파악하고 치료 시스템을 마련하려 노력했다. 이들은 의료를 전문적인 학문이자 독립적인 분야로 확립하는 데 이바지했으며, 오늘날에도 사용되는 진단[diagnosis], 예후[prognosis], 관찰[observation], 상세한 문서화 등의 개념을 발전시킴으로써 의료의 발전이 기록으로 남고 다른 의사와 공유될 수 있도록 했다.

히포크라테스 선서는 역사상 가장 오래된 구속력 있는 문서 가운데 하나로 오늘날까지도 의료 윤리의 근간으로 남아 있다. 이 선서는 환자의 비밀 유지와 악의적 행위 금지, 타인과 후대에 의술을 전수할 의무와 같은 개념을 포함한다.

그리스 문화의 다른 많은 요소와 마찬가지로 그리스의 의료 행위도 로마인들에 흡수되어 이어졌다. 로마 시대의 저명한 의사 디오스코리데스^{Dioscorides}와 갈레노스^{Galen}는 각각 서기 1세기와 2세기에 활동했다. 디오스코리데스는 최초의 약학 백과사전인 《약물지(De Materia Medica)》를 편찬했으며, 갈레노스는 체액 불균형 이론을 발전시켰다. 여기서 중요한 점은 두 사람의 이론이 르네상스 시대를 지나 산업혁명 시기까지 1,000년이 넘는 시간 동안 거의 아무런 발전이나 변화 없이 이어졌다는 사실이다.

이토록 오랜 세월 동안 의료 분야에 거의 발전이 없었던 것은 인류 전반에서 거의 진보가 이루어지지 않았기 때문이다. 서로마 제국이 멸망한 이후 르네상스 시대가 시작되기 전까지 약 1,000년의 기간은 흔히 암흑기로 불린다. 문서나 기록이 거의 남아 있지 않고 문화적 발전까지 더뎠기 때문이다. 이 시기는 그리스와 로마가 이룩한 놀라운 문화적 성취와 비교하면 세상이 '멈춰버렸다'라고 표현해도 과언이 아니다.

이 암흑기에 변화를 가져오고 인류의 진보와 더 나아가 의료 행위에 새로운 시대를 열기 위해서는 서로 연관성이 있으면서 자체적으로도 강화하는 다양한 문화적 발전이 필요했다. 폭넓게 본다면 이는 르네상스 시대와 이어지는 농업혁명, 금융혁명 및 산업혁명의 결합을 가리킨다.

코페르니쿠스나 갈릴레이와 같은 인물이 남긴 위대한 업적이 가톨

릭교회로부터 계속 금지당하기는 했지만, 르네상스 시대에는 종교적 교리가 세상을 지배하는 모습에서 점차 벗어나 인본주의나 관찰과 이성에 기반한 과학적 방법론같이 보다 계몽된 사상으로 이동했다.

사고방식의 변화는 인류의 진보에 엄청난 도움이 되었다. 르네상스 시대는 예술과 문화, 건축, 과학이 크게 발전한 시기로 잘 알려져 있다. 그러나 인간의 경험 전반에서 그에 못지않게 중요한 일은 회계에서 복식부기의 발달, 초기 형태의 채권 및 주식시장의 형성, 그 결과 근대적인 은행 시스템의 발전과 같은 금융 혁신이었다.

회계와 은행의 발달이나 신용과 부채, 주식이라는 개념이 없었다면 자금을 조달할 수 없었을 것이기 때문에 인류의 진보는 거의 일어나지 않았을 것이다. 이러한 금융 혁신은 많은 자본과 자원을 투입하여 무언가를 만들거나 문제를 해결하는 데 집중할 수 있음을 의미했다.

한편 합리적인 과학적 방법도 철학자와 작가, 과학자는 물론이고 의료인과 같은 새로운 전문가 계층이 자유롭게 활동하도록 후원하고 그들이 필요로 하는 시설과 장비를 마련하기 위한 자금을 지원할 수 있는 경제적 여유가 있었기에 발전할 수 있었다. 르네상스 시대의 사상과 관습, 제도는 수많은 기하급수적인 발전을 가능하게 했으며, 이를 통해 인류는 암흑기에서 벗어나 하나의 종으로서 놀라운 발전과 진보를 이룰 수 있었다.

2010년 영국의 작가 매트 리들리Matt Ridley는 자신의 책 《이성적 낙관주의자: 번영은 어떻게 진화하는가(The Rational Optimist: How Prosperity Evolves)》에서 인류의 발전 전반에서 전문화와 교환의 개념이 얼마나 많은 역할을 했는지 일깨워준다. 리들리는 다음과 같이 이야기한다.

교환을 통해 인간은 분업, 즉 상호 이익을 위한 노력과 재능의 전문화를 발견했다. 인간이 소비자로서 다변화되고 생산자로서 전문화된 다음 더 많이 교환할수록 삶의 질은 더 나아졌으며 지금도 그리고 앞으로도 그럴 것이다.

모든 발전 과정을 무엇보다 잘 뒷받침한 르네상스 시대의 발전은 누구나 살 수 있는 종이와 인쇄술의 발명이었을 것이다. 아이디어를 문서로 만들고 이를 널리, 상당히 저렴하게 공유할 수 있는 능력은 다른 모든 발전의 토대가 되었다.

또한 인쇄술은 거대하고 복잡한 근대 민족국가가 부상하는 데도 중요한 역할을 했으며, 그 결과 훨씬 더 많은 시민에게 세금을 부과할 수 있게 되었다.

폭넓고 새로운 세수 기반과 정부 인프라의 성장 덕분에 영국 정부는 이후 빅토리아 시대까지 계속된 대공사를 진행할 수 있는 자금을 확보할 수 있었다. 특히 상수도와 위생 시설의 발전은 보건과 의료의 발전에서도 매우 중요한 역할을 했다.

르네상스 시대의 사상과 합리적인 과학적 방법의 적용은 농업혁명을 가능하게 했다. 그리고 농업혁명 덕분에 농업 생산성이 크게 향상되었으며, 결과적으로 이후 일어난 산업혁명을 뒷받침하는 경제적 여유가 생겨났다.

그리고 산업혁명은 여러 세기 동안 발전이 없었던 보건과 의료 분야가 탈바꿈하는 데 중요한 역할을 했다. 산업혁명은 병원 건물을 짓고 장비를 도입하는 것뿐만 아니라 의과대학이나 실험실의 자금조달 상황을 개선하는 데 필요한 수단은 물론이고 자본도 집중적으로 제공했다. 특히 헬스케어 산업에서 가장 중요한 변화는 유기화학과 공업화학의 발전이었으며, 그 결과로 등장한 제약 산업의 발전과 최초의 의약품 개발이었다고 할 수 있다.

제약 산업의 진화와 전환점들

많은 사람이 제약 산업을 대체로 부정적으로 평가한다. 예를 들어 2019년 8월 여론 조사 기관 갤럽이 미국에서 실시한 여론 조사에 따르면, "제약 산업은 미국인이 가장 부정적으로 평가하는 산업이며, 갤럽이 매년 평가하는 25개 산업 중 최하위를 기록했다." 하버드 공중보건대학은 "미국인의 58%가 제약 산업에 대한 부정적인 시각을 가지고 있으며, 긍정적인 시각의 비율은 27%에 불과했다."라고 언급하며, 이는 "2001년부터 매년 실시한 여론 조사에서 제약 산업이 가장 낮은 순위를 기록한 조사였다."라고 지적했다. 같은 글에서 부정적 인식의 원인으로 언급한 내용은 이렇다. "갤럽에서는 비싼 의약품 가격과 오피오이드(아편성 진통제-옮긴이) 중독 사태, 거대 제약사의 대규모 로비 활동 모두가 응답자들이 제약 산업에 대해 불만을 가지는 원인일 가능성이 크다고 지적했다."

이 여론 조사는 코로나19 팬데믹 이전에 진행되었다. 팬데믹이 시작된 후 실시한 후속 여론 조사에서는 상황이 어느 정도 나아진 것으로 나타났다. 2020년 4월 조사에서는 미국인 셋 중 하나 이상이 제약 산업에 대한 인식이 개선되었다고 응답했으며, 2021년 6월 그레이링에서 실시한 조사에서는 응답자의 63%가 "제약 산업이 사회에 긍정적인 영향을 미친다."라고 답했다.

이들 조사는 표본의 크기가 비교적 작았다. 2019년 갤럽의 조사는 미국 성인 남녀 1,525명만을 대상으로 했으며, 그레이링의 조사는 영국, 미국, 프랑스, 독일, 러시아, 중국 등의 3,000명만을 대상으로 했다. 그에 반해 영국 제약산업협회의 의뢰로 입소스 모리$^{IPSOS\ Mori}$에서 진행한 여론 조사는 2021년 3월 영국 성인 남녀 8,000명 이상을 대상으로 했으며, 해당 조사에 따르면 "응답자의 60%가 팬데믹 이후 제약 산업에 대한 인식이 개선되었다."고 답했다. 흥미로운 점은 응답자의 81%가 제약 산업에 대해 '아무것도 모른다'라거나 '거의 모른다'라고 응답했다는 사실이다.

이는 바이오테크놀로지 및 제약 산업에 중요한 문제다. 사람들은 어떤 사안에 관해 더 많이 알게 될수록 그 사안에 대한 인식이 긍정적으로 바뀌는 경우가 많다. 특히 그 사안이 긍정적이라는 증거가 상당히 존재할 때는 더욱 그렇다.

여러 여론 조사 결과에서 볼 수 있듯이 제약 산업에 대한 인식이 평균적으로는 나아졌을지 몰라도 대중이 가진 생각은 상당히 양극화되고 있다. 백신 반대 운동이나 빌 게이츠가 코로나바이러스 백신을 이용해 미국 시민에게 마이크로칩을 심어서 전 세계적인 감시 프로그램을 운용하려 한다는 믿음을 가진 상당수의 미국인을 고려할 때, 부정적인 견해를 가진 소수 집단은 규모가 작아질수록 그 어느 때보다도 강력하게 부정적인 인식을 드러낸다고 할 수 있다.

이 글을 쓰고 있는 시점에 백신을 맞은 미국인 가운데 보고된 사망자 비율은 전체 백신 접종 수의 0.0025%에 불과하다는 사실을 고려하면, 백신 반대론자는 99.9975%가 채워진 유리잔보다 비어 있는 0.0025%에 초점을 맞추는 듯싶다. 사실 사망자 비율은 실제로는 더 낮다. 왜냐하면 의료진은 환자의 건강 문제가 백신과 직접적인 연관성이 있는지에 관계없이 백신 부작용 보고 시스템[Vaccine Adverse Event Reporting System, VAERS]을 통해 심각한 건강 문제를 보고할 의무가 있기 때문이다. 미국의 연방 질병통제예방센터[Centers for Disease Control and Prevention, CDC]의 설명에 따르면 "건강 문제나 사망이 VAERS에 보고되었다고 해서 백신이 해당 문제의 원인이라는 의미는 아니다. VAERS는 필요에 따라 추가적인 조치를 하라고 경고하는 역할을 한다."

VAERS에 보고된 사망 사례 가운데 몇 건에서 백신이 직접적인 원인이었는지는 아직 알 수 없다. 설사 그 모든 사망 사례의 직접적인 원인이 백신이었다고 가정하더라도 이는 투여된 백신 40,000회당 한 건의 사망 사례로서 그 비율이 매우 낮다. 실제로는 이보다 훨씬 더 낮은 비율일 가능성이 크다. 이전까지 사람들이 제약 산업과 의약품을 전반적으로 부정적으로 인식하던 모습에서도 비슷한 역학이 작용했을 가능성이 있다.

영국의 의사이자 작가 벤 골드에이커[Ben Goldacre]가 자신의 베스트셀러 《불량 제약회사(Bad Pharma)》에서 폭로한 것처럼 오랜 세월 제약 산업에 수많은 악당이 존재했다는 점에는 의심의 여지가 없다. 작가의 말을 그대로 인용하자면 다음과 같다.

의사와 환자가 정보에 기반해 의사결정을 하려면 신뢰할 수 있는 과학적 증거가 필요하다. 그러나 현실에서는 기업이 자사의 약물을 대상으로 잘못된 임상실험을 통해 약물의 이점을 의도적으로 왜곡하고 부풀린다. 임상실험에서 부정적인 결과가 나오면 그냥 묻어버리는 경우가 많다. 그런데 이 모든 행위는 완벽하게 합법적이다. 정부의 규제기관조차도 데이터가 가장 필요한 사람들로부터 그 데이터를 감춘다. 의사나 환자 단체도 이를 방관하고 있다. 이제는 제약회사가 의료진과 간호사를 교육하는 망가진 세상이 되어버렸다. 이러한 세상에서 결국 피해는 수많은 환자에게 돌아간다.

하지만 나는 이러한 주장을 액면 그대로 받아들이는 것이야말로 '아기를 목욕물과 함께 던져버리는 실수'나 '빈대 잡으려다 초가삼간 다 태우는 격'이라고 생각한다.

위에 인용한 글에 언급된 바와 같이, 골드에이커가 제약 산업을 비판하는 이유 중 하나는 제약회사와 규제기관이 의약품에 대한 '극도로 중요한 데이터'를 자주 은폐하거나 빠뜨린다는 사실이다. 책에서 작가는 이 사실을 입증하는 증거를 다수 제시하지만, 어쩌면 골드에이커나 그와 비슷한 사람들도 같은 '누락의 범죄'를 저지르고 있는 것은 아닐까 싶다. 제약 산업이 인류에게 제공한 엄청난 혜택은 충분히 조명하지 않은 채 일부 부정적인 요소에만 초점을 맞춘다면 과연 공정한 시각이라고 할 수 있을까?

영국 약리학회 소속 험프리 랭Humphrey Rang 박사 역시 골드에이커의 책을 읽고 나서 비슷한 견해를 밝혔다. 랭 박사는 《불량 제약회사》가 "심각하게 받아들여야 하는 중요한 메시지를 담고 있는 책"이라고 인정하면서도, 제약 업계 내부의 일부 잘 알려진 부정적인 특징만을 과대 포장해서 '의료는 망가졌다'라고 시사하는 것은 '어리석은 발언'이라고 지적한다. 랭 박사가 이야기한 바와 같이 의료는 문명 세계에서 가장 성공적이고 가치 있는 분야 가운데 하나이며, 골드에이커 자신도 인정하듯이 최근 수십 년 동안 개발된 의약품은 일부 결함은 있지만 인류의 건강과 보건에 크게 이바지했다.

내 생각도 같다. 제약 산업의 전반적인 가치를 더 공정하게 평가하려면 지난 100년 이상 이 산업이 인류의 삶에 미친 영향을 더 신중하게 종합적으로 고려해야 하지 않을까? 만약 제약회사와 이들이 개발한 제품이 인간의 삶에 가져다준 놀랍도록 긍정적인 변화를 무대 한가운데에 놓고 잠시라도 생각해 본다면 상황은 훨씬 더 긍정적으로 보일 것이다.

다른 중요한 점은 제약 산업이 나아가는 방향도 긍정적으로 보인다는 것이다. 이 산업을 비판할 때 중요한 것은 제약 산업이 지금까지 우리 사회에 얼마나 많은 혜택을 제공했는지 그리고 지금 우려할 만한 상황도 앞으로 시간이 가면서 얼마나 나아질 수 있는지도 함께 고려하는 균형감을 유지해야 한다는 점이다.

역사와 증거

만약 지식의 발전이 인식의 개선으로 이어질 수 있다면 제약 산업의 발전이 인류 전체에 미친 영향을 잠시 살펴볼 필요가 있다. 우리가 얼마나 먼 길을 걸어왔는지 이해하기 위해 마취도 없고 진통제도 없으며 특히 전염병 치료제도 없는 세상에 살고 있다고 상상해 보자. 그러고 나면 지난 수 세기 동안 인간이 하는 경험이 근본적으로 변화했다는 말이 결코 과장된 표현으로 들리지는 않을 것이다.

이처럼 엄청난 변화를 가능하게 한 두 가지 핵심 기술은 백신과 항미생물제(항생제, 항바이러스제, 항진균제 등)의 개발이다. 이 두 가지 핵심 기술이 개발되기 전까지는 오늘날에는 쉽게 예방하거나 치료할 수 있는 여러 질병으로 인해 수억 명의 선조가 목숨을 잃었다.

이러한 현실이 얼마나 극단적인지 이해하기 위해 앞서 언급한 흑사병 사례로 돌아가자. 페스트균에 의해 발생한 림프절 페스트의 일종인 흑사병은 중세 시대 전 세계 인구의 30~60%를 죽음으로 이끈 것으로 추정된다. 캘리포니아대학교 어바인 캠퍼스 약학대학에 따르면, "1900년까지만 해도 미국 내 사망자의 3분의 1이 오늘날에는 충분히 예방하거나 치료할 수 있는 질병인 폐렴, 결핵, 설사를 원인으로 죽음을 맞이했다."

최근 몇 년 사이에는 전 세계적으로 코로나19에 거의 모든 초점이 맞춰졌다. 이 글을 쓰는 시점까지 코로나19가 직간접적인 원인으로 작용하여 사망한 사람은 약 690만 명에 달한다. 그러나 많은 이들이 통계의 정확성에 의문을 제기하고 있다. 이는 사망자 통계를 취합하기가 매우 어렵기 때문이기도 하지만, 많은 나라에서 코로나19가 직접적인 원인이 되어 사망하지 않은 사람들조차도 사망 직전에 한 코로나19 검사에서 양성으로 판정받았다면 통계에 포함되고 있기 때문이다. 또한 이와 관련하여 지난 2년 동안 다른 호흡기 질환으로 인한 사망자 수가 훨씬 줄어든 것처럼 보인다는 사실도 우려를 자아내고 있다.

이 통계의 신뢰도에 대해 제기되는 모든 의문을 무시하고 이 숫자를 액면 그대로 받아들인다면, 코로나19 팬데믹 시작 후 사망한 690만 명은 전 세계 인구 약 80억 명의 0.086%에 해당한다. 이제 이 비율을 1918년부터 1920년까지 이어진 20세기 최대 규모의 팬데믹인 '대독감', 즉 '스페인 독감'과 비교하면 어떨까? 당시 스페인 독감으로 인한 전 세계 사망자 수는 약 1,700만 명에서 최대 1억 명 사이로 추정되며, 당시 세계 인구는 약 18억 명이었다. 스페인 독감이라는 팬데믹으로 세계 인구의 약 0.96%에서 최대 5.5%가 사망했다는 의미다.

두 번의 글로벌 팬데믹을 비교한 결과가 보여주듯이 인류는 심각한 문제에 점점 더 잘 대응해가고 있다. 이는 대체로 제약 산업의 발전이나 항미생물제와 백신의 개발뿐만 아니라 사회적 변화와 보건 및 의료 분야의 변화 덕분이다.

항미생물제

미국 국립보건원National Institutes of Health, NIH에서는 항미생물제antimicorbial를 '어느 한 생물이 생성해서 다른 생물의 성장을 저해하거나 그 생물을 죽이는 물질'이라고 정의한다. 항미생물제는 항생제antibiotic나 항바이러스제antiviral, 항진균제antifungal, 방부제antiseptic, 살생물제biocide를 포함하는 광범위한 치료제 범주에 해당한다.

2010년부터 2019년까지 영국의 최고 의학 책임자를 역임했던 데임 샐리 데이비스Dame Sally Davies 교수는 2013년 출간한《효과 없는 약 그리고 세계적 위협(The Drugs Don't Work: A Global Threat)》에서 전염병의 본질과 항미생물제의 개발 및 이용을 통한 인류의 투쟁사를 조명했다. 이 책에서 데이비스 교수는 항미생물제가 인간의 수명을 평균적으로 20년 연장했다는 점을 강조한다. 1943년 페니실린 제조가 시작된 이후 인류는 생명을 위협하는 감염을 이겨낼 수 있었다. 저자는 또한 전염병이 인간 질병의 역사를 수놓았으며 때로는 인류의 역사 자체에 영향을 미쳤다는 점을 강조한다. 이후 저자는 지난 100년 동안 세계 여러 지역에서 전염병이 감소하는 과정을 시간순으로 살펴보면서 산욕열이나 매독과 같은 전염병이 적어도 선진국에서는 사실상 사라졌다는 것을 포함하여 다양한 사례를 제시한다. 항미생물제 덕분에 인류는 수십 가지의 다른 전염병에 맞서 싸울 수 있게 되었으며, 그 결과 유럽과 북미에서는 사망률이 극적으로 감소하는 전례 없이 놀라운 발전을 이루어냈다.

《효과 없는 약 그리고 세계적 위협》에서 데이비스 교수가 강조한 다른 중요한 문제는 이러한 발전이 세계 모든 곳에서 고르게 일어나지 않았다는 사실이다. 선진국에서는 사망률과 중증 질환 발생률이 감소하고 기대수명이 늘었는지 몰라도 대다수 개발도상국의 상황은 전혀 다르다는 것이다. 저자는 2011년 전 세계에서 사망한 약 5,500만 명 가운데 약 1,000만 명, 즉 사망자 다섯 명 중 거의 한 명이 전염병으로 인해 사망했다고 지적한다. 물론 이 정도 비율이면 역사적으로 볼 때 크게 개선된 수준이기는 하지만, 그중에 950만 명이 저소득 또는 중간소득 국가의 국민이었던데 반해 선진국에서 전염병으로 인해 사망한 사람은

50만 명에 불과했다.

다행스럽게도 그 이후로 상황이 좋아졌다. 2011년 이후 전염성 질병, 모성 질환, 신생아 질환 및 영양성 질병으로 인한 총 질병 부담은 22% 감소했다. 최근 수년간 개발도상국에서도 말라리아와 소아마비, HIV, C형 간염을 비롯한 각종 질병에서 두드러진 진전이 있었으며, 인류는 이들 질병을 상대로 하는 싸움에서 오랜 기간 분명한 우위를 점하고 있다. 이처럼 상황은 꾸준하게 개선되고 있으며, 바이오테크놀로지 산업 덕분에 점점 더 빠른 발전을 기대할 만한 이유도 충분하다.

데이비스 교수가 자신의 저서에서 특히 초점을 두는 부분은 항미생물제가 하는 역할이다. 그리고 이러한 발전과 진보를 이루는 데 도움이 된 또 다른 핵심 기술은 바로 백신이라는 점도 간과해서는 안 된다.

백신

현재 미국의 질병통제예방센터[CDC]가 관리하는 백신 목록에는 코로나바이러스 백신을 제외하고도 미국에서 일상적으로 접종하는 25가지 이상의 백신이 포함되어 있다. 탄저병, 수두, 뎅기열, 디프테리아, 간염, 인유두종바이러스[HPV], 홍역, 뇌척수막염, 유행성이하선염, 폐렴, 소아마비, 광견병, 풍진, 대상포진, 천연두, 파상풍, 결핵, 장티푸스, 백일해, 황열병 백신 등이다.

이제 이 목록이 인류의 건강이나 행복, 장수에 어떤 의미가 있는지 살펴볼 필요가 있다. 여기에 나열된 질병 가운데 일부는 치명적이지만,

각 질병에 해당하는 백신 및 항미생물제가 개발되고 널리 사용된 덕분에 지난 100년 이상 동안 수억 명에서 어쩌면 수십억 명이 목숨을 구하거나 적어도 더 오래 살 수 있었다. 또한 우리의 삶과 질병 사이의 관계도 완전히 달라졌다.

백신 및 항미생물제 기술은 이전에는 치명적이었던 질병을 완전히 또는 거의 제거하는 데 성공했다. 예를 들어 소아마비와 파상풍, 결핵, 말라리아는 거의 제거되었으며 천연두는 완벽하게 퇴치되었다. 여기서 제거와 퇴치는 차이가 있는 개념이다. 일반적으로 '제거'는 질병의 전파는 막았으나 이 상태를 유지하려면 지속적인 노력이 필요한 경우를 가리키며, '퇴치'는 질병이 사실상 완전히 사라졌기 때문에 더 이상의 개입이나 조치가 필요 없는 상태를 의미한다. 이중 가장 유명한 사례인 천연두는 1980년대에 퇴치된 것으로 알려져 있으며, 앞으로도 이와 같은 성과가 더욱 확대될 것으로 보인다. 향후 새로운 기술이 계속해서 등장함에 따라 퇴치할 수 있는 질병 목록은 더 길어질 가능성이 매우 크다.

제약 산업이 코로나19 백신을 연구하고 제조한 다음 시장에 출시하는 데까지는 10개월 정도밖에 걸리지 않았다. 반면 소아마비 백신은 연구부터 출시까지 45년이나 걸렸다. 그리고 암을 비롯한 다른 많은 분야에서도 점점 더 빠른 속도로 발전하는 모습을 목격하기 직전이라는 기대와 희망을 품을 이유도 많다. 각종 치료제의 제조와 유통 비용이 감소함에 따라 이러한 혁신이 확산하는 모습을 계속해서 보게 될 것이다. 결국 앞으로 점점 더 많은 사람이 헬스케어 분야의 기하급수적인 발전에 따른 혜택을 누리게 될 가능성이 매우 크다는 이야기다.

의료 못지않게 중요한 현대성

물론 인류가 질병을 상대로 하는 싸움에서 승리하고 있는 이유가 순전히 바이오테크놀로지 산업이 만들어낸 결실 덕분이라고 할 수는 없다. 영양이나 위생, 주거의 개선을 포함한 여러 요인 역시 사망률 감소에 이바지했다.

우리가 이렇게 놀라운 발전과 진보를 이룰 수 있었던 이유는 서로 다르면서도 연관성이 매우 큰 여러 요인이 한 곳으로 수렴했기 때문이다. 금융 기관과 금융시장의 발전 덕분에 충분한 자본을 형성한 다음 그 자본을 놀랍도록 광범위한 분야에서 핵심 기술을 혁신하는 데 투입할 수 있었다. 이러한 혁신으로 인류는 앞서 살펴본 바와 같이 강력한 미생물제와 백신을 비롯하여 다른 수많은 치료법과 약물을 개발할 수 있었다. 또한 선진국을 시작으로 점점 더 많은 개발도상국에서도 훌륭한 성과를 달성하는 데 필요한 모든 요소가 함께 발전할 수 있었다.

이처럼 함께 발전한 대표적인 사례가 백신을 최종 사용자에게 전달하는 데 필요한 저온 유통이다. 스웨덴 출신의 의사 한스 로슬링Hans Rosling과 통계학자 올라 로슬링Ola Rosling은 지난 2018년 자신들의 저서 《팩트풀니스: 우리가 세상을 오해하는 10가지 이유와 세상이 생각보다 괜찮은 이유(Factfulness: Ten Reasons We're Wrong about the World - and Why Things are Better Than You Think)》에서 다음과 같이 설명한다.

백신은 공장에서 나와 아이의 팔에 주사될 때까지 계속해서 냉장 상태를 유지해야 한다. 백신은 냉장 컨테이너에 실려 전 세계

항구로 운반되며 그곳에서 다시 냉장 트럭으로 옮겨진다. 냉장 트럭에 실린 백신은 지역에 있는 병원으로 배송된 다음 병원에 서도 다시 냉장고에 보관된다. 이러한 물류 유통 경로를 '저온 유통'이라고 한다. 저온 유통 시스템이 원활하게 작동하기 위해서는 운송, 전력, 교육, 의료 등 여러 분야의 인프라가 잘 갖춰져 있어야 한다.

기술 산업은《팩트풀니스》의 저자들이 설명한 모든 요소가 발전하는 데 중요한 역할을 했다. 기술은 효율적인 냉장 시설, 더 나은 저장 시설, 현대적인 항만 시설의 발전뿐만 아니라 냉장 트럭과 발전의 효율성 개선에도 크게 이바지했다.

더 나아가 기술은 이 모든 분야는 물론이고 헬스케어 부문에서 일하는 사람들에게 필요한 교육과 기술을 제공하는 역할도 했다. 그 대표적인 사례가 오늘날 의료진이 인터넷을 통해 원격으로 교육과 훈련을 받는 모습이다. 건축과 설계에 적용된 기술은 개발도상국에서 항만, 저장 시설, 병원, 보건소 등을 더 적은 돈으로 더 효율적으로 건설하는 데도 중요한 역할을 했다. 또한 무어의 법칙에 따라 처리 능력과 데이터 저장 비용이 기하급수적으로 감소했기 때문에 이처럼 복잡한 공급망의 모든 요소를 자세히 분석하고 개선할 수 있게 되었다.

오늘날 우리가 접근할 수 있는 방대한 양의 양질의 데이터와 그 데이터를 활용해 정보를 추출하는 데 편리하게 이용할 수 있는 분석 도구 역시 현대성의 특징이다. 전 세계의 인터넷 사용자 수는 약 50억 명으로 추정된다. 그리고 이 책을 집필하는 동안 나는 필요한 거의 모든 정보를 곧바로 찾아볼 수 있었다. 학술 논문이나 통계 자료는 물론이고 각종 도표, 그림 등 기타 자료를 단 몇 초 만에 찾아 활용할 수 있었다.

오늘날의 과학자는 과거 그 어느 때보다도 서로 협력하면서 연구 성과를 낼 수 있다. 현재 인간이 활동하는 거의 모든 영역, 특히 바이오테크놀로지 산업과 같은 혁신의 최전선에서는 과학자가 불과 10년 전만 해도 상상할 수 없었을 용량의 데이터와 파일을 공유할 수 있는 환경이 중요하다. 그러나 많은 사람이 이처럼 놀라운 현실을 너무나 당연하게 여긴다.

르네상스 시대 인쇄술의 발달이 인류가 암흑기에서 벗어나는 데 중요한 역할을 했다면, 오늘날 네트워크로 연결된 세상의 품질과 규모, 역량은 인류가 미래로 나아가는 경로에서 기하급수적으로 더 큰 영향을 미칠 것이다.

영양과 위생, 위생 시설

영양이나 위생, 위생 시설의 개선은 질병 발생률을 현저히 낮추고 사망률과 수명, 건강 수준을 높이는 데 많은 도움이 되었다. 여기에서도 기술 산업과 특히 바이오테크놀로지 산업이 발전을 이끌어가는 중요한 역할을 했다. 전 세계 많은 지역에서 농업 생산성은 몇십 년 전보다 기하급수적으로 높아졌고, 저온 유통은 백신과 마찬가지로 부패하기 쉬운 식품의 운송에도 필수적이다.

농작물 생산과 관개, 수질 정화, 저장, 유통은 물론이고 식품 검사와 규제 영역에서도 이미 놀라운 혁신이 이루어졌다.

오늘날 식량 생산량과 식품 안전성은 과거에는 도달할 수 없다고 생각했던 수준에 이르렀다. 많은 사람이 먹을 수 있는 식품의 종류와 품질도 불과 두 세대 전보다 기하급수적으로 나아졌다. 비록 이 글을 쓰는 시점에 전 세계 많은 지역의 사람들은 식료품 가격 인플레이션을 겪고 있지만, 선진국에서 식품에 지출하는 비용이 전체 소득에서 차지하는 비율은 조부모 세대나 증조부모 세대에서 차지하던 비율에 비해 훨씬 낮은 수준이다.

또한 농업 효율성과 농업 생산성이나 식품 안전성과 식량 안보 측면에서도 이제 막 시작 단계에 접어들었다는 증거가 많이 있다. 새로운 기술이 농업과 농작물 생산, 유통에 적용되면서 발전 속도가 더욱 빨라질 것이다. 이러한 발전은 본질적으로 기하급수적일 가능성이 크기 때문에 향후 수십 년 내에 혁신이 찾아올 것으로 생각한다.

한편 위생 및 위생 시설의 기준이 상당히 높아졌다는 점도 중요한 요인이었다. 공업화학, 제약, 유통, 소매 산업의 발달로 저렴한 방부제와 소독제를 사용할 수 있게 되었고, 이는 전 세계적으로 의료 서비스의 결과가 개선되는 데 의미 있는 역할을 했다. 특히 위생 시설 측면에서 보면 2015년 유엔은 2030년까지 세계 각국의 정부와 비정부 기구, 기업이 주목해야 할 17가지 주요 개발 목표를 설정했는데, 그중 여섯 번째 목표가 '깨끗한 물과 위생 시설'이었다.

이 분야에서도 지금까지 상당한 발전이 있었다. 선진국에서는 대부분이 상수도는 물론이고 하수 및 물 재활용 시스템을 당연하게 여긴다. 이와 함께 신기술이 등장한 다음 점진적으로 채택되면 끊임없는 혁신이 일어나고 있다는 사실을 당연하게 생각할지도 모른다. 그러한 신기술에는 역삼투, 자외선 조사, 이온 교환 및 전기 투석, 다양한 효소를 활용한 폐수의 생물증대, 탄소 나노튜브를 통해 물에서 가장 미세한 오염물질까지 제거할 수 있는 나노 입자 처리까지 포함된다.

이들 혁신적인 기술 중 상당수는 개발도상국에서도 점점 더 많이 활용될 수 있게 되면 수백만 명의 사람들에게 물 안보 수준을 크게 높일 수 있다. 미국의 싱크탱크인 국제전략문제연구소에서는 기술 추월에 관해 다음과 같이 설명한다.

> 추월은 한 나라가 전통적인 개발 단계를 건너뛰고 최신 기술로 넘어가거나(단계 건너뛰기) 그 대안으로 새로운 이점과 기회가 있는 신기술을 활용하는 기술 개발 경로를 탐색할 때(경로 생성하기) 발생한다. 가장 유명하고 자주 언급되는 단계 건너뛰기 사례는 모바일 혁명으로, 이를 통해 수많은 사람의 손에 핸드폰이 들려 있게 되는 동시에 개발도상국은 유선 전화 인프라에 투자할 필요 없이 곧바로 모바일 환경으로 넘어갈 수 있었다.

개발도상국의 상수도와 위생 시스템에서도 이와 비슷한 일이 일어날 수 있다고 기대할 수 있지 않을까? 아래 내용이 별달리 매력 없는 이야기처럼 들릴지 몰라도, 어느 한 소박한 화장실이 그러한 가능성을 보여주는 사례가 될 수 있다.

듀레이 콘^{Doulaye Kone} 박사는 아프리카 물 협회에서 일한 경험을 바탕으로 현재 빌&멀린다 게이츠 재단의 물, 위생 및 위생 시설 부서의 부국장으로 재직하고 있다. 그는 '화장실의 재발명 및 지속 가능한 공공 서비스로서 분뇨 관리 사업의 재구상'이라는 딱히 부러워할 만한 부분이 없는 일을 책임지고 있다. 콘 박사가 설명했듯이, 수세식 화장실이 발명된 지 거의 250년이나 지났음에도 불구하고 전 세계 인구의 절반에 가까운 약 35억 명이 안전하지 않은 위생 시설을 이용할 수밖에 없다. 그 결과 매년 5세 미만의 어린이 약 50만 명이 장티푸스나 설사, 콜레라와 같은 질병으로 목숨을 잃고 있다. 이는 연간 약 2,230억 달러의 의료비와 생산성 손실로 이어진다.

이에 빌&멀린다 게이츠 재단은 2011년 화장실을 재발명하고 위생 시설을 혁신하기 위한 도전에 착수했다. 목표는 위험한 병원균을 제거하고, 자원이 부족한 환경에서 폐기물을 유용한 자원으로 변환하며, 물이나 전력, 분뇨통 비우기 과정이 없어도 위생 상태를 유지할 수 있는 화장실을 만들어내는 것이었다.

지난 10년 동안 빌&멀린다 게이츠 재단을 비롯해 수많은 민간 기업과 단체에서 이 프로젝트에 수억 달러를 투자했다. 아직 가야 할 길이 많이 남아 있지만, 전 세계에 있는 수십 개의 기업이 노력하고 있다. 이는 세계 보건에 큰 이익을 선물할 것이며, 그 선물은 많은 사람이 생각하는 것보다 빨리 찾아올 것이다.

바이오테크놀로지를 포함한 기술 산업과 혁신적인 바이오테크놀로지 기업에는 지금까지 이야기한 여러 분야에서 세상을 바꿀 수 있는 막대한 잠재력이 있다. 그러나 치료법, 농업, 물과 위생, 발전 등 수많은 관련 분야에서 얼마나 많은 기업이 활동하고 있고 얼마나 많은 프로젝트가 추진되고 있는지를 조금이라도 아는 사람조차 너무 적다.

다시 한번 말하지만, 인류는 여러 측면에서 이제 막 이 여정을 시작했다고 볼 수 있다.

혁신이 가져온 인류의 진보와 부

인류는 혁신을 통해 항생제, 백신, 농업, 위생 시설, 발전 등 많은 분야에서 획기적인 변화를 가져온 구체적인 기술을 확보했다. 금융 혁신 역시 이 모든 변화를 이루는 데 필요한 진정한 부를 제공했다는 사실도 중요하다.

1996년부터 2022년까지 전 세계의 연구개발 지출은 약 5,550억 달러에서 2조 4,780억 달러 이상으로 350% 가까이 증가했다. 연구개발 지출 확대는 1999년의 닷컴 버블 붕괴나 2007년의 세계 금융 위기에도 불구하고 오늘날까지도 계속 이어져 왔다. 2021년에는 코로나19 팬데믹이 한창인 가운데서도 약 2조 3,500억 달러가 연구개발에 투자된 것으로 추정된다.

이와 같은 유형의 진보를 추정할 수 있는 또 다른 방법은 전 세계의 특허 출원 성장률을 살펴보는 것이다(그림 4.1 참조). 1980년부터 2020년까지 전 세계 특허 출원은 1980년 연간 약 65만 건에서 2020년 230만 건 이상으로 250% 넘게 늘었다. 심지어 2020년에는 코로나19 팬데믹에도 불구하고 2019년보다 더 많은 특허가 출원되었다(코로나19 위기에 대한 학계와 산업계의 대응이 특허 출원 건수 증가에 일부 도움이 되었을 가능성도 있다).

이 지점에서 연구개발 지출과 특허 출원이 인류의 진보는 물론이고 인류가 직면한 난해한 문제를 해결하는 데 중요한 요인임을 강조할

그림 4.1 전 세계 특허 출원 수(1985~2020년)

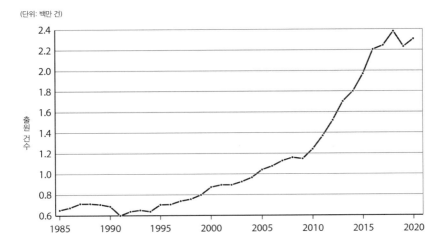

(단위: 백만 건)

[출처] 세계 지식재산권 기구(WIPO) 보고서 – 전 세계 특허 활동 통계

필요가 있다. 그리고 연구개발 지출이나 특허 출원에서 바이오테크놀로 지 산업이 차지하는 비중이 점점 높아지고 있는데, 이는 가장 흥미로우 며 거대한 변화를 가져올 수 있는 최첨단 과학 연구가 이 산업에서 가 장 많이 이루어지고 있다는 명확한 이유 때문이다. 또한 가장 강력한 기 하급수적 성장 가능성이 바이오테크놀로지 산업에 존재하기 때문이다.

두 가지 흐름은 미래에도 지속될 가능성이 매우 크며, 이러한 흐름 을 뒷받침하는 기반 기술이 기하급수적으로 더욱 강력해지고 융합의 기하급수적 효과가 발휘된다는 점을 고려할 때 그 속도는 점점 더 빨라 질 수 있다. 바이오테크놀로지의 기하급수적 발전이 다른 기술과 통신, 네트워크의 기하급수적 발전과 더해지면 상황은 훨씬 더 기하급수적으 로 변화할 것이다.

In Summary

4장의 주요 내용

지난 100년이 넘는 기간 동안 현대 의료와 제약, 바이오테크놀로지와 기타 기술 산업의 발전은 특히 전염병과 맞서 싸워 승리한 것처럼 인간이 하는 경험에 매우 의미 있는 진보가 일어나게 했다. 다음 장에서는 점점 커지는 항생제 내성 문제와 다양한 현대성 질병의 증가 추이를 살펴볼 예정이다. 앞으로 자세히 살펴보겠지만, 이 두 가지 현상은 모두 전염병을 상대로 인류가 거둔 승리와 관련이 있다.

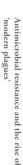

5장

항생제 내성과
'현대 전염병'의 등장

샐리 데이비스 교수의 저서《효과 없는 약 그리고 세계적 위협》으로 돌아가 보자. 이 책의 제목이 이렇게 결정된 이유는 항생제 개발이 지금까지 인류에 미친 엄청난 영향을 조명하고 항생제 내성^{antimicrobial resistance,} _{AMR}으로 불리는 심각한 문제와 '세계적 위협'을 경고하기 위해서였다. 데이비스 교수는 항생제 내성을 "기후 변화나 국제 테러만큼 중요하고 치명적"이라고 묘사한다.

데이비스 교수는 항생제가 인류의 평균 수명을 20년가량 연장했으며 외과 수술을 할 수 있도록 하는 등 지금까지 많은 혜택을 제공했지만, 지난 수십 년 동안 항생제의 효과가 점진적으로 감소하면서 이와 같은 혜택도 서서히 사라지고 있다고 말한다. 세계보건기구에서는 항생제 내성에 대해 다음과 같이 설명한다.

항생제 내성(AMR)은 박테리아, 바이러스, 곰팡이, 기생충 등이 시간이 지남에 따라 변화하여 더 이상 약물에 반응하지 않게 되면서 감염을 치료하기 어려워지고 질병 확산이나 중증 질환, 사망 위험이 증가하는 현상을 의미한다.

이처럼 약물에 대한 내성이 증가하면 항생제 및 기타 항생제가 효과를 잃게 되고 감염 치료는 점점 더 어려워지거나 불가능해진다.

새로운 위기에 맞서다

이 문제에 대응하기 위해 20개 이상의 바이오 제약 기업과 업계 컨소시엄에서 약 10억 달러를 기부하여 2020년 '항생제 내성 대응 기금'을 조성했다. 이 기금의 홈페이지에는 다음과 같은 내용이 있다.

현재 세계는 항생제에 내성이 있는 슈퍼박테리아가 통제되지 않고 퍼져나간 결과 매년 약 70만 명이 죽음을 맞이하는 조용하고 느리게 진행되는 세계적인 위협에 직면해 있다. 이러한 슈퍼박테리아는 나이나 국적과 관계없이 누구에게나 영향을 미칠 수 있다. 항생제 내성은 우리 모두에게 영향을 미치는 보편적인 문제다. 이 서서히 다가오는 세계적인 위기는 사망자 수나 경제적 비용 측면에서 코로나19와 비슷하거나 그보다 큰 영향을 끼칠 가능성이 있다.

2014년 12월 영국 정부의 요청에 따라 작성된 〈항생제 내성 리뷰 (AMR Review)〉라는 제목의 검토 보고서에서 짐 오닐[Jim O'Neil] 경과 연구진은 항생제 내성 문제가 해결되지 않는다면 발생할 경제적 비용이 2050년까지 100조 달러에 이를 것으로 추산했다. 이 숫자가 어떤 의미인지 이해하는 차원에서 언급하자면, 2022년 1월 국제통화기금은 코로나19의 총 경제적 비용을 12조 5,000억 달러로 추정했다. 항생제 내성 대응 기금은 다음과 같이 설명을 이어간다.

> 항생제 내성은 현대 의료의 모든 기반을 약하게 만든다. 우리는 사랑니 발치부터 장기 이식, 항암 화학요법에 이르기까지 수없이 많은 의료 행위를 항생제의 가용성에 의존하고 있다. 슈퍼박테리아는 의료를 페니실린 발견 이전인 19세기 수준으로 되돌릴 수 있으며, 그 당시에는 단순한 감염에도 사람들은 목숨을 잃었다.

기금 측에서는 항생제 내성이 관리되지 않으면 그로 인한 사망자가 2050년에는 매년 1,000만 명 이상으로 증가할 수 있다고 추정한다. 데이비스 교수가 자신의 저서에서 설명한 바와 같이, 우리는 항생제가 소중한 자산임을 인정해야 하며 정당한 이유가 있는 경우에만 사용하도록 행동을 바꿔야 한다. 그렇지 않는다면 인구의 40%가 치료할 수 없는 감염으로 인해 사망하는 시나리오로 이어질 수 있다.

눈을 크게 뜨고 다시 한번 읽어보자. 인구의 40%다! 비슷한 시나리오가 있다면 디스토피아적 미래를 그린 영화《매드 맥스》일 것이다. 하지만 이처럼 기하급수적으로 증가하는 문제에는 기하급수적으로 발전하는 해결 방안이 있을 가능성이 크다는 사실을 꼭 기억하자.

항생제 내성 행동 기금에 따르면 항생제에 관한 한 지속 가능한 시장은 존재하지 않는다. 항생제 개발을 위해서는 긴 시간 동안 복잡하고 불확실한 과정을 거쳐야 하다 보니 많은 후보 물질이 개발 과정에서 탈락하게 된다. 규제기관의 최종 허가를 받은 뒤 시장에 새롭게 출시된 항생제는 약효를 유지하고 내성 발현을 늦추기 위해 신중하게 사용된다. 이러한 접근방법은 공중 보건에 유익하기는 하지만 강력한 항생제 개발 파이프라인을 유지하는 데 필요한 투자를 유도하는 일에는 그다지 도움이 되지 않는다.

쉽게 말해서, '가끔' 사용하게 될 제품을 개발하는 데 수십억 달러를 투자할 사람은 없기 마련이다. 그리고 이것이 마지막으로 새로운 계열의 항생제가 발견된 것이 거의 30년 전인 이유다. 2011년 데이비스 교수가 책을 출간한 이후로 약간의 진전은 있었으나 여전히 부족한 수준이다. 2021년 7월 발표된 연구는 "새로운 항생제와 그 적응증의 수는 항생제 내성이나 환자의 수요에 부응하지 못하고 있다."라는 결론에 도달했다.

현재 항생제 내성 문제가 처한 심각한 상황은 경제학에서 말하는 '시장의 실패'를 보여주는 전형적인 사례다. 그렇지만 인류가 이 문제를 해결할 수 있다는 기대를 품을 수 있는 이유가 두 가지 있다. 바로 신기술의 출현과 시장의 참여자에게서 볼 수 있는 문제 해결 의지다.

우선 새로운 기술의 등장에 관해 이야기해보자. 미생물을 죽이는 완전히 새로운 방법을 연구하는 바이오테크놀로지 기업들이 이미 있다. 이는 내성이 그처럼 심각한 문제는 아니라는 의미일 수 있다.

그러한 기업 중 하나가 영국에 본사를 둔 데스티니 파마^{Destiny Pharma}다. 데스티니는 여러 해 동안 XF 플랫폼을 개발해 왔다. 홈페이지에 따르면 'XF 약물 플랫폼은 독창적인 초고속 메커니즘으로 박테리아가 약물에 내성을 갖게 될 가능성을 감소시킨다.' 이들은 자사의 XF-73 제품이 내성이 낮거나 전혀 없는 독특한 프로필을 가지고 있음을 입증할 수 있었다. 2021년 3월에 발표된 후기 제2상 임상 시험 결과에 따르면, 이 제품은 치료가 어렵고 치명적인 감염을 일으키는 메타실린 내성 황색 포도상구균(MRSA)을 99% 감소하는 데 성공했다.

아직은 제2상 임상 시험 단계일 뿐이다. 이 기술이 확실하게 효과가 있다는 것을 입증할 때까지 데스티니는 앞으로도 몇 년 동안 엄청난 연구개발비를 지출해야 하지만, 지금까지 보여준 성과는 분명히 고무적이다. 그러나 안타깝게도 데스티니는 2장에서 설명한 자본과 언론 보도 접근성 측면에서 문제를 겪는 기업중 하나다.

공상과학 영화에나 나올 법한 또 다른 흥미로운 기술은 바로 나노봇 기술이다. 나노봇은 인간의 머리카락 굵기의 수천 분의 1 크기의 '미세 로봇'으로, 몸속을 돌아다니며 뼈를 복구하거나 질병을 치료할 수 있는 기계 장치다. 이러한 종류의 기술은 수십 년 동안《스타 트렉》,《터미네이터》시리즈는 물론이고《쥬라기 공원》의 작가로 유명한 마이클 크라이튼이 쓴 베스트셀러 소설에도 등장했다.

지금까지 나노기술은 수천 건의 관련 특허가 출원되고 이 분야에서 이룩한 연구 성과로 여러 차례 노벨상을 받는 등 꾸준하게 발전해 왔다. 또한 나노기술은 인류가 진보하는 여러 핵심 분야의 최전선에서 중요한 역할을 하고 있다. 나노기술은 그 자체로도 흥미롭지만, 기존 항균 치료제와는 근본적으로 다른 작용 방식을 가지고 있다는 점에서 특히 항생제 내성 해결에 탁월한 효과를 발휘할 가능성이 있다.

낙관적인 마음을 가질 수 있는 또다른 이유는 최근 몇 년 동안 전세계 여러 지역에서 관련 업계와 정부, 규제 당국, 비정부 기구가 한데 모여 해결 방안을 찾기 위해 협력하고 있으며 해결 방안을 찾는 데 필요한 투자 자본을 투입하고 있다는 사실 때문이다. 이미 소개한 항생제 내성 행동 기금의 존재가 그 대표적인 예다. 바이오테크놀로지 기업 스물네 곳이 항생제 내성 문제를 해결하기 위해 적어도 10억 달러를 투입하겠다는 의지를 밝혔다는 사실은 그 자체로 상당히 고무적인 일이다.

또한 전 세계에서 이 문제를 해결하기 위해 수많은 프로젝트가 추진되고 있으며 활발하게 협력하고 있다. 2005년 스웨덴 국제개발협력청SIPA, 웁살라 대학 등의 자금 지원으로 설립된 리액트, 2011년 파리에서 창립된 세계 항생제 내성 반대 연맹, 그리고 이 연맹에서 2015년 처음 발간한 간행물인 AMR 컨트롤이 포함된다.

2014년 영국 정부의 요청에 따라 설립되어 2016년 오닐 경과 연구진이 최종 연구 결과를 발표한 항생제 내성 검토 위원회도 있다. 이후 영국은 2019년 1월 항생제 내성 문제에 대응하는 20년 비전과 5개년 행동 계획을 발표했고, 2019년 7월에는 국민보건서비스NHS와 국립보건임상연구소NICE가 혁신적인 항생제 사용 모델을 출범했다.

미국 정부와 식품의약국FDA이 역시 항생제 내성 문제를 해결하기 위한 다양한 프로젝트와 인센티브 프로그램을 마련했다. 여기에는 심각하거나 생명을 위협하는 감염 증세를 치료하기 위한 항생제 및 항진균제 개발을 촉진할 목적으로 2012년에 통과된 항생제 인센티브법GAIN Act

이 포함된다. 2016년에는 혁신적인 기업을 지원하기 위한 21세기 치유법(21st Century Cures Act)을 통과시켰다. 2020년에는 새로운 항생제 개발을 지원하기 위한 파스퇴르법(PASTEUR Act)이 발효되었으며, 의료보험 시스템인 메디케어의 항생제 비용 환급 제도를 개선하기 위한 디스암법(DISARM Act)은 의회 통과 중이다.

일본과 중국은 모두 2016년에 국가 차원의 항생제 내성 대응 계획을 발표했다. 그해 유엔 총회에서는 항생제 내성 문제를 다루는 고위급 회의가 열렸다.

전 세계 각지의 정부와 비정부 기구, 의료진, 바이오 제약 기업, 과학자와 연구원, 투자자가 가용한 협력 도구와 처리 능력을 활용하여 항생제 내성 문제를 정면으로 해결하기 위해 앞다퉈 나서고 있다.

나쁜 소식은 아직 끝나지 않았다

인류는 천연두를 퇴치했고, 콜레라, 간염, 말라리아, 소아마비, 광견병, 매독, 파상풍, 결핵 등 수많은 질병의 영향을 크게 줄였으며, 유아 사망률 감소나 기대수명 연장을 비롯하여 수많은 발전을 이루었다. 그리고 선진국에서는 상수도와 위생 시설을 당연하게 받아들이며, 개발도상국에서도 꾸준히 개선되고 있다.

인류가 이 모든 성과를 이뤄내는 동안, 불행히도 '현대성 질병(disease of modernity)' 또는 '현대 전염병(modern plague)'은 완전히 반대 방향으로 나아갔다. 이러한 질병으로는 꽃가루 알레르기나 견과류 알레르기, 습진과 같이 일상을 힘들게 하는 알레르기부터 천식, 당뇨병, 간질, 과민성 대장 증후군, 염증성 장 질환을 지나 류머티즘 관절염, 만성 소화 장애증(또는 셀리악병), 근염, 낭창(또는 루푸스) 등 다양한 자가면역 질환이 있다. 그리고 전 세계적으로 우울증 및 기타 정신질환, 비만 등이 증가하고 있다.

천식 유병률은 한 세기도 안 되는 기간 사이에 학교당 한 명에서 4분의 1 수준으로 높아졌다. 마찬가지로 땅콩 알레르기는 20세기 마지막 10년 동안 세 배 증가했고 그 후 5년 동안 다시 두 배로 늘어났다. 오랜 기간 비교적 정확한 기록이 관리되어 온 당뇨병의 경우를 살펴보자. 앨러나 콜렌^{Alanna Collen}은 자신의 책《10퍼센트 인간(10% Human: How Your Body's Microbes Hold the Key to Health and Happiness)》에서 다음과 같이 이야기한다.

미국 매사추세츠 종합병원의 의무 기록에 따르면 1898년까지 약 70년 동안 소아 당뇨병 사례는 소아 환자 약 50만 명 가운데 단 21명에 불과했다. 제2차 세계대전 직전부터 공식적으로 기록이 작성되면서 당뇨병 유병률을 추적할 수 있었고, 당시 미국과 영국, 스칸디나비아 지역에서는 어린이 5,000명 중 한두 명꼴로 당뇨병을 앓았다. 1973년까지 소아 당뇨병 유병률은 1930년대에 비해 6~7배나 증가했다. 1980년대에 이 증가세는 250명 중 한 명 수준으로 다소 완화되어 현재까지 유지되고 있다.

변화 추이를 한마디로 요약한다면 불과 한 세기 남짓한 시간 사이에 소아 당뇨병 유병률이 열 배에서 스무 배까지 상승한 것이다. 만성 소화 장애증은 1950년대보다 서른 배에서 마흔 배나 더 흔한 질병이 되었다.

비만율의 경우에는 1960년대 초반에도 미국에서 성인 인구의 13%가 이미 비만이었지만 1999년에 이 비율은 30%로 두 배 이상 높아졌다. 이 비율은 계속해서 상승하고 있으며, 현재 북미 지역에서는 성인의 70% 이상이 과체중이거나 비만으로 추정되고 있다. 다른 여러 선진국에서도 같은 현상이 나타나고 있다.

조상들에게 끔찍한 고통을 안겨준 수많은 감염병에서 인류는 엄청난 진전을 이루었지만, 전 세계에서는 많은 수의 다른 질병과 건강 문제가 놀라운 속도로 증가하고 있다.

해결책을 찾아서

한동안 많은 연구원과 임상의는 이러한 '현대성 질병'의 증가가 단순히 질병 진단 능력의 향상이나 어쩌면 과잉 진단의 결과일 것으로 추정했다. 2~30년 년 전에는 검사하지 않았던 것을 지금은 검사하거나 아니면 현재의 의료 시스템이 과거보다 특정 질병을 더 잘 진단한다면, 이러한 질병이 현저하게 증가하는 현상이 나타나게 될 것이다.

그러나 현대성 질병의 증가율이 단지 진단율 향상의 결과만은 아니라는 것이 분명해졌다. 연구원들이 진단율 증가라는 요인을 제거한 뒤에도 많은 현대성 질병이 실제로 상당히 증가하고 있다는 것이 밝혀졌기 때문이다.

전염병을 극복한지 얼마 지나지 않았는데 이제 인류는 만성 질환을 상대로 하는 싸움에서 지고 있는 것처럼 보인다. 그리고 이 두 가지가 서로 연관되어 있을 가능성이 점차 뚜렷해지고 있다. 이는 흔히 말하는 풍선효과의 사례일 수 있다. 풍선의 한쪽 끝에서 전염병 퇴치를 위해 항미생물제와 백신을 누를수록, 다른 한쪽 끝에서는 여러 가지 만성적 건강 문제가 폭발하면서 풍선이 부풀어 오르는 것이다.

여기서 두 가지 현상 사이의 인과관계를 보여주는 중요한 단서는 만성 질환이 선진국과 개발도상국에서 서로 다른 궤적을 따라 증가하는 모습을 보인다는 데 있다. 현대성 질병은 개발도상국보다 선진국에서 훨씬 더 많이 발생한다. 오카다[Okada] 박사 연구진이 《임상 및 실험 면역학》 저널에 발표한 바에 따르면 "알레르기와 자가면역 질환의 지리적 분포 양상은 다양한 전염병의 지리적 분포가 거울에 거꾸로 비친 이미지와 같다."《10퍼센트 인간》의 저자 콜렌은 "만성 질환과 풍요 사이의 상관관계를 뒷받침하는 증거가 상당히 축적되고 있다."라고 간결하게 정리했다.

한편 현대성 질병의 증가가 유전보다는 풍요가 낳은 결과라는 점도 명확해 보인다. 오카다 박사의 연구에서는 이를 다음과 같이 설명한다.

두 나라 국민의 유전적 배경은 같지만, 핀란드의 당뇨병 유병률은 인접한 러시아의 카렐리야 공화국보다 여섯 배나 높다. 또한 이민 연구에 따르면 당뇨병 유병률이 낮은 나라에서 온 이주민의 자녀는 빠르면 첫 세대부터 이주한 국가의 국민과 같은 유병률을 보인다. 이는 파키스탄에서 영국으로 이주한 이민자 가족의 당뇨병 발생 빈도가 높아지고, 미국으로 이주한 아시아 이민자의 다발성 경화증 발생 빈도 역시 높아지는 사례에서 나타난다. 또한 전신 홍반성 낭창도 아프리카계 미국인이 서아프리카인보다 훨씬 더 높은 유병률을 보인다.

심지어 한 나라 안에서 부와 만성 질환 사이에 상관관계가 있음을 보여주는 연구도 많다. 예를 들어 1990년대 초 동독이 서독과 통일한 후 진행된 한 연구에서는 서독의 어린이가 동독의 어린이보다 알레르기를 앓을 가능성이 두 배 높다는 결과가 나타났다.

요컨대, 어떤 나라가 전염병을 퇴치하는 데 성공하고 그 나라 인구가 부유해질수록 만성 질환은 더 큰 문제가 된다는 것이다. 전염병 퇴치와 만성 질환이 같은 동전의 양면이라는 점이 점점 더 분명해지고 있다.

결국 중요한 것은 미생물

인간 유전체 프로젝트Human Genome Project는 인간에게 20,000개에서 25,000개의 유전자가 있다고 추정했다. 이는 인간의 몸속이나 그 안에 서식하는 수조 개의 박테리아로 구성된 마이크로바이옴에 있는 유전자 수와 비교하면 극히 일부분에 지나지 않는다. 2019년 《사이언스데일리》가 보도한 바에 따르면, 하버드 의과대학의 한 연구팀에서는 "인체 내 미생물 유전자 세계의 크기를 추정하는 프로젝트에 착수하여 인간의 구강 및 장내 마이크로바이옴에 대한 모든 공개된 DNA 염기서열 데이터를 취합했다. 총 3,500개 남짓한 인간 마이크로바이옴 샘플을 분석했으며, 이 가운데 1,400개 이상은 구강에서, 2,100개는 장에서 채취했다.” 분석 결과, 3,500여 개의 샘플에서 4,600만 개에 가까운 박테리아 유전자가 발견되었다. 이를 토대로 연구팀은 전체적으로 볼 때 “인간의 모든 마이크로바이옴에 있는 유전자 수가 우주에 있는 관측 가능한 별의 개수보다 더 많을 수 있다.”라고 추정했다.

최근 몇 년 동안, 마이크로바이옴(미생물 군집의 유전체)과 바이롬(바이러스체)이 인간의 전반적인 건강에 극도로 중요한 역할을 한다는 사실이 점점 명확해지고 있다. 앞서 언급한 하버드 의과대학 연구팀에서는 다음과 같이 설명한다.

> 미생물이 질병과 건강을 조절하는 데 매우 중요한 역할을 한다는 사실을 보여주는 증거가 점점 늘어나고 있으며, 이러한 미생물의 역할은 충치와 장관감염부터 만성 염증성 장 질환과 당뇨병, 다발성 경화증에 이르기까지 다양한 질환의 발생과 높은 연관성이 있다.

전 세계적으로 전염병의 감소율은 만성 질환의 증가율과 상관관계를 보여왔다. 이제는 인류가 개발한 전염병 퇴치 기술과 생활 방식이 인체 내 미생물 균형에 끼친 영향과 관련이 있다는 사실이 분명해졌다.

이를 뒷받침하는 근거는 많은데, 그중에서도 가장 중요한 것은 인간의 면역체계 가운데 약 80%가 장에 있다는 사실일 것이다. 인간의 장에는 각자 개인의 고유한 박테리아인 마이크로비오타(전체 미생물 군집 또는 세균총)의 95%가 서식하고 있는 것으로 추정된다. 따라서 장내 마이크로비오타의 양이나 질은 면역체계의 효율적 기능과 인과관계가 있으며, 더 나아가 전반적인 건강과도 밀접한 상관관계가 있다.

내성의 확산과 장내 미생물 불균형

'장내 미생물 불균형dysbiosis'은 인간의 장내 미생물 군집이 손상되거나 균형을 잃은 상태를 가리키는 용어다. 지난 몇 년간 진행된 연구에 따르면 장내 미생물 불균형은 온갖 만성 현대성 질병뿐만 아니라 암, 비만 및 우울증을 포함한 광범위한 정신건강 문제와도 관련이 있는 것으로 나타났다.

임상의와 과학자, 영양학자는 장 건강과 전반적인 건강, 특히 정신건강 사이의 관계를 '장과 심리 증후군Gut and Psychology Syndrome, GAPS이라는 개념을 통해 설명한다. GAPS는 소화기 계통의 건강과 신경 질환, 우울증이나 불안, 조현병을 포함한 여러 정신질환 사이의 연관성을 설명하는 이론이다. 장내 미생물 불균형을 유발하는 여러 가지 원인을 살펴보면 전염병 감소와 만성 질환 증가 사이의 인과관계가 드러난다. 그리고 만성 질환이 풍요와 현대적 생활 양식의 결과로 나타나는 질병인 경우가 많은 이유도 분명하게 이해할 수 있다.

구체적으로 들어가 보면, 장내 미생물 불균형을 유발하는 위험 요인에는 대표적으로 과도한 당분 및 알코올 섭취와 같은 불균형한 식단이 포함된다. 또한 살충제나 소비재에서 흔히 발견되는 화학물질을 '우연히' 섭취하는 것도 위험하다. 항생제를 지나치게 많이 사용하거나 스트레스를 많이 받는 것도 위험하기는 마찬가지다. 이러한 위험 요인을 잘 살펴보면 모든 요인은 발전이나 풍요의 증가와 밀접한 관련이 있으며, 특히 항생제 사용과 연관성이 크다.

장내 미생물 불균형과 관련 있는 또 다른 요인은 위생 가설로 불린다. 미국 최고의 의료기관 중 한 곳인 메이요 클리닉에 따르면 "위생 가설은 어린 시절에 세균에 노출되면 면역체계가 발달하는 데 도움이 된다고 제안한다. 이와 같은 노출을 통해 인체는 예를 들어 천식을 유발하는 유해 물질과 해롭지 않은 물질을 구분하는 방법을 배우게 된다. 이론적으로 볼 때 특정 세균에 반복적으로 노출되면 면역체계가 과민 반응하지 않는 법을 학습하게 되는 것이다." 이는 "미국에서 빈곤층 어린이가 부유한 또래 아이들보다 음식 알레르기나 천식을 덜 앓는 이유를 설명할 수 있다."

위생 가설은 수많은 연구에서 시골이나 농촌에서 자란 아이들이 도시에 사는 또래보다 알레르기와 만성 질환 유병률이 낮은 것으로 드러난 이유이기도 하다. 2015년 《사이언스》에 게재된 마틴 스쿠이흐스 Martijn Schuijs 박사의 논문에 따르면 "농장에서 자란 사람들은 천식이나 알레르기를 앓는 경우가 드물다. 어린 시절 박테리아 성분이 포함된 공기를 흡입하여 면역체계의 전반적인 반응성이 감소했기 때문일 것이다."

이상에서 언급한 모든 문제를 설명하는 또 다른 요인으로 많은 문헌에서 언급된 것은 제왕절개 출산율의 증가다. 전 세계적으로 제왕절개 비율은 지난 15년 동안 두 배로 증가하여 21%에 이르렀으며, 의학 저널인 《란셋》에서 제왕절개의 '남용'이 '유행병' 수준에 이르렀다고 묘사하는 결과로 이어졌다.《란셋》이 이러한 견해를 밝힌 이유 중 하나는, 2020년《미생물학 프론티어》에 김경천 등이 발표한 논문에서 설명된 바와 같이 제왕절개를 통한 출산이 "신생아의 장내 마이크로비오타의 불안정이나 성숙 지연과 관련이 있으며, 결과적으로 소아 비만이나 천식, 면역 질환, 전염성 질환의 발병 위험 상승과 관련이 있기" 때문이다.

현대적이고 풍요로울 뿐만 아니라 소독에 지나치게 신경 쓰면서 특히 항생제를 대량으로 사용하는 등 의약품을 너무 많이 이용하는 생활 방식은 인간의 장내 마이크로비오타와 더 나아가 면역체계와 건강을 심각하게 손상할 수 있다는 점이 매우 명확해지고 있다. 그리고 이는 선진국을 중심으로 전 세계에서 만성적인 건강 문제가 크게 증가하는 원인을 설명하는 요인 중 하나일 가능성이다.

이는 분명히 나쁜 소식이다. 그러나 좋은 소식도 있다. 인류가 마침내 문제를 파악했으며 이를 해결할 방법을 찾아가고 있다는 것이다.

물론 인류는 현대성이 주는 엄청난 혜택을 잃고 싶지는 않을 것이다. 특히 항생제와 백신으로 전염병에 맞서 싸우는 능력을 잃어서는 안 된다. 앞서 인류의 역사에서 보았듯이, 이와 같은 혜택이나 능력을 포기하는 것은 인류가 수억 명이 불필요하게 사망할지도 모르는 세상으로 되돌아가는 것과 마찬가지일 것이기 때문이다. 예를 들어 그러한 세상에서 수술은 지나치게 위험해질 것이다. 그러나 동시에 인류는 현대성이나 항생제와 백신의 사용이 가져온 자연스러운 결과로서 당뇨병이나 비만, 우울증과 같은 수많은 만성 질환이 거침없이 증가하는 모습을 우리 사회가 계속 견디게 하고 싶지도 않다.

다행스럽게도 인류는 두 마리 토끼를 모두 잡을 가능성이 상당히 크다. 내가 그렇게 될 것으로 믿는 이유 중 일부는 사회에서 가장 부유한 사람들이 만성 질환의 유행을 피할 수 있는 능력을 스스로 보여주었다는 사실과 관련이 있다. 이들은 최신 건강 정보와 최고의 의료 서비스에 접근할 수 있는 시간과 경제적 여유가 충분하다. 경제 성장과 기술 발전은 점점 더 많은 사람들이 이러한 혜택을 누릴 수 있게 할 것이다.

수많은 현대성 질병을 해결할 수 있는 첫 번째 방법이 있다면, 이는 특히 아이들의 장내 마이크로비오타가 발달하는 과정에서 장내 미생물 불균형을 해소하는 능력에 달려 있을 것이다. 결국 우리의 장내 마이크로비오타 및 면역체계가 다양한 현대성 위험 요인으로 인해 과도하게 손상되지 않도록 해야 한다는 말이다. 이를 위해 필요한 것은 그저 몇 가지 정보와 더불어 장내 미생물 불균형과 건강 문제의 위험을 낮추는 일관된 행동을 하고 좋은 습관을 형성할 의지라는 점이다.

많은 이들에게 있어 망가진 장내 마이크로비오타를 회복하고 면역체계가 다시 효과적으로 기능하며 만성 질환을 줄이는 데 필요한 것은, '단지' 더 나은 식단과 영양, 프로바이오틱스가 함유된 건강 보조제, 그리고 당분 제한이나 수면, 운동, 스트레스 관리처럼 일상 활동에서 더 나은 생활 방식의 선택일 뿐이다.

In Summary

5장의 주요 내용

지난 100년 남짓한 세월은 보건 측면에서 롤러코스터를 탄 것과 같았다. 백신과 항생제가 인간의 삶을 단축하고 파괴해 온 질병 중 상당수의 위험을 줄이고 어떤 질병은 퇴치할 수 있었지만, 풍요로운 현대성은 이전에는 덜 유행하던 문제를 자극하여 당뇨병부터 우울증까지 새로운 전염병을 만들어냈다.

다음 장에서는 너무나 많은 현대적인 건강 문제와 현대성 질병의 증가를 멈추고 그 방향을 뒤집기 위해 만들어야 하는 여러 실질적인 변화를 기술적 진보를 통해 만들어낼 준비가 얼마나 되어 있는지, 그리고 그 과정에서 바이오테크놀로지 산업이 어떤 역할을 수행할 수 있을지 살펴볼 예정이다.

6장
바이오테크와
맞춤형 건강

지금까지 항생제와 백신의 개발 이후 현대 의료가 전염병을 상대로 거둔 성과를 알아보았고, 기술적 진보가 폭발적으로 발생한 풍요와 광범위한 현대성 질병과 어떠한 인과관계를 갖는지 검토했다. 이번 장에서는 현대성 질병과 건강 문제를 해결할 수 있는 다양한 방법을 살펴보고, 그 과정에서 바이오테크놀로지를 비롯한 관련 기술의 발전이 얼마나 중요한 역할을 할 것인지를 논의할 것이다.

건강관리 앱의 등장

최근 몇 년 사이 웰니스(웰빙과 건강을 뜻하는 피트니스의 합성어로 신체적·정신적·사회적 건강이 균형 잡힌 상태-옮긴이)나 식단, 영양, 운동에 관한 관심이 폭발적으로 증가했다. 코로나19와 그로 인한 봉쇄 정책이 유발한 불가피한 일시적 '멈춤' 이후 미국의 피트니스 산업은 2020년 약 1,000억 달러에서 2028년 4,000억 달러 이상으로 매출이 네 배 이상 성장할 것으로 전망된다.

가장 빠르게 성장하는 부문은 '온라인 및 디지털' 분야로, 향후 수년간 연간 30% 이상의 성장률을 기록할 것으로 예상된다. 스마트폰을 가지고 있는 사람이라면 누구나 다양한 종류의 고품질 앱을 통해 건강이나 피트니스, 식단, 영양에 대한 더 나은 정보를 저렴하고 편리하게 얻을 수 있다. 이른바 헬스케어 앱을 사용하는 사람은 빠르게 증가하고 있으며, 이러한 앱이 앱 사용자에게 긍정적인 영향을 미칠 수 있는 다른 습관을 유지하는 데 꾸준히 도움을 줄 수 있다는 징후도 나타나고 있다. 마넬 발카르세-토렌테Manel Valcarce-Torrente 등이 2021년 10월 발표한 연구에 따르면 "앱 사용자의 72%가 운동 앱을 사용하는 것이 일일 운동 목표를 달성하는 데 동기를 부여한다고 생각하는 것으로 나타났다."

명상이나 마음 챙김 앱에 대한 관심도 폭발적이다. 많은 연구에서 명상이 스트레스, 불안 및 우울증 감소, 통증 및 중독 관리, 수면의 질 개선, 혈압 감소 등 신체적 및 정신적 건강에 상당한 도움이 될 가능성을 시사했다. 스트레스가 감소하고 수면의 질이 개선되는 것만으로도 환자에게 분명히 이점이 있다는 측면에서 마음 챙김이 암과 같이 심각한 질병을 치료할 때도 도움이 될 수 있다는 연구 결과도 존재한다.

2017년 엘리자베스 블랙번Elizabeth Blackburn 박사와 엘리사 에펠Elissa Epel 박사는 자신들의 저서 《늙지 않는 비밀(The Telomere Effect)》에서 건강, 특히 노화 속도에서 '텔로미어telomere'가 어떠한 역할을 하는지 설명한다. 미국 국립보건원 산하 국립 인간 유전체 연구소에 따르면 텔로미어는 염색체 끝에 있는 반복적인 DNA 염기서열 부위로 염색체가 닳거나 엉키지 않게 보호한다. 세포가 분열할 때마다 텔로미어는 점점 더 짧아진다. 결국 텔로미어가 너무 짧아져 나머지 세포가 더 이상 성공적으로 분열하지 못하면 해당 세포는 죽게 된다. 《늙지 않는 비밀》에서 저자는 텔로미어가 "노화 진행 속도에 직접적인 영향을 얼마나 많이 미치는지" 보여주면서 "명상 훈련이 텔로미어 조절 개선을 포함하여 건강에 유익한 여러 효과가 있을 수 있음을 보여주는 증거가 점점 더 늘어나고 있다."라고 지적한다. 또한 2020년 1월 영국 의학저널에 발표된 연구에서 제안된 것처럼, '염증과 텔로미어의 길이, 장내 마이크로비오타, 정신질환' 사이에 서로 연관성이 있을 가능성이 크다는 점도 흥미롭다.

명상의 전반적인 가치를 보여주는 증거는 더 있다. 팀 페리스^{Tim Ferriss}는 여러 권의 탁월한 책을 쓴 《뉴욕타임스》 선정 베스트셀러 작가이자 비즈니스 팟캐스트인 〈팀 페리스 쇼〉의 진행자다. 지난 몇 년 동안 페리스는 세계 최고의 성과를 달성한 인물 700명 이상과 인터뷰를 진행해 왔다. 그의 인터뷰 대상자 목록에는 리처드 브랜슨, 아놀드 슈워제네거, 에릭 슈미트, 마크 저커버그, 휴 잭맨, 케빈 코스트너, 매들린 올브라이트, 레이 달리오 등이 포함된다.

2016년에 출간된 페리스의 책 《타이탄의 도구들》에는 진행자로서 저자가 인터뷰한 셀럽 수십 명의 이야기가 담겨 있으며, 이들에게서 공통으로 관찰할 수 있는 습관을 소개하는 부분도 별도로 있다. 저자가 가장 먼저 강조하는 습관은 "인터뷰 대상자의 80%가 넘는 사람이 매일 어떤 형식으로든 명상이나 마음 챙김을 실천한다."라는 사실이다.

페리스가 인터뷰한 사람들이 하는 일이 천차만별이라는 점에서 나는 명상과 마음 챙김에 주목한 이 이야기가 가장 흥미로웠다. 어떤 형식으로든 명상이나 마음 챙김을 실천하는 성인의 비율이 2012년 이후로 세 배 이상 증가했다는 사실은 긍정적이다. 사람들에게 명상하는 방법을 알려주는 스마트폰 앱인 〈캄〉은 지금까지 1억 3,500만 회 이상 다운로드 되었으며, 2017년 애플이 선정한 '올해의 앱'으로 뽑히기도 했다. 〈캄〉의 경쟁 앱인 〈헤드스페이스〉 또한 7,000만 회 이상 다운로드 되었다.

전 세계 곳곳에서 사람들은 점점 더 건강이나 피트니스, 식단, 영양, 정신건강에 초점을 맞춰 생활하고 있다. 수억 명의 사람들이 이미 저렴하거나 무료인 스마트폰 앱이나 기타 온라인 서비스를 통해 앞서 이야기한 것처럼 필요한 정보를 얻고 특정 프로그램이나 습관을 꾸준히 유지하는 방식으로 일상생활에서 건강을 위해 기울이는 노력에 도움을 받고 있다.

이처럼 건강 및 피트니스 앱을 이용하고 식단을 개선하는 사람들이 많아지면 당뇨병이나 비만, 우울증 같이 심각한 건강 문제를 해결할 수 있다는 이야기는 다소 순진한 생각처럼 들릴 수 있다. 그러나 과학은 이러한 변화를 만드는 데 필요한 답과 도구를 점점 더 많이 만들어내고 있으며, 이를 전 세계 인구에서 점점 더 높은 비율의 사람들에게 전달하고 있다.

실제로 스마트폰 앱이 사람들이 건강, 피트니스, 식단 및 다른 주요 습관을 개선하는 데 있어 강력한 기폭제가 될 수 있다는 증거가 쌓이고 있다. 한편 머지않은 시간 내에 광범위하게 채택될 가능성이 있으며 변화의 기폭제로서 강력한 힘을 발휘할 수도 있는 또 하나의 융합 기기로는 증강 현실 안경이 있다. 세계 최고의 기술 기업 여러 곳은 AR 안경을 스마트폰의 자연스러운 진화로 여기고 있으며, 그에 따라 알파벳(구글), 애플, 메타(페이스북), 마이크로소프트, 스냅챗 등은 관련 기술 개발에 수십억 달러를 투자하고 있다.

　AR 안경의 고급 버전은 이미 외과 수술이나 디자인, 건축 분야에서 사용되고 있다. 가까운 미래에는 AR 안경이 스마트폰만큼 널리 사용될 가능성이 있다. 이는 세계 최고의 기술 기업에서 연구개발을 책임지는 사람들이 가진 견해와 일치한다. 발라지 스리니바산Balaji Srinivasan은 미국의 주요 벤처캐피털 기업인 앤드리센 호로위츠의 파트너이며 이전에는 《MIT 테크놀로지 리뷰》가 선정한 '35세 이하의 혁신가'에 포함됐다. 스리니바산은 '최적주의(세상이 현재와 같이 존재하는 이유는 다른 대안보다 낫기 때문이라는 견해-옮긴이)'라는 표현을 통해 AR 기술이 가진 잠재력을 설명한다.

　향후 수년 내에 음성 인식 기능이 탑재된 AR 안경과 손목밴드나 반지 같은 웨어러블 기술이 결합하면 실시간 모니터링이 가능한 헤드업 디스플레이를 통해 건강의 모든 측면을 추적할 수 있을 것이다. 더불어 올바른 식단과 운동 프로그램을 선택하도록 유도하는 정기적인 알림을 편리하게 받을 수 있으며, 다양한 방식으로 스트레스 수준을 낮추는 데도 도움을 받을 수 있을 것이다.

　이러한 종류의 기술이 광범위하게 채택되고 정보 접근성이 꾸준히 개선되며 실생활에서 활용할 수 있는 탁월한 제품이 등장한다면, 항생제와 백신이 전염병 감소에 이바지했던 것처럼 수많은 현대성 질병의 발생 속도를 늦추거나 발생 사례를 상당히 줄일 수 있을 것이다.

기하급수적으로 발전하는 과학

그렇지만 현대성 질병의 문제를 해결하는 능력은 단순히 더 나은 기술이 가져오는 생활 방식의 개선에만 국한되지 않는다. 건강에서 마이크로바이옴, 바이롬, 유전체가 중요한 역할을 한다는 점은 분명하다. 이들 각각에 대해서는 앞으로 자세히 다루겠지만, 여기서 먼저 간략하게 설명할 필요가 있어 보인다. '마이크로바이옴' 또는 간단히 바이옴은 박테리아나 균류처럼 몸 안이나 표면에 서식하는 마이크로비오타(미생물)의 집합과 그들의 유전자를 포괄하는 개념이다. 또한 바이옴의 일부로서 우리 몸에 존재하는 모든 바이러스 세포로 구성되는 '바이롬'도 있다. 참고로 한 사람의 몸 안에 있는 바이러스 세포의 수는 약 10조 개에 달한다. 여기에다 각자 자신만의 유전적 구성인 '유전체'도 있다. 결정적으로 가장 중요한 사실은 (마이크로)바이옴과 바이롬, 유전체는 모두 사람마다 서로 매우 다르며 믿을 수 없을 정도로 개인적이다.

우리의 건강 상태와 질병은 수백만 개의 박테리아 유전자, 수조 개의 박테리아 세포 및 바이러스 세포, 2만여 개의 인간 유전자 사이의 복잡하고 개별적인 상호작용이 낳은 결과다. 또한 환경과 식단, 생활 방식, 스트레스 수준이 만든 결과이기도 하다. 이 지점에서도 낙관적인 생각을 가질 수 있는 이유가 있다면, 이는 세 요소 사이의 복잡한 상호작용을 분석하고 이해할 수 있는 능력 덕분일 것이다. 2001년부터 2011년까지 구글의 CEO를 지낸 에릭 슈미트는 다음과 같이 이야기한다.

화학자는 아침에 일어나서 '오늘은 여기 일곱 가지 화합물을 시도해 보겠어.'라고 말합니다. 일곱 가지 화합물을 시험해 보지만, 그중에 아무것도 성공하지 못하죠. 그렇게 오후 다섯 시가 되면 화학자는 집으로 가서 저녁을 먹고 생각에 잠겼다가 텔레비전을 본 뒤에 잠자리에 듭니다. 다음 날 아침이 되면 화학자는 또 다른 일곱 가지 화합물을 생각해 내겠죠. 컴퓨터는 하루에 1억 가지의 화합물을 시험할 수 있습니다. 컴퓨터의 이 놀라운 능력이 화학자가 하는 일에 촉진제로 작용하여 엄청난 가속 효과를 가져오는 것입니다.

매우 중요한 이야기다. 오늘날 바이오테크놀로지 산업은 그 어느 때보다도 혁신적인 분석 도구와 처리 능력, 협업 능력을 보유하고 있으며, 이러한 도구와 능력은 기하급수적인 속도로 발전하고 있다. 시간이 지날 때마다 엄청나게 복잡한 마이크로바이옴과 바이롬, 유전체를 이해하는 인간의 능력은 향상되며, 그 결과 가장 해결하기 어려운 건강 문제에 대한 효과적인 해결 방안을 개발할 가능성도 더불어 커진다. 그리고 사람들이 건강에 도움이 되는 올바른 선택을 하도록 유도할 수 있는 다양한 앱이나 웨어러블 기기와 같은 기술이 꾸준히 발전함에 따라 이 가능성은 다시 한번 더 커진다.

개인적인 이야기 – 손상된 바이옴이 일으킨 일

앞서 우리는 건강에서 마이크로바이옴이 얼마나 중요한 역할을 담당하는지, 그리고 마이크로바이옴이 손상된 상태를 의미하는 장내 미생물 불균형이 얼마나 해로울 수 있는지를 살펴보았다. 특히 마이크로바이옴이 건강에 미치는 영향에 개인적으로 관심이 있는 이유는 2008년 내가 궤양성 대장염^{ulcerative colitis, UC}이라고 불리는 질환을 진단받았기 때문이다. 이 병명을 들어본 적 없는 이들을 위해 설명하자면(사실 나도 진단 전까지는 들어보지 못했다), 궤양성 대장염은 크론병과 함께 염증성 장 질환^{IBD}을 대표하는 질병 가운데 하나다.

2015년 미국의 질병통제예방센터^{CDC}는 미국 성인의 1.3%, 즉 약 300만 명이 염증성 장 질환을 앓고 있으며, 5장에서 제시한 온갖 이유로 인해 그 발생 빈도가 증가하고 있다고 발표했다. 궤양성 대장염과 크론병은 모두 일상생활이 어려워지는 심각한 질병이다. 증상은 상당히 가벼운 수준부터 생명을 위협할 수 있어서 강력한 약물을 투여하거나 장 절제 수술을 시행해야 할 정도로 심각한 수준까지 매우 다양하다.

2008년 처음 궤양성 대장염을 진단받았을 때부터 2018년까지 내 상태는 견디기 어려울 정도로 힘들고 삶의 질이 떨어졌으며 엄청난 스트레스의 원인이 되었다. 이러한 이야기를 들려주는 것은 다행히 지금과 같이 증상이 없는 상태로 돌아오는 과정에서 내가 건강에 대해 많이 배웠으며 특히 건강에서 마이크로바이옴이 차지하는 중요성을 알게 되었기 때문이다. 또한 당시 바이오테크놀로지 산업에서 일하면서 이 분야의 기업을 만날 기회가 있었고 앞서 언급한 다양한 기술과 치료법을 활용할 수 있었다는 점도 궤양성 대장염 증상에서 벗어나는 데 적지 않은 도움이 되었다.

심각한 만성 질환을 앓는 끔찍한 경험 속에서도 기어코 찾아낸 긍정적인 소식은 내가 마이크로바이옴에 대해, 장이 전반적인 건강에 얼마나 중요한지에 대해, 그리고 그에 따른 결과로서 식단이나 건강 보조제를 비롯한 생활 방식을 선택하는 일과 관련하여 정말 중요한 몇 가지 사실을 배웠다는 것이다. 특히 생활 방식 선택의 문제에 있어서는 여전히 많은 사람이 그 중요성을 제대로 이해하거나 실천하지 못하고 있다. 내가 읽고 배운 바에 따르면 궤양성 대장염을 앓은 결과로 알게 된 많은 교훈은 광범위한 다른 만성적인 건강 문제와 다양한 현대성 질병에도 폭넓게 적용될 수 있다.

게놈, 건강의 비밀을 풀다

대부분 자기 자신의 유전체, 즉 유전적 구성이 외모에서 피부색이나 머리카락 색, 눈동자 색 등 많은 부분을 결정한다는 점을 잘 알고 있을 것이다. 유전체는 각종 질병의 발생뿐만 아니라, 태어나면서부터 특정 질병이나 건강 문제를 겪을 가능성에서도 중요한 역할을 한다.

독자 여러분도 할리우드 영화배우 안젤리나 졸리가 몇 년 전에 유방암 및 난소암 발병 위험을 낮추는 예방 차원에서 선택적 수술을 받았다는 사실을 기억할 것이다. 졸리는 BRCA1 유전자로 불리는 유방암 유전자를 가지고 있었는데, 이 유전자가 유방암과 난소암 발병 위험을 크게 높인다는 사실이 과학적으로 입증된 상태였다. 이런 이유로 졸리는 선제적 조치로 수술을 선택했다.

한편 유전체가 신체적 건강뿐 아니라 정신건강에도 영향을 미친다는 점은 비교적 분명해 보인다. 옥스퍼드대학교의 정신건강의학과는 2020년 5월 발표된 "정신건강 문제를 겪을 가능성이 큰 사람들의 뇌에 존재하는 공통적인 연결 패턴을 밝혀낸" 연구를 인용했다. 연구 결과에 따르면 "이러한 방식으로 '연결'된 뇌는 어느 한 가지 문제가 아니라 조현병, 우울증, 불안, 양극성 장애 등 다양한 정신건강 문제와 연관성이 있다." 유전자와 정신질환 사이의 관계는 이제 많은 과학자와 의료진이 점점 더 강력하고 정교하게 발전하는 분석 도구를 활용하여 연구하는 대상이 되었다.

여기서 중요한 점은 누구나 특정한 건강 문제나 질병, 정신질환에 유전적으로 더 취약할 수는 있지만, 그러한 위험을 줄이기 위해 개인적으로 할 수 있는 일이 상당히 많다는 사실이다. 먼저 식단부터 바꿀 수 있으며, 특히 마이크로바이옴을 개선하기 위해 노력할 수도 있다.

마이크로바이옴과 유전체학의 힘

각자의 유전체가 식단 선택에서 중요한 역할을 하며, 반대로 우리가 선택한 식단도 유전체에 많은 영향을 미친다는 사실이 점점 더 분명해지고 있다. 새롭게 떠오르는 분야인 '영양학적 유전체학nutritional genomics'에서는 바로 이 관계에 주목한다. 이 분야는 크게 영양유전체학과 영양유전학으로 나뉜다. 케임브리지대학교 PHG재단의 조애나 자누스Joanna Janus에 따르면 "영양유전체학은 영양이 유전체 조절에 미치는 영향을 평가한다. 반대로 영양유전학은 영양 프로세스(섭취, 소화, 흡수, 동화, 배출 등 음식을 생화학적으로 대사하는 다섯 단계-옮긴이)를 조절하는 구체적인 유전적 변이를 연구한다." 간단히 말해서 인간의 유전적 구성은 영양을 흡수하는 능력에 영향을 미칠 수 있으며, 특히 장기간에 걸친 영양의 질은 유전자의 기능에 영향을 미칠 수 있다. 유전체와 영양은 결국 서로 영향을 주고받는 순환 관계에 있는 것이다.

유전자가 식생활에 영향을 미칠 수 있다는 개념은 수십 년 전부터 존재해 왔다. 초기에는 의료계나 과학계에서 그다지 진지하게 받아들여지지 않았지만, 학계 주변부에서 활동하는 다수의 영양 전문가가 이 광범위한 세계관을 바탕으로 특정 식단을 권유하기 시작했다. 그중에 비교적 잘 알려진 예로는 혈액형에 따라 식단을 다르게 준비하는 방식이 있는데, 이 방식은 특히 1990년대에 인기를 끌며 관련 도서가 수백만 부 판매되기도 했다. 이 이론의 주장은 특정 혈액형 집단은 채식 위주 식단에 더 반응하는 반면 다른 혈액형 집단은 육류나 생선을 중심으로 하는 식단을 더 선호한다는 것이다.

예를 들어 북유럽인과 수렵·채집인은 그들이 살던 환경과 생활 방식에 따라 자연스럽게 생선이나 육류 중심의 고단백 식단을 섭취하는 경향이 있었다. 수천 년에 걸쳐 이러한 식단에 적응했다는 점에서 이들에게는 고단백 식단이 더 건강에 좋을 것이라는 의미였다. 반면 인도차이나반도처럼 농경사회였던 지역에서 대부분의 열량을 식물과 곡물에서 얻은 사람들에게는 채식 위주 식단이 더 적합할 것이라는 이야기다.

하지만 얼마 지나지 않아 많은 과학자와 임상의는 대규모 데이터 분석을 통해 혈액형에 따른 식단 이론에서 구체적인 오류를 발견한 뒤에 여기에는 과학적 근거가 거의 또는 전혀 없다고 주장했다. 그러나 혈액형 식단 이론이 잘못된 방향이었는지는 몰라도, 이제는 유전적 구성과 식단 간의 복잡한 상호작용이 건강에 많은 영향을 미치며 자신에게 적합한 식단을 찾는 과정에서도 중요한 요인이라는 사실에는 의심의 여지가 없어 보인다.

유전적 요인에 기반한 식단과 관련 있는 이야기로는 특정 인종 집단, 특히 지금도 전통적인 생활 방식을 유지하는 집단이 건강할 것이라는 아이디어가 있다. 이는 상당히 위험하고 단순한 발상이다.

이와 관련해 자주 언급되는 대표적인 두 가지 사례는 동아프리카의 마사이족과 그린란드, 알래스카에 사는 이누이트족이다.

상당수의 텔레비전 다큐멘터리에서는 마사이족과 이누이트족 사람들이 지방과 단백질은 풍부하나 채소와 과일은 상대적으로 적은 식단을 섭취하는데도 불구하고 선진국에서는 흔한 질환의 유병률이 낮다는 사실에 주목하면서 이들이 먹는 단백질 및 지방 중심의 식단 덕분일 것이라고 시사했다. 미디어가 찾아낸 이른바 '결론'은 앳킨스 식단과 같은 고단백·고지방 식단(우리나라에서는 '저탄고지' 식단으로 더 잘 알려져 있음-옮긴이)이나 육식 식단을 지지하는 사람들이 자신의 견해를 뒷받침하는 근거로 자주 인용한다.

이렇게 주장하는 이들의 반대편에서는 채식 위주나 엄격한 채식 식단을 지지하는 이들이 다른 인종 집단의 사례를 든다. 잘 알려진 예로는 일본 오키나와인이나 중국 농촌 지역의 주민들이 있다. 2009년 크레이그 윌콕스^{Craig Willcox}와 연구팀이 오키나와 주민을 대상으로 연구한 결과에 따르면 오키나와인들은 "평균 수명이 길고 100세 이상의 인구 비율이 높으며 노화와 관련 있는 질병의 발병 위험이 낮은 것으로 알려져

있다." 또한 해당 연구에서 오키나와인들의 식단은 "채소와 과일 위주로 구성되어 식물성 생리활성 물질과 항산화 성분이 풍부한 데 비해 육류는 상당히 적다."라는 사실도 주목받았다.

또 다른 유명한 연구로는 1980년대에 코넬대학교와 옥스퍼드대학교 학자들이 중국 예방의학 아카데미와 함께 진행한 연구가 있다. 영양 연구 센터는 이 연구를 다음과 같이 설명한다.

> 이번 연구는 지금까지 중국 프로젝트라는 이름으로 수행된 연구
> 중 가장 포괄적인 영양 연구로 평가받고 있다. 당시 중국에서는
> 사람들이 평생 같은 지역에서 거주하면서 지역별로 고유한 식단
> 을 계속 섭취하는 경향이 있다는 점에서 연구진에게 독특한 기
> 회가 아닐 수 없었다. 또한 지방은 적고 식이섬유와 식물성 재료
> 가 풍부한 중국인들의 식단은 서구 세계의 고열량 식단과 극명
> 하게 대조되기도 했다.

중국 농촌 지역의 식단이 철저히 식물 위주였던 덕분에 연구진은 식물 위주 식단과 동물 위주 식단을 비교할 수 있었다. 연구 결과는 식물 위주의 영양 섭취를 강력하게 지지했다. 이처럼 마사이족이나 이누이트족에게서 발견한 이른바 '증거'와 오키나와인이나 중국 농촌 지역의 주민에게서 나온 '증거'가 함께 존재한다. 건강을 유지할 가능성을 극대화하고 싶다면 채식 위주나 엄격한 채식 식단을 유지해야 한다고 과학적으로 증명하는 책을 찾을 수 있는가 하면, 정반대로 육류와 지방을 충분히 섭취하고 탄수화물 섭취는 제한해야 한다고 과학적으로 증

명하는 책도 많이 볼 수 있다. 이렇듯 혼란스럽고 모순되는 조언이 존재할 수 있는 이유는 무엇일까?

최근 몇 년 사이 일어난 과학적 발전은 그 답이 비교적 간단하다는 점을 시사한다. 그간 충분히 검토되지 않은 요인이 존재하기 때문이다. 온갖 식단 연구 가운데 박테리아와 바이러스가 담당하는 역할, 즉 마이크로바이옴, 바이롬, 유전체가 담당하는 역할을 충분히는 아니더라도 조금이라도 고려한 연구가 거의 없었다.

과학계는 식단에서 유전자가 하는 역할에 점점 더 많은 관심을 기울이고 있다. 의학 및 건강 정보 서비스 기업인 헬스라인^{Healthline}에 게재된 글에 따르면 "지난 수십 년 동안 진행된 영양 연구가 증명한 한 가지가 있다면, 그것은 모든 사람에게 적합한 식단은 없다는 사실이다. 많은 요인이 작용하겠지만 특정 식단이 어떤 사람에게는 건강에 도움이 되지만 다른 사람에게는 효과가 없는 원인 중 한 가지는 유전적 차이에 있을 수 있다."

하지만 단순히 유전자만의 문제를 넘어서고 있다는 증거가 상당히 많다. 우리가 지내는 환경과 몸속 유전자, 식단, 생활 방식은 모두 각자의 몸속에 존재하는 수조 개의 박테리아 세포와 바이러스 세포에 영향을 미치고, 이는 다시 우리의 건강에 영향을 미친다. 《사이언스데일리》에 따르면 2019년 펜실베이니아 대학교 연구진은 "마이크로바이옴은 생활 방식을 반영한다. 반려동물이 있으면 반려동물과 미생물을 공유하게 된다. 고기를 먹는 사람의 장내 마이크로바이옴은 엄격한 채식 식단을 하는 사람과 다를 수 있다."라는 사실을 발견했다. 농장에서 자란 사람의 마이크로바이옴은 맨해튼 중심부에서 자란 사람의 마이크로바이옴과 근본적으로 다를 것이며, 일본 남부에서 성장한 사람의 마이크로바이옴도 북극권에서 자란 사람의 마이크로바이옴과 크게 다를 것이라는 말이다.

결국 마이크로바이옴은 영양을 흡수하는 방식, 즉 음식에 반응하는 방식에서 본질적으로 중요한 역할을 한다. 오키나와나 알래스카, 탄자니아에 사는 이들이 서로 극단적으로 다른 식단을 섭취하면서도 선진국에서는 흔한 온갖 질병의 유병률이 낮은 이유는 이러한 마이크로바이옴의 역할에 기인한다. 유전자와 식단 모두 중요하지만 더욱 중요한 것은 어쩌면 두 요인과 우리 몸속 마이크로바이옴 구성 사이에서 일어나는 복잡한 상호작용일지 모른다.

비만과 마이크로바이옴

이와 같은 생각이 얼마나 설득력 있는지를 보여주는 사례로 비만을 살펴보면 도움이 될 것이다.

우리 대부분은 지난 수십 년 동안 비만을 둘러싸고 끝없이 이어진 논쟁에 익숙하다. 뚱뚱한 사람은 의지가 부족해서 너무 많이 먹고 너무 적게 운동하기 때문에 체중 문제를 겪는다고 주장하는 소위 '비만 차별주의자'가 있다. 반대편에서는 체중을 조절하지 못하는 원인이 의학적 문제나 대사 장애처럼 다른 요인에 있다고 주장한다.

2019년 8월 영국 BBC 뉴스 진행자 마이클 버크^{Michael Buerk}는 영국 사람들이 가장 많이 보는 주간지 하나에 "당신이 뚱뚱한 것은 너무 많이 먹기 때문이다."라는 글을 기고해 엄청난 논란을 불러일으켰다. 버크의 발언에 대한 사람들의 감정적인 반응은 비만이 우리 사회에서 얼마나 깊숙이 자리 잡은 논쟁거리인지 보여주었다. 과체중이거나 비만한 수많은 사람은 이들의 생각에 동의하지 않으면서 자신도 비만 상태를 어떻게 할 수 없다고 주장한다.

과학은 점점 양측의 입장이 모두 틀릴 가능성이 상당하다는 점을 보여주고 있다. 첫째, 비만은 단순히 섭취한 열량과 소비한 열량을 입력하면 정답이 나오는 함수가 아니다. 둘째, 비만한 사람도 자기 상태를 바꿀 힘이 있다. 하지만 우리 대부분이 평생 따르던 습관이나 과체중인 사람들 대다수가 시도해 봤던 해결 방안처럼 식단이나 열량 제한에만 집중해서는 문제를 해결할 수 없다.

'어떤 사람이 비만해질까?'라는 질문은 박테리아와 바이러스, 즉 장내 마이크로바이옴이 하는 역할과 엄청나게 큰 연관성이 있으며, 단지 무엇을 먹는지 그리고 운동을 얼마나 많이 하는지를 보고 결정할 수 있는 문제가 아니다. 2021년 7월 빙난 리우Bing-Nan Liu 등이 《세계 소화기학 저널》에 발표한 연구에 따르면 "비만은 장내 마이크로비오타와 밀접한 관련이 있으며, 장내 마이크로바이옴에 관한 연구는 비만 환자의 장내 환경을 재구성할 기반을 제공한다." 해당 연구에서 저자는 비만 환자에서 관찰되는 장내 마이크로비오타의 특성, 비만을 유발하는 메커니즘, 환경과 유전, 장내 마이크로비오타 사이의 관계를 살펴본 뒤에 다음과 같은 결론에 도달했다.

장내 마이크로비오타의 불균형은 비만과 밀접한 연관성이 있는 것으로 나타났다. 많은 장내 미생물이 비만과 관련 있는 것으로 확인된 것이다. 이와 같은 미생물은 숙주의 에너지 흡수를 증가시키고 식욕을 높이며 지방 저장을 촉진할 뿐만 아니라 만성 염증을 유발하고 생체 리듬을 통제하는 방식으로 비만을 유발하고 그 상태를 악화시킨다.

이는 매우 중요한 발견이다. 2015년 앨러나 콜렌이 쓴《10퍼센트 인간》의 2장은 정원솔새라는 작은 새에 관한 흥미로운 이야기를 소개하면서 시작한다. 다른 새와 마찬가지로 정원솔새도 북반구의 겨울을 나기 위해 유럽에서 사하라 남부 아프리카까지 최대 6,400킬로미터를 이동한다. 콜렌에 따르면, 이 작은 새는 멋진 여행을 시작하기 전에 몸에 지방을 축적하는 방식으로 힘든 비행과 먹잇감 부족에 대비한다. 불과 몇 주 사이에 이 새는 날렵한 17g에서 눈에 띄게 통통한 37g으로 몸무게가 두 배 이상 증가한다. 인간으로 치면 극단적인 비만 상태가 되는 것이다. 정원솔새는 이동 전 매일 엄청나게 많은 먹이를 섭취하면서 매일 정상 몸무게의 약 10%씩 늘린다. 몸무게가 60kg 남짓한 사람이 매일 6kg씩 지방을 축적해 140kg에 도달하는 것과 같다.

연구진이 정원솔새가 추가로 섭취한 열량을 분석했을 때 "정원솔새가 추가로 섭취한 먹이만으로는 늘어난 몸무게를 충분히 설명할 수 없었다." 그러나 콜렌이 지적한 놀라운 점은 갇혀 있는 정원솔새에게 일어난 일이다. 여름이 끝나고 이동을 앞둔 시기에 갇혀 있는 새들도 계속 몸무게가 늘어나 결국 지나치게 비만인 상태가 된다. 흥미로운 점은 야생 상태에 있던 정원솔새가 목적지에 도착하는 정확한 시점에 그동안 새장에 갇혀 긴 비행을 전혀 하지 않은 새들에게서도 여분의 지방이 완전히 빠져나갔다는 사실이다.

정원솔새의 비만 사례는 동물 세계에서 찾아볼 수 있는 가장 놀라운 현상으로, 체중 증가와 감소에 단순히 섭취한 열량 이상의 요인이 작용할 수 있음을 시사한다.

콜렌이 스웨덴 예테보리 대학교의 프레드릭 백헤드[Fredrik Backhed]와 워싱턴주립대학교 세인트루이스 캠퍼스의 제프리 고든[Jeffrey Gordon]을 비롯한 연구진이 수행한 연구 결과를 인용하면서 이야기는 더욱 전개된다. 지난 2004년 연구진은 생쥐의 장내 미생물이 바뀌면 몸무게에 영향이 있는지 연구했다. 한 실험에서 특정 집단의 생쥐에서 몸무게가 14일 만에 60%나 증가했으나 이들 생쥐의 음식 섭취량은 상대적으로 더 적었다는 결과가 나타났다. 비만에 취약한 장내 마이크로비오타를 가진 생쥐는 몸무게가 크게 늘었지만, '정상' 또는 '날씬한' 장내 마이크로비오타를 가진 생쥐에게서는 몸무게 증가를 관찰할 수 없었다. 모든 생쥐가 같은 양의 음식을 섭취했으며, 심지어 일부 사례에서는 비만한 생쥐가 음식을 덜 섭취했는데도 말이다. 연구진의 일원인 피터 턴보[Peter Turnbaugh]가 계산한 바에 따르면 "비만 마이크로비오타를 가진 생쥐는 음식에서 열량을 2% 더 많이 흡수하고 있었다."

턴보가 계산한 2%가 큰 의미가 있는 것처럼 보이지 않을 수도 있지만, 콜렌은 이 정도 수준의 차이가 인간에게 어떤 변화를 가져올 수 있는지를 간단한 예를 들어 설명한다.

체중이 62kg인 여성이 하루에 2,000칼로리를 섭취한다고 가정했을 때, 만약 '비만' 마이크로비오타로 인해 하루에 2%의 열량을 더 흡수한다면 이는 매일 40칼로리를 더 흡수하는 것과 같다. 만약 그렇게 더 흡수한 열량을 쓰지 않는다면 매일 추가된 40칼로리는 적어도 이론적으로 연간 1.9kg의 체중 증가로 이어질 수 있으며, 10년이면 몸무게가 19kg나 늘어난다는 의미다. 바로 이 여성의 장내 박테리아가 음식에서 추가로 흡수한 2%의 열량 때문이다.

이는 어쩌면 비만 논쟁에 종지부를 찍을지도 모르는 '결정적인 증거'가 될 수 있다. 매일 섭취하는 열량에서 2%를 더 추출하여 인체에 흡수되도록 장내 마이크로비오타가 도와주는 사람은, 그러한 영향을 받지 않는 사람에 비해 병적으로 비만해질 수 있는 것이다.

우리는 이미 《세계 소화기학 저널》에 게재된 연구를 통해 누군가의 마이크로바이옴이 식욕 수준도 높일 수 있다는 사실을 알고 있다. 지금쯤이면 어느 한 사람의 아주 개인적인 미생물 '단체 손님'이 그 사람의 비만 방지 노력에서 얼마나 중요한 역할을 하는지를 쉽게 이해할 수 있을 것이다.

바이러스 역시 비만의 메커니즘을 이해하는 데 도움이 될 것 같다. 특히 아데노바이러스36은 이미 비만과 연관성이 있는 것으로 알려져 있다. 지난 수십 년 동안 미국에서 비만이 유행병처럼 퍼져나간 모습을 나타낸 지도를 보면 마치 어떤 전염병이 미국 인구 전체를 휩쓸고 지나가는 것과 같은 인상을 준다. 박테리아와 바이러스가 여기서 중요한 역할을 한다면, 둘 다 한 사람에게서 다른 사람으로 옮겨갈 수 있다는 점에서 그 지도를 직관적으로 이해할 수 있을 것이다.

또한 마이크로바이옴에 상당한 유전 가능성이 있다는 점도 주목할 필요가 있다. 이는 비만 현상이 가족 사이에서 자주 나타나는 이유를 어느 정도 설명한다. 비만한 성인의 자녀는 유전적으로 비만에 취약할 수 있다. 어머니로부터 손상된 마이크로바이옴을 물려받았을 위험과 부모의 안 좋은 습관과 생활 방식을 물려받았을 위험이 더해지면 비만 가능성은 한층 더 커진다. 많은 경우 자녀는 부모의 환경까지도 물려받는다. 그리고 자녀가 태어난 직후 가족이 전혀 새로운 지역으로 이사하지 않는다면 당연히 그 환경에 존재하는 미생물도 물려받게 된다.

이 모든 요인은 어떤 한 사람이 비만이 될 위험을 높인다. 사회 전반적으로 비만 사례가 증가함에 따라 비만 문제는 시간이 가면서 점점 더 심각해질 것이다. 그렇다고 해서 비만하거나 비만 위험이 있는 사람에게 상황을 뒤집을 힘이 없다는 의미는 아니다. 특히 의료진이나 영양 전문가가 마이크로바이옴과 장내 미생물 불균형이 얼마나 중요한 역할을 하는지 이해하기 시작한다면 변화는 가능할 것이다. 비만이 매우 복잡하고 여러 요인이 영향을 미치는 문제이기는 하지만, 이 문제를 해결할 수 있는 핵심 열쇠 중 하나는 마이크로바이옴이 하는 역할에 초점을 맞추는 데서 찾을 수 있다는 것을 시사하는 증거가 점점 나타나고 있다. 비만을 포함한 광범위한 질병이 마이크로바이옴의 손상, 즉 장내 미생물 불균형과 관련이 있음을 보여주는 연구가 점점 늘어나고 있다. 따라서 비만 치료 계획과 그 외 다양한 건강 문제를 해결하는 방법의 핵심적인 구성 요소로서 장내 미생물 불균형 해소를 고려하는 것이 논리적으로 타당할 것이다.

손상된 마이크로바이옴은 우리가 먹는 음식의 열량 흡수율을 높이고 식욕을 구조적으로 증가시키며 주요 영양소를 흡수하는 능력을 감소시켜서 결과적으로 다시 배고픔을 유발할 수 있다. 이 사실은 비만으로 고통받는 사람들이 다이어트만으로는 그 고통에서 벗어나지 못하는 이유를 설명하는 데 어느 정도 도움이 된다.

아무리 건강한 식단을 준비하더라도 장내 마이크로비오타의 질이 좋지 않다 보니 건강한 식단이 주는 혜택을 제대로 누리지 못한다면 아무 의미가 없다. 마찬가지로, 정원솔새나 실험실 생쥐의 사례처럼 만약 어떤 사람의 장내 마이크로비오타가 구조적으로 섭취한 음식에서 더 많은 열량을 흡수하는 방향으로 바뀐다면, 건강한 마이크로바이옴을 가진 사람들과 비교할 때 더 적은 열량을 섭취해도 체중이 늘어날 가능성이 매우 크다.

처음에는 이러한 사실이 체중 문제로 고군분투하는 사람들에게 매우 불공평하게 느껴질 수 있다. 그러나 장내 미생물 불균형이 중요한 원인일 가능성이 커질수록, 비만한 각 개인이 비만 문제를 해결하는 데 있어 식단이나 열량 제한 같은 접근방법보다 훨씬 더 많은 주도권을 가질 수 있다.

마이크로바이옴 회복하기

다시 한번 말하지만, 장내 미생물의 역할에 대한 인식이 점점 높아지고 있을 뿐만 아니라 이 문제를 해결하는 방법에 대해서도 점점 더 많이 이해하고 있다는 점이 중요하다. 만약 손상된 마이크로바이옴이 비만의 기저 원인 가운데 하나라면, 좋은 소식은 현재 인류가 이를 회복하는 상당히 좋은 방법을 개발하기 시작했다는 것이다.

발효 식품에 담긴 고대의 지혜

2021년 7월 미국 스탠퍼드대학교 의과대학에서 소규모 임상 시험 결과를 발표했다. 연구에 따르면 "피실험자에게 10주 동안 발효 식품이 많이 포함된 식단을 제공한 결과 마이크로바이옴 다양성이 증가했고 면역 반응이 개선되었으며 염증의 분자적 신호가 감소했다." 미생물학 및 면역학 전공 부교수인 저스틴 손넨버그 Justin Sonnenburg 교수는 "매우 놀라운 발견입니다. 이 연구는 단순한 식단 변화만으로도 건강한 성인 집단의 장내 마이크로비오타를 재구성할 수 있음을 보여준 첫 번째 사례로 기록될 것입니다."라고 언급했다.

많은 건강식 애호가는 오랫동안 발효 식품의 이점을 강조해 왔다. 터키의 케피어, 독일의 사우어크라우트, 일본의 낫토, 한국의 김치, 인도네시아의 템페, 중국이 원산지인 콤부차, 북극권 지역 주민이 먹는 발효한 고래 고기와 상어 고기, 노르웨이와 스웨덴에는 락피스크와 수르스트뢰밍이라는 이름으로 알려진 청어까지 다양한 발효 식품이 존재한다.

발효 식품은 전 세계의 여러 문화와 시대에 걸쳐 다양한 지역에서 발전해 왔다. 적당량을 섭취하면 장내 미생물 다양성이 증가하는 효과가 나타나는 맥주나 와인과 같은 알코올음료가 세계적으로 발전한 것과 유사하다. 더 많은 연구가 필요하겠지만, 이러한 발효 식품이 장내 마이크로비오타에 긍정적인 영향을 미치며, 더 나아가 건강에도 좋은 영향을 미칠 가능성이 크다는 점이 이제는 어느 정도 분명해졌다. 발효 식품 섭취가 최근 들어 건강에 관심이 많은 소비자들 사이에서 다시 인기를 얻고 있다는 사실도 분명하다.

또한 비만을 비롯한 각종 질병과 특히 장내 마이크로바이오타 악화와 밀접하게 관련 있는 원인으로 인해 급격히 증가했을 가능성이 큰 현대성 질병을 치료하는 데 모든 종류의 발효 식품이 유익하다는 것도 확실해 보인다. 다만 발효 식품의 효과는 그 종류만큼 상당히 다양하다. 그리고 선택할 수 있는 가짓수가 너무 많고 지금까지 대규모 학술 연구가 비교적 적게 이루어졌기 때문에 '질병 치료 목적'의 권장 섭취량을 정확하게 정하기도 어려운 실정이다. 장내 미생물 불균형으로 인해 아프거나 비만해진 사람은 매일 케피어나 콤부차를 1리터씩 마셔야 할까? 또는 낫토를 100그램씩 섭취해야 할까? 아니면 김치를 한 접시씩 먹어야 할까? 이도 저도 아니면 일주일 동안 이들 가운데 몇 가지를 골고루 섭취해야 할까?

이와 같은 접근방법은 특히 비만이나 질병으로 고생하는 이들의 식단을 더 복잡하게 만들 뿐이라는 점을 고려할 때 시행착오가 따를 수밖에 없다. 따라서 환자가 효과가 좋은 '프로바이오틱스'를 섭취하여 장내 마이크로바이오타를 회복하는 것이 간단한 해결 방법이 될 수 있다. 프로바이오틱스는 쉽게 말해서 장내 미생물 불균형을 해소하여 건강상 도움이 될 것으로 기대하는 살아있는 미생물이 함유된 제품이다. 일반적으로 '유익균'을 함유하고 있다는 설명이 적혀 있고, 액체나 분말, 정제나 캡슐 형태로 쉽게 구할 수 있다.

심프로브

이번 장의 앞부분에서 내가 2008년에 궤양성 대장염을 진단받았던 이야기를 소개했다. 내 건강 문제에서 장내 미생물 불균형이 중요한 부분을 차지할 가능성을 이해하게 되면서, 나는 몇 년 동안 여러 종류의 프로바이오틱스와 케피어와 같은 프로바이오틱 식품을 시도해 봤지만 별다른 효과는 없었고 증상은 여전히 계속 이어졌다.

그러다 2015년 즈음 우연히 심프로브^{Symprove}라는 액상 프로바이오틱스 제품을 알게 되었다. 심프로브를 몇 주간 사용한 뒤에 내 증상은 완화되었고, 이후로 2년 정도 이 제품을 때때로 사용하면서 몇 가지 중요한 생활 방식을 바꾼 결과 궤양성 대장염 증상에서 완전히 벗어날 수 있었다. 현재는 염증성 장 질환과 연관성이 있는 증상이 전혀 나타나지 않은 지 몇 년이 지났다. 물론 내 경험은 하나의 사례일 뿐이고 별로 과학적이지 않다는 점을 잘 알고 있다. 임상 시험에서 피실험자 수를 의미하는 n이 1에 불과한 개인적인 경험일 뿐이다. 하지만 'n=1'인 개인적 경험이라는 사실이 그다지 중요하지 않다고 생각한다.

개인적인 경험을 통해 형성된 제품에 대한 신뢰를 바탕으로 나는 심프로브라는 기업에 대해 조금 더 깊이 알아봐야겠다고 생각했다. 궤양성 대장염을 진단받고 얼마 뒤에 나는 페이스북에서 약 58,000명이 활동하는 크론병 및 궤양성 대장염 그룹에 가입했다. 내가 심프로브를 처음 알게 되었을 때 이 페이스북 그룹에 있는 사람들 가운데 이 제품을 들어본 적이 있는 사람을 찾기 힘들었다. 이들 가운데 상당수는 심각한 부작용을 수반하는 강한 약을 먹거나 심지어 장을 잘라내는 것처럼 삶의 질이 완전히 달라지는 수술을 받으며 고통받고 있었다. 그런 가운데 나는 모든 증상에서 벗어났으며 이 소중한 경험을 나처럼 좋은 결과를 맞이할지도 모르는 사람들에게 공유하고 싶었지만, 누구도 이 제품을 알지 못했던 것이다.

조사 결과 심프로브는 비교적 작은 규모의 비상장 기업이었지만 분명히 성장하고 있었다. 2020년 7월에는 런던에 새롭게 설립된 사모펀드인 bd-캐피탈과 대규모 투자 계약을 체결했다. bd-캐피탈이 배포한 보도자료에는 이번 장에서 이야기한 중요한 내용이 여러 가지 언급되었다.

> 장 건강을 개선하는 방법에 관한 관심은 최근 몇 년간 과학적 연구와 의학 분야의 발전 덕분에 기하급수적으로 증가했다. 과학계와 의료계에서는 마이크로바이옴을 구성하는 박테리아의 다양성과 균형이 과민성 장 증후군이나 염증성 장 질환과 같은 장 질환뿐 아니라 파킨슨병, 치매, 심혈관 질환, 기분, 정신건강 등 다른 많은 질병과 질환에도 영향을 미친다는 사실을 계속 밝혀내고 있다. 아직 초기 단계이지만, 다양한 많은 질병에 시달리는 사람들의 마이크로바이옴이 덜 다양하거나 불균형한 상태인 경향이 있다는 점은 명확해졌다.

심프로브가 수많은 경쟁 제품과 차별화되는 핵심 요인은 충분한 양의 살아있는 박테리아를 우리 몸속의 장에 잘 전달할 수 있는 것이었다. 발효 식품이나 프로바이오틱스 제품에 함유된 유익균은 대부분 산성이 매우 강한 위를 잘 통과하지 못한다. 이와 관련하여 심프로브에서는 다음과 같이 설명한다.

> 소화를 하려면 많은 양의 강한 위산이 필요하다. 음식과 함께 위
> 로 전달되는 박테리아는 이처럼 강한 산성 환경에 노출되어 살
> 아남을 가능성이 낮다. 그런데 심프로브는 수용성 제품이라 소화
> 활동을 촉진하지 않는다. 활발하게 살아있는 유익균이 위를 살
> 아서 통과하면 할수록 장을 점령하고 그곳에서 대량으로 서식할
> 기회가 많아진다.

다양한 건강 문제에서 심프로브가 임상적으로 효과가 있다는 구체
적인 증거를 확보하려면 인간을 대상으로 하는 연구가 더 많이 필요할
것이다. 하지만 수많은 제품 사용자의 경험과 여러 핵심 의료진과 과학
자의 의견에 따르면 심프로브는 최소한 과민성 장 증후군과 염증성 장
질환에 효과가 있을 가능성이 매우 크다.

당연한 이야기겠지만 심프로브가 이 분야에서 활동하는 유일한 기
업은 아니다. 바라건대, 장내 미생물 불균형은 오늘날 만연한 심각한 건
강 문제의 상당수가 증가하는 핵심적인 원인으로서 훨씬 더 많은 관심
과 주목을 받게 될 것이다.

이미 살펴본 바와 같이, 장내 미생물 불균형은 광범위한 건강 문제
의 원인으로 지목받고 있다. 윙 인 쳉[Wing Yin Cheng] 등이 의학 저널 《거트》
에 발표한 연구에 따르면 "장내 미생물 불균형은 비만, 당뇨병, 신경퇴
행성 질환, 암 등 다양한 병리적 상태 발달의 원인이 된다." 또한 2019
년 파토루소[Fattorusso] 등이 발표한 다른 연구는 장내 미생물 불균형과 자

폐증 사이의 연관성에 관해 이렇게 언급했다. "최근 수년간 많은 연구가 장과 뇌 사이의 양방향 통신, 즉 '장-뇌 축$^{gut-brain\ axis}$'에 주목하면서 자폐 스펙트럼 장애의 발달에서 장내 마이크로비오타가 보조 요인으로 작용할 가능성에 관한 관심이 커지고 있다."

여기서 나는 프로바이오틱스를 사용하여 장내 미생물 불균형을 해소하는 것이 전 세계에 확산하는 비만이나 정신건강 문제의 '정답'이라거나 모든 현대성 질병의 해결 방안이라고 주장하려는 것이 아니다. 다만 효과적인 프로바이오틱스의 사용이 괜찮은 출발점이 될 수 있으며 더 많은 연구와 관심이 필요하다는 점은 분명해 보인다.

적어도 의료 전문가 집단에서 진지하게 검토해야 하지만 현재로서는 그러한 일은 거의 일어나지 않고 있다. 그 이유는 내게는 다소 놀랍고 우려스럽기까지 하다. 세계적으로 임상의 대다수가 영양에 관한 교육을 거의 또는 전혀 받지 못하고 있기 때문이라는 것이다. 이에 관해 의학박사인 마이클 그레거$^{Michael\ Greger}$는 자신의 저서 《죽지 않는 방법 (How Not to Die)》의 서문에서 다음과 같이 이야기한다.

우리가 섭취하는 식단은 조기 사망의 첫 번째 원인이자 장애의 첫 번째 원인이다. 당연한 말이지만, 식단은 의과대학에서 가장 먼저 가르쳐야 하는 내용이어야 한다. 하지만 안타깝게도 그렇지 않다. 최근에 전국적으로 조사한 바에 따르면, 영양학 과목을 하나 이상 개설한 의과대학은 전체의 25%에 불과한 것으로 나타났다.

미국에서 영양학 과목을 개설한 얼마 안 되는 의과대학조차도 그 중요성을 충분하게 강조하지 않는다.

영국이라고 사정이 크게 다르지는 않으며, 나는 이 현실을 직접 경험하기도 했다. 처음 궤양성 대장염을 진단받았을 때 담당 의사는 이 질환이 식단과 거의 무관하다고 언급했다. 그날 이후 내가 배운 것을 고려하면 이는 내가 지금까지 의료인에게서 들었던 가장 황당한 발언 중 하나였다고 생각한다.

대다수 의사가 의과대학에서 5~6년간 공부하면서도 영양학 교육을 두 시간도 받지 못한다. 다행스럽게도 변화의 방향은 고무적이다. 예를 들어 이러한 상황을 타개하기 위해 영국 브리스톨대학교 의과대학 학생이었던 이안 브로들리Iain Broadley와 앨리 재피Ally Jaffee는 지난 2017년 '의학교육 시스템 내에서 영양과 생활 방식 관련 교육 확대의 필요성'을 홍보할 목적으로 뉴트리탱크를 설립했다. 오늘날 뉴트리탱크는 25개 이상의 영국 내 의과대학에 프랜차이즈 형태로 도입되었고, 영국 국민 보건서비스의 장기 계획에 도움을 제공하고 있다.

나는 바로 이와 같은 풀뿌리 운동이 시간이 지나면서 실질적인 변화를 만들어낼 것이라고 믿는다.

미량 영양소

마이크로바이옴의 회복과 관련 있는 다른 퍼즐 조각은 비타민이나 미네랄과 같은 미량 영양소다. 론다 패트릭Rhonda Patrick 박사는 인간의 건강에서 미량 영양소가 하는 역할에 관해 강연하는 미국의 연구 과학자다. 패트릭 박사는 '결핍' 대신 미량 영양소 '불충분'이라는 개념을 강조하면서 이를 이렇게 설명한다. "불충분하다는 것은 잇몸이 상하는 것처럼 임상적으로 측정할 수 있는 증상이 나타날 정도로 부족하지는 않은 상태를 의미한다. 하지만 불충분한 상태에서는 예를 들어 콜라겐이 제대로 생성되지 않을 것이다."

여기서 패트릭 박사의 논지는 현대적인 식단이 건강에 필수적인 다양한 비타민과 미네랄 같은 미세 영양소가 불충분한 상태를 초래한다는 것이다. 이는 결핍처럼 단기간 내 심각한 건강 문제를 유발하지 않기에 현재의 질병 관리 시스템에서는 발견되지 않는다. 하지만 미량 영양소가 수년 동안 불충분한 상태가 이어지면 만성 질환의 발병 위험이 증가할 가능성이 크다. 게다가, 마이크로바이옴이 미세 영양소의 효과적인 흡수에서 중요한 역할을 한다는 점을 고려하면 장내 미생물 불균형은 불충분 상태를 악화할 가능성도 매우 크다.

현재 수많은 사람이 미세 영양소의 중요성을 직감적으로 이해하고 있으며, 그 결과 전 세계의 건강 보조제 산업의 규모는 수백억 달러에 이르렀다. 그러나 시중에 판매되는 많은 제품의 품질과 생체 활성, 제품의 효능에 대해서는 여전히 의문이 남아 있다.

여기서도 마이크로바이옴이 중요한 역할을 할 가능성이 크다. 장내 마이크로비오타가 손상된다면 아무리 좋은 건강 보조제를 섭취하더라도 미량 영양소의 흡수율이 떨어질 것이기 때문이다.

간헐적 단식

마이크로바이옴 회복과 관련하여 패트릭 박사와 같은 전문가가 추천하는 또 다른 방법은 간헐적 단식이다. 이 접근방법은 건강상 여러 이점이 있다는 측면에서 최근 몇 년 사이 많은 지지를 받고 있다. 가장 눈에 띄는 효과는 전체 열량 섭취를 줄여 체중 감소로 이어질 수 있다는 것이다. 이보다 더 중요한 것은 간헐적 단식이 인슐린 민감성과 혈당 조절은 물론이고 세포 복구와 전반적인 신진대사 건강에도 도움이 될 수 있다는 점이다.

간헐적 단식은 자가포식autophagy이라는 과정을 촉발하는데, 이는 손상된 세포와 세포 구성 요소를 분해하고 재활용하여 독소를 제거하는 과정이다. 최근 연구에 따르면 간헐적 단식은 심장 건강 개선, 염증 감소, 인지 기능 강화, 알츠하이머병이나 파킨슨병과 같은 신경퇴행성 질환의 예방에 도움이 된다. 흥미롭게도 간헐적 단식은 장내 마이크로비오타의 다양성과 구성을 개선하고 미생물 복원력을 높인다.

건강에서 최적의 결과를 얻기 위해서는 모든 기초를 탄탄하게 다지는 것이 중요하다. 즉, 적절한 양과 질의 식단, 건강한 마이크로바이옴 조성, 미량 영양소를 충분히 공급하기 위한 건강 보조제 섭취다. 이들 세 가지 요소는 서로 밀접하게 연결되어 있어서, 그중 어느 하나라도 빠지면 각종 질환이나 비만, 정신건강 문제가 발생할 위험이 커지고 건강수명, 즉 질병 없이 건강하게 살 수 있는 기간을 심각하게 단축할 수 있다. 그런데도 많은 이들이 최적의 건강을 추구하는 과정에서 세 가지 중 하나 이상을 놓치고 있다.

산소 – 우리가 잊고 지낸 영양소

사실 세 가지 요소 못지않게 중요한 네 번째 요소가 있다. 바로 호흡과 호흡하는 행위가 하는 역할이다.

산소는 여러 영양학자와 연구 논문에서 '잊혀진 영양소'라고 불려왔다. 산소는 먹는 것이 아니다 보니 식단 프로그램을 실행하거나 건강을 최적화할 때 그 중요성을 간과하는 경향이 있다. 우리는 단백질이나 지방, 탄수화물, 비타민, 미네랄에 관해 많은 시간을 고민한다. 이 책에서 내가 이야기한 내용을 받아들인다면 장내 마이크로비오타의 구성에 관해서 생각할지도 모른다. 그러나 호흡 습관을 고려하는 경우는 매우 드물다.

하지만 수많은 생물학적 프로세스에서 호흡이 결정적인 역할을 한다는 사실을 고려할 때 이는 아주 심각한 문제다. 단 몇 분만 산소가 공급되지 않아도 생명이 위태로워진다는 사실을 떠올린다면 산소의 중요성을 실감할 수 있다. 생명 유지에 있어 산소 다음으로 중요한 단백질, 지방, 비타민 C나 심지어 물조차도 산소와 같은 결정적인 특징을 갖지는 않는다.

산소가 생명 유지에 가장 결정적인 요소라는 현실에도 불구하고 사람들은 대부분 호흡에 관해 충분히 자주 생각하지 않으며 호흡 문제에 별달리 집중하지도 않는다. 호흡은 자동으로 일어나는 활동이라는 이유로 거의 모든 사람은 살아가는 동안 호흡을 의식적으로 생각하거나 산소 '섭취'를 최적화하려 노력하지 않는다.

운동의 주요 이점 중 하나는 산소 섭취량이 늘어난다는 점이다. 적당하거나 격렬한 운동은 심박수와 호흡수를 증가시키며, 이는 운동이 건강에 좋은 이유 중 하나다. 그러나 운동할 때 호흡을 명확하게 인식하는 사람은 드물며, 운동 외 시간에는 대부분 평소 무의식적으로 하는 호흡으로 돌아갈 가능성이 크다.

이러한 현실이 수많은 만성 질환이 유발되는 또 다른 이유일 수 있다. 다양한 연구를 통해 인류의 선조는 오늘날 우리 대부분보다 훨씬 더 활동적이었다. 자급자족하던 수렵인과 농민은 하루에 수만 보를 걸었고 자주 달리곤 했다. 이와 같은 활동성 차이가 현대성 질병이 개발도상국보다 선진국에서 훨씬 더 흔한지를 어느 정도는 설명할 수 있다.

한편 앞부분에서 규칙적인 명상 활동이 건강에 도움이 될 수 있다는 것을 보여주는 다양한 증거를 살펴보았다. 명상의 주요 특징 중 하나는 호흡에 집중하는 것이다. 하루에 단 몇 분이라도 명상하는 사람은 그 시간 동안 호흡에 집중하게 된다. 이는 명상이 건강에 긍정적인 효과가 있는 이유를 비교적 쉽게 설명하는 요인일지도 모른다.

종합적으로 보면 규칙적으로 운동하고 명상하는 사람은 둘 다 하지 않는 사람보다 일주일 동안 더 많은 산소를 섭취하게 된다. 시간이 지날수록 이는 그 사람의 건강에 긍정적인 영향을 미칠 가능성이 크다. 그런데 매일 운동하고 명상한다고 해도 일주일에 몇 시간에 불과하다. 그리고 나머지 대다수 시간에는 평소처럼 무의식적으로 호흡하므로 최적의 산소량을 섭취하지 못한다. 특히 스트레스를 받으면 얕은 호흡을 하게 된다.

따라서 매일 가능한 한 자주 의식적으로 호흡에 집중하는 것은 다양한 건강 문제로 건강 문제로 힘든 시간을 보내는 이들에게는 아주 좋은 습관이 될 것이다. 2020년 비소설 분야의 베스트셀러 가운데 하나였던 제임스 네스터[James Nestor]의 《호흡의 기술(Breath: The New Science of a Lost Art)》은 호흡의 과학적 배경을 시작으로 건강의 수많은 요소에서 호흡이 얼마나 중요한지, 우리가 호흡을 얼마나 잘못하고 있는지, 현재 우리가 호흡을 얼마나 하찮게 여기고 있는지를 흥미롭게 설명한다. 저자는 다음과 같이 이야기한다.

> 호흡기학, 심리학, 생화학 및 인간 생리학 분야에서 근래에 진행한 연구는 우리가 숨을 들이마시고 내쉬는 방식을 조금만 조정하더라도 운동 능력을 끌어올리고 내장 기관을 다시 젊게 만들며 코골이, 알레르기, 천식 및 일부 자가면역 질환을 방지할 뿐만 아니라 심지어 척추를 곧게 펴는 데도 도움이 된다는 것을 밝혀냈다. 이 모두는 실제로 가능하다.

《호흡의 기술》에서 저자는 인간의 호흡 패턴이 지난 수천 년 동안 극적으로 변했다는 사실을 뒷받침하는 강력한 증거를 제시하고 고대의 특정 호흡법이 가지는 장점을 강조한다. 특히 입보다 코로 호흡하는 것이 중요하다고 이야기한다.

호흡과 건강에 좋은 스트레스

네스터는 《호흡의 기술》에서 여러 명의 호흡 전문가를 소개한다. 그중 가장 대표적인 인물이 빔 호프Wim Hof다. 아이스맨이라는 별명을 가진 호프는 20개가 넘는 기네스 세계 기록을 세웠다. 북극에서 맨발에 반바지 차림으로 마라톤을 완주하고, 해발 2,000미터에 떠 있는 열기구에 한 손가락으로 매달려 있었으며, 나미비아 사막에서 물 한 방울도 마시지 않고 마라톤을 완주했다. 그가 세운 기네스 기록 중 하나는 얼음으로 가득 찬 통 속에서 112분이나 버텨낸 것이다. 빔 호프는 선천적 면역 반응과 관련된 자율 신경계를 의도적으로 조절할 수 있음을 과학적으로 입증했다.

그의 저서인《빔 호프 메소드》는 세계적인 베스트셀러이며, 전 세계에 수많은 추종자를 보유하고 있다. 크리스 햄스워스, 올랜도 블룸, 사샤 바론 코헨, 오프라 윈프리 등 두 눈이 휘둥그레질 정도의 유명 인사들이 포함된다. 호프는 BBC의 리얼리티 프로그램《두려움을 얼려라 (Freeze the Fear)》의 주인공으로 출연한 적도 있다. 하지만 이러한 사실만으로 빔 호프를 평가하지 않기를 바란다.

할리우드 배우나 TV 속 유명 인사보다 흥미로운 것은 세계적인 운동선수들 가운데 그가 추천한 방법을 따른 결과 경기력이 크게 향상되었다고 인정하는 이들이 있다는 사실이다. 대표적으로 최고의 '빅 웨이브 서핑' 선수 중 한 명인 레어드 해밀턴^Laird Hamilton이 있다. 그는 '토우-인' 서핑 기술을 공동 창안했으며, 폴리네시아의 테하우포우에서 세계에서 가장 무거운(즉, 가장 위험할 소지가 매우 큰) 파도를 탄 인물이다. 네덜란드 출신 무술가 알리스타 오브레임^Alistair Oversteem도 빔 호프의 추종자 중 한 명으로, 종합 격투기와 K-1 킥복싱에서 세계 타이틀을 획득한 단 두 명의 파이터 가운데 하나다.

빔 호프가 제안하는 소위 방법론은 세 가지의 핵심 기둥으로 구성되어 있다. 호흡, 저온 노출, 그가 의지^commitment라고 부르는 가치다. 이 마지막 기둥은 일종의 다짐으로 앞서 언급한 호흡과 저온 노출을 꾸준한 습관으로 만들라는 의미다. 모든 습관이나 행동이 전달하는 진정한 혜택은 축적되기 마련이다. 겨우 한두 주 하다 중단한다면 호흡 연습이나 저온 노출에서 그리 큰 효과를 기대하기는 어렵다.

하지만 시간이 지나면서 빔 호프와 그를 몇 년간 연구한 과학자들은 호흡에 의식적으로 집중하고 저온 노출을 신중하게 활용하는 습관의 이점을 점차 증명하기 시작했다.

《빔 호프 방법론》의 첫 번째 기둥은 일련의 간단한 호흡 운동으로, 호프는 매일 최소한 한 번은 하되 이상적으로는 그보다 더 자주 하라고 제안한다. 예를 들어 점심식사 후 졸음이 몰려오는 나른한 오후를 깨우기 위해서나, 중요한 회의나 발표, 운동 경기 전에 이 호흡 운동을 하면 효과적이다. 앞서 이야기한 것처럼 집중 호흡을 일상생활 습관으로 실행하려면, 명상이나 요가와 같은 활동을 자주 하거나 그저 규칙적으로 운동하는 것도 도움이 될 수 있다. 하지만 이 호흡 운동은 대체로 '더 많이 할수록 더 좋은' 영역이라 호흡에 집중할 수 있는 또 다른 습관 형성 방법을 찾는 것도 좋은 아이디어라고 생각한다.

저온 노출

빔 호프가 권장하는 저온 노출도 집중 호흡 못지않게 흥미롭다. 저온 노출은 매일 샤워 후 1~2분 정도 차가운 물로 마무리하는 간단한 방법부터 최근 많은 운동선수 사이에서 유행하는 얼음물 목욕하기, 얼음이 언 호수에서 수영하기처럼 다소 극단적인 활동까지 있다. 저온 노출을 열정적으로 실천하는 이들은 추위 속에서 반바지와 티셔츠 차림으로 산책을 즐기기도 한다.

'호르메시스'는 양이 많을 때는 해로운 어떤 물질이나 환경적 요소가 적은 양일 때는 생물을 자극하고 생물에게 유익한 영향을 주는 현상을 가리킨다. 살아있는 세포는 이러한 물질(즉, 스트레스 요인)에 반응해 적응하며, 이는 세포의 상태와 기능성에 긍정적인 영향을 미친다.

운동 분야에는 이러한 개념에 익숙한 사람이 매우 많다. 제대로 된 운동 프로그램은 운동하는 사람의 근육이나 심혈관계에 적절한 양의 호르메시스, 즉 건강에 좋은 스트레스를 가하도록 설계되어야 한다. 일상생활에 건강에 좋은 스트레스가 너무 적으면 비만하거나 무기력해지기 쉽고 장기적으로는 다양한 신체적·정신적 건강 문제가 발생할 가능성이 크다. 반대로 너무 많으면 심각한 신체적 부상이나 정신적 상처를 입을 수도 있다. 건강에 좋은 스트레스가 적절한 수준이면 몸과 마음이 모두 더 강하며 탄탄해져서 전반적으로 건강과 행복이 증진된다.

핵심은 저온 노출이 혈관계에 건강에 좋은 스트레스 요인으로 작용한다는 것이다. 인체의 동맥, 정맥, 모세혈관 등 혈관을 모두 연결하면 길이가 약 10만 킬로미터에 달하는 것으로 추정된다. 많은 사람이 알다시피 혈관계는 세포에 산소를 공급하고 세포가 배출한 이산화탄소를 인체 밖으로 내보낸다. 또한 혈관계는 영양소를 흡수하는 등 다른 많은 생물학적 프로세스에서도 필수적이다.

그러므로 10만 킬로미터짜리 배관 시스템이 더 효과적으로 기능하도록 개선할 수 있는 것이라면 그 무엇이든 가치가 있을 수 있다. 더 많은 연구가 필요하겠지만, 이제는 저온 노출이 정확히 그러한 효과가 있음을 보여주는 증거가 명확하다. 저온 노출은 혈관계를 열어 몸의 온도를 유지하도록 인체를 자극한다. 상당 기간 추위에 주기적으로 노출되면, 즉 우리 몸이 주기적으로 자극을 받게 되면 결과적으로 혈관계의 기능은 개선될 것이다. 이는 체육관에서 아령을 들거나 스쿼트 또는 벤치 프레스를 할 때 근육이 발달하는 원리와 다르지 않다.

요즘은 따뜻한 옷을 입고 실내에서 지나칠 정도로 편안하게 생활하다 보니 몸속 혈관계는 그 어느 때보다도 덜 자극받고 있다. 이는 온갖 건강 문제의 원인으로 점점 주목받고 있다. 우리는 마치 근육을 단련하듯 혈관도 단련할 필요가 있다. 다행히도 그 방법은 비교적 간단해서, 매일 아침 샤워를 마치기 전에 1분에서 3분 정도 찬물로 마무리하는 것만으로도 혈관계를 더 건강하게 만들 수 있다.

열 노출

흥미롭게도 열 노출도 비슷한 이유로 비슷한 장점이 있다는 증거가 상당히 많다. 사우나 목욕도 건강에 좋은 스트레스 요인이다. 론다 패트릭 박사는 자신의 웹사이트에서 사우나 목욕이 수명을 연장하고 건강을 전반적으로 개선할 수 있다는 증거가 점점 늘어나고 있다고 이야기한다. 패트릭 박사가 인용한 연구에서 핀란드 동부의 중년 남성 2,300여 명을 대상으로 조사한 결과에 따르면 "사우나 목욕과 사망 및 질병 감소 사이에 강력한 연관성을 찾을 수 있었다." 특히 심혈관 질환뿐만 아니라 치매나 알츠하이머병과 같은 다른 질병에서도 유의미한 효과가 나타났다.

사우나를 주 2~3회 이용하는 남성은 사우나를 전혀 이용하지 않는 남성과 비교할 때 심혈관 관련 원인으로 사망할 확률이 27%

낮았다. 사우나를 이보다 두 배, 즉 주 4~7회 이용한 남성은 거의 두 배의 혜택을 받아서 심혈관 관련 사망 위험이 약 50% 감소했다. 게다가 사우나를 자주 이용하는 남성은 원인에 상관없이 조기 사망 위험이 40% 낮았다. 이러한 결과는 조사 대상 남성의 건강에 영향을 미칠 수 있는 다른 여러 요인을 배제하더라도 달라지지 않았다.

이 결과는 규칙적인 열 노출이 저온 노출과 유사한 효과를 전달할 수 있음을 시사한다. 이런 관점은 학계와 의료계에서 점점 더 진지하게 받아들여지고 있다. 이 장의 앞부분에서 엘리자베스 블랙번 박사와 엘리사 에펠 박사가 건강, 특히 노화에서 텔로미어의 역할을 다룬《늙지 않는 비밀》이라는 훌륭한 책을 소개한 바 있다. 특히 블랙번 박사는 텔로미어 연구로 2009년 노벨 생리의학상을 받기도 했다.《빔 호프 방법론》의 서문을 작성한 인물이 다름 아닌 에펠 박사라는 점이 내게는 상당히 흥미로웠다. 이는 호흡이나 저온 노출, 열 노출 같은 주제가 주류 과학계에서도 심도 있게 다뤄지고 있다는 것을 보여준다.

빔 호프의 책 곳곳에는 호흡과 저온 노출을 통해 관절염, 궤양성 대장염, 다발성 경화증, 유방암, 만성 통증, 양극성 장애, 우울증, 비만, 스트레스 등 다양한 질병과 질환을 극복한 사람들이 전하는 긍정적이고 종종 감동적인 경험담이 담겨 있다. 책의 서문에서는 저자 자신도 어떤 완곡한 표현이나 단서도 달지 않고 이렇게 말한다. "내 방법을 받아들인 사람들은 당뇨병을 역전시키고, 파킨슨병과 류머티즘 관절염, 다발성 경화증의 증상을 크게 완화했으며, 루푸스부터 라임병에 이르는 다양한 자가면역 질환을 물리칠 수 있었다."

물론 이와 같은 주장은 상당히 대담한 발언이라 빔 호프가 사이비 의사처럼 행세한다거나 과학적 근거보다 앞서 나간다는 비판을 받을 여지가 충분히 있다. 그러나 지금까지 그는 자신의 주장이 갖는 효용 가치를 검증하고 더 나아가 과학계와 의료계의 관심을 적극적으로 불러일으키기 위해 과학적으로 엄격한 연구에 기꺼이 참여해 왔다.

나는 빔 호프가 주장한 방법이 충분히 설득력이 있다고 본다. 적어도 내 관점에서는 호흡 습관을 개선하고 적절한 수준의 저온 노출과 열 노출을 통해 혈관계를 자극한다고 해서 큰 부작용이 있을 것 같지는 않다.

한편 집중 호흡이나 저온 노출, 열 노출을 통해 건강 상태에 의미 있는 긍정적인 변화가 일어났다고 열정적으로 말하는 수천 명의 생생한 증언이 단지 플라시보 효과가 낳은 결과에 불과할지라도, 그게 무슨 상관일까? 이들이 원하는 결과를 얻고 있으며 이를 위해 매일 조금 더 집중해서 호흡하고 냉수 샤워를 할 뿐이라면, 그것만으로도 충분히 가치 있는 일이라고 생각한다.

나는 규칙적인 호흡 운동과 저온 노출 및 열 노출이 광범위한 건강 문제를 해결하는 데 도움이 된다는 과학적 증거가 앞으로 더욱 풍부해질 것으로 본다. 마이크로바이옴과 장내 미생물 불균형의 역할이 검증을 거쳐 점차 입증되는 것처럼 말이다.

예를 들어 2018년 5월 《응용 생리학 저널》에 게재된 연구에서는 저온 노출이 하나의 치료법으로서 가지는 분명한 가능성에 관해 언급했다. 해당 연구의 저자인 요안나 이바노바Yoanna M. Ivanova와 데니스 블롱

댕^{Denis P. Blondin}은 "건강한 사람에게 냉수 노출은 에너지 소비를 증가시키고 전신의 포도당 및 지방산 활용을 촉진할 수 있다. 또한 반복적인 노출은 건강한 사람도 공복 혈당과 인슐린 수치가 낮아지고 지방산 처리 능력이 좋아지는 효과를 볼 수 있게 한다."라고 이야기한다.

해당 연구는 계속해서 "지난 수 세기 동안 저온 노출의 효용성을 지지하는 의견과 일화가 이어졌다."라고 언급하면서, "개개인의 전신 대사에 의미 있는 변화를 끌어내는 데 필요한 저온 노출 빈도와 최소 강도, 지속 시간, 유형을 결정하려면 더 많은 연구가 필요하다."라고 결론지었다.

수면

건강에 영향을 미치는 또 다른 중요한 요인은 바로 수면의 역할이다. 이제 사람들 대부분이 건강과 웰빙에 있어 수면이 얼마나 중요한지 비교적 잘 알고 있다. 그런데도 많은 사람이 수면에 충분한 관심을 두지 않는 것처럼 보인다. 저명한 신경과학자인 매튜 워커^{Matthew Walker}는 2017년에 출간한 자신의 저서《우리는 왜 잠을 자야 할까(Why We Sleep: The New Science of Sleep and Dreams)》에서 수면의 중요성을 깊이 있게 탐구한다. 책의 앞부분에서 저자는 "선진국 전체에서 성인의 3분의 2가 매일 밤 권장 수면 시간인 8시간의 수면을 취하지 못하고 있다."라고 언급한다. 이는 많은 사람의 신체적·정신적 건강과 더 나아가 우리 사회 전반에 매우 심각한 문제를 초래한다. 이 책의 여러 부분에서 언급한 현대성 질병이 가장 급격하게 증가한 나라가 바로 지난 수십 년 동안 수면 시간과 수면의 질이 가장 극단적으로 감소한 나라, 즉 미국이나 서유럽

대부분, 일본, 한국, 오스트레일리아, 뉴질랜드와 같은 선진국이라는 사실은 결코 우연이 아니다.

수면은 신체의 회복과 복구에 없어서는 안 될 활동이며, 특히 면역 체계, 심혈관계 및 전반적인 대사 체계의 효과적인 기능에 중요하다. 만성 수면 부족은 비만, 당뇨병, 심혈관 질환 및 기타 여러 심각한 건강 문제가 일어날 위험을 높이는 요인으로 작용한다. 나쁜 수면 습관은 암 발병 위험을 두 배로 높일 수 있다. 또한 수면 부족은 인지 기능을 손상하여 잘못된 의사결정이나 사고 가능성 상승으로 이어진다.

스트레스로 가득하고 우울증을 비롯한 다양한 정신질환이 눈에 띄게 증가하고 있는 현대 사회에서 수면은 정신건강에도 필수적이다. 수면은 기분과 감정을 조절하며, 중요한 인지 프로세스가 효과적으로 작동하도록 돕는다. 만성적인 수면 부족은 우울증, 불안, 자살 충동 등 다양한 정신건강 문제를 초래할 수 있다.

수면은 학습과 기억에도 큰 영향을 미친다. 수면 중에 뇌는 새로운 정보를 통합하고 기억을 강화한다. 따라서 수면 부족은 기억력과 학습 능력을 크게 손상할 수 있으며 수면의 질 저하는 학업 성과는 물론이고 그 이후의 경력에도 매우 부정적인 영향을 미칠 수 있다.

좋은 수면을 위해 가장 중요한 요인 중 하나는 규칙성, 즉 매일 같은 시간에 잠자리에 들고 같은 시간에 일어나는 습관이다. 수면 패턴이 일정하지 않을수록 불면증에 시달릴 가능성이 커지고 전반적인 수면의 질이 떨어진다. 특히 현대적인 생활 방식과 그에 따른 불규칙한 삶을 감당할 수 있는 선진국에서는 청소년과 청년층을 중심으로 많은 사람이 일주일에 여러 번 수면의 규칙성에 엄청난 영향을 미치는 행동을 일상적으로 행한다. 금요일이나 토요일 밤에 밤새 파티하거나 새벽까지 TV를 보거나 비디오 게임을 하는 것은 이제 주변에서 흔히 볼 수 있는 지극히 정상적인 행동으로 자리 잡았다.

이처럼 수면 패턴이 불규칙한 이들은 매주 한 번씩 지구 반대편까지 10시간 넘게 수천 킬로미터를 날아가는 것과 같은 시차 적응 문제에 노출된다. 이는 신체의 중요한 일주기 리듬을 아수라장으로 만들며, 더 나아가 수면과 신체적·정신적 건강에도 악영향을 미친다.

인류가 겪고 있는 다양한 신체적·정신적 건강 문제는 수면에 영향을 미치는 문화적 습관과 깊은 관련이 있을 수 있다. 특히 10대 청소년이나 20~30대 청년의 경우에는 이들이 엄청난 학업 스트레스와 사회에 첫발을 내딛는 불안감, 사랑하는 사람을 찾으며 겪는 상처로 인해 문제가 더욱 심각해진다.

예를 들어 최근 수십 년 동안 대다수 선진국에서 주의력 결핍 과잉 행동 장애, 즉 ADHD 유병률이 대폭 상승했다. 미국 질병통제예방센터에 따르면, 2019년 기준 12세에서 17세 사이 미국 청소년 가운데 무려 13%에 해당하는 약 330만 명이 ADHD를 앓고 있다. 수면 문제가 ADHD의 주요 원인 가운데 하나일 수 있으며 수면을 개선하면 ADHD 증상이 완화할 가능성이 있다는 연구 결과가 점점 많아지고 있다.

매튜 워커와 같이 신중한 의료인과 과학자는 점점 더 이러한 건강 문제를 해결하기 위해 수면 부족 문제를 개선하는 것이 잠재적으로 더 건강하고 경제적인 치료법이 될 수 있다고 주장한다. ADHD와 유사한 문제를 겪는 많은 사람이 장내 미생물 불균형 문제도 겪을 가능성이 있고 실제로 수면 부족과 손상된 마이크로바이옴이 밀접하게 연관되어 있다는 점을 볼 때, 우리가 겪는 이 수많은 건강 문제에 대한 답이 리탈린이나 애더럴 같은 약물을 수백만 명의 청소년에게 처방하거나 수백만 명의 성인에게 항우울제를 처방하는 것 이외의 다른 어딘가에 있을 수 있지 않을까?

우리 사회에서 이러한 문제를 해결할 수 있다며 제안하는 방법 중 상당수는 눈에 뻔히 보이는 핵심적인 근본 원인을 간과하는 경우가 너무 많다. 그리고 의료 시스템은 약물로 증상을 일시적으로 완화하는 임시방편에 의존한다. 다행스러운 소식도 있다. 미래에는 상황이 어느 정도 나아질 수 있다는 희망을 품어도 좋을 이유 말이다.

선진국의 청년들이 과거보다 건강을 더 중요하게 여기고 있다. 미국에서는 18세에서 34세 사이의 헬스장 회원 수가 2012년 이후 44%나 증가한 것으로 나타났다. 또한 식단 선택과 정신건강에 있어서도 점점 더 건강을 의식하고 있다. 특히 자기 관리와 마음 챙김, 스트레스 감소의 중요성에 관한 관심이 커지고 있으며, 정신건강을 위해 도움을 받는 모습에 대한 부정적 인식도 과거에 비해 훨씬 줄어들었다. 이러한 모든 변화는 수면의 질은 물론이고 그 외 여러 측면에서 긍정적인 영향을 미칠 것이다.

청년층을 중심으로 시작된 변화는 기존에 큰 문제를 느끼지 못했던 행동이 건강에 미치는 부정적인 영향에 대한 교육과 인식이 확대된 덕분이다. 청년층에서는 인터넷과 소셜 미디어를 통해 정보에 접근할 수 있으며 건강이나 다이어트, 수면, 운동 관련 앱도 폭넓게 활용할 수 있다.

바이오테크놀로지 산업과 기타 기술 산업은 여기서도 중요한 역할을 한다. 바이오테크놀로지 산업은 수면과 신체적·정신적 건강 사이의 인과관계에 대한 근거를 마련하는 데 도움이 되고 있다. 바이오테크놀로지 및 기타 기술 기업은 필요한 정보를 제공하고 행동 습관을 개선할 수 있는 수단은 물론이고 이를 보완할 수 있는 건강 기능 식품이나 의약품을 제공하기 위해 최선을 다하고 있다.

여기서 말하는 수단으로는 수면 추적 앱과 웨어러블 기기를 들 수 있다. 일례로 나는 2010년부터 아이폰의 슬립 사이클 앱을 사용하고 있다. 이 앱은 10년 이상 내 수면의 질에 엄청난 영향을 미쳤다.

이제는 매튜 워커와 같은 과학자가 제시하는 근거 기반의 아이디어가 점점 더 주목받고 있는 만큼, 지난 수십 년 동안 전염병 수준으로 악화한 인류의 수면 문제를 앞으로 수십 년 사이에 되돌릴 수 있을 것이라는 희망을 품어도 괜찮지 않을까?

운동과 움직임

앞서 호흡 습관 개선의 맥락에서 규칙적인 운동의 중요성을 간략히 언급했지만, 여기서는 운동을 주제로 조금 더 상세히 살펴보겠다.

피터 아티아^{Peter Attia} 박사는 화려한 수상 경력을 자랑하는 의사이자 건강, 성과 및 장수 전문 팟캐스트 〈드라이브〉의 진행자다. 그는 정기적으로 건강과 장수를 결정짓는 가장 중요한 두 가지 요인으로 '최대 산소 섭취량(VO2 맥스)'과 '근력'을 강조한다. 또한 높은 수준의 VO2 맥스(운동 과정에서 신체가 활용할 수 있는 산소의 최대량)와 강한 신체적 근력이 미치는 긍정적인 효과는 흡연이나 고혈압, 심지어 당뇨병처럼 건강에 부정적인 영향을 미친다고 생각할 수 있는 여러 요인을 상쇄하고 남을 정도라고 주장한다. 아티아 박사는 위에서 소개한 《타이탄의 도구들》의 저자 팀 페리스와 진행한 인터뷰에서 "이와 같은 부정적인 요인의 단점은 높은 VO2 맥스와 강한 근력을 가졌을 때 얻는 장점에 비하면 상대적으로 작습니다."라고 이야기했다.

아티아 박사가 설명한 바와 같이, VO2 맥스 수준이 하위 25%에 속하는 사람이 두 단계 위인 상위 25~50% 수준으로 올라가면 모든 원인에 의한 사망 위험이 절반으로 감소한다. 이는 어떠한 약물이나 비타민 요법으로도 달성할 수 없는 결과다. 높은 VO2 맥스는 심혈관 건강을 개선하고 만성 질환 위험을 현저하게 줄이며 결과적으로 전반적인 건강이 좋아지고 수명이 연장되는 효과를 가져온다.

VO2 맥스의 수준은 유산소 운동으로 끌어올릴 수 있다. 더불어 호흡에 의식적으로 집중하면 VO2 맥스 개선에 도움이 될 것이다.

아티아 박사가 VO2 맥스와 함께 강조한 것은 근력 강화의 중요성이다. 특히 저항 운동, 즉 웨이트 트레이닝을 통해 근력을 강화하는 것이 가장 이상적이다. 저항 운동에는 단순히 심장 강화 목적의 운동을 넘어서 다양한 이점이 있어서 특히 노화와 관련 있는 근육 손실을 방지하고 골밀도를 유지하는 데도 도움이 된다. 저항 운동의 이와 같은 장점은 모두 장수 및 건강수명 연장과 밀접한 연관성이 있다.

아티아 박사나 다른 전문가가 지적하는 결정적인 문제는 운동 계획을 세울 때 근력 강화와 이를 위한 저항 운동에 크게 신경 쓰지 않는 사람이 매우 많다는 점이다. 실제로 유산소 운동을 통해 VO2 맥스를 끌어 올리려는 사람은 많아지고 있지만, 저항 운동에 초점을 맞추는 사람은 훨씬 적다. 이는 장기적으로 건강 결과에 부정적인 영향을 미칠 가능성이 있다.

　운동과 관련한 세 번째 중요한 퍼즐 조각은 단순한 유산소 운동이나 근력 강화를 넘어서 움직임과 유연성을 중요하게 생각하는 것이다. 켈리 스타렛Kelly Starrett과 줄리엣 스타렛Juliet Starrett은 건강과 피트니스 분야에서 높이 인정받는 부부다. 남편인 켈리는 미국의 NFL, NBA, NHL 및 올림픽 팀과 영국의 프리미어 리그 축구와 프리미어십 럭비 리그에서 활동하는 최고의 선수들은 물론이고 미국 육해공군 및 해병대 예하 모든 특수부대와 협력한 경험이 있다. 한편 아내인 줄리엣은 전직 프로 급류 래프팅 선수로서 전미 선수권 대회에서 다섯 차례 우승하고 세계 챔피언십 타이틀을 세 차례나 획득한 경력을 자랑한다.

　스타렛 부부는《움직임 습관의 힘(Built to Move)》에서 오늘날 사람들 대다수의 움직임보다 인간의 몸은 훨씬 더 자주, 훨씬 더 넓은 범위로 움직이도록 설계되었다고 주장한다. 움직임은 인간의 건강과 장수의 근본이다. 또한 관절의 정상적인 기능은 물론이고 소화기, 내분비계, 림프계, 호흡기계 등 주요 신체 시스템의 효율적 기능과 노화에 따른 부상 방지에 필수적이다. 체력과 민첩성, 균형감을 유지하는 데도 도움이 된다. 결정적으로 움직임은 정신건강과 웰빙에도 긍정적인 영향을 미치며, 궁극적으로 만성 질환의 발병 위험이 감소하고 건강수명이 증가하는 결과로 이어진다.

　《움직임 습관의 힘》에서 특히 흥미로운 부분은 많은 사람이 매주 몇 번씩 체육관에서 높은 강도로 운동하면 운동을 잘하고 있다고 생각할 수 있지만 나머지 시간 동안 거의 움직이지 않는다면 운동한 효과가 대부분 사라진다는 이야기다.

예를 들어 매일 아침 실내 자전거나 러닝머신에서 30분에서 1시간씩 격렬하게 운동하고 나서 나머지 12~14시간을 사무실 책상에 앉아 있거나 소파에 벌러덩 누워 텔레비전을 보는 생활을 반복한다면, 운동으로 기대한 효과를 거의 얻지 못할 것이고 결국 여전히 만성적인 건강 문제와 나이가 들어가며 함께 증가하는 각종 부상 및 요통 위험을 향해 나아가게 될 것이다.

이는 거의 모든 사람이 특정한 한 가지나 두서너 가지 운동을 고른 다음 이를 수년에서 수십 년 동안 반복하는 경향이 있다는 점을 생각하면 특히 설득력 있게 다가오는 부분이다. 스타렛 부부와 다른 여러 전문가도 같은 문제를 지적했다. 어린 시절 사람들은 대체로 매우 활동적이고, 다양한 활동을 하면서 다양한 움직임을 경험한다. 어린이들은 나무를 타고 침대에서 침대로 뛰어다니며 다리를 꼬고 바닥에 앉는다. 자전거를 타기도 하며 종종 운동장에서 온 힘을 다해 달린다. 또한 팀 스포츠, 개인 스포츠, 수영 등 여러 종류의 단체 활동에 참여할 때도 많다.

하지만 나이를 먹을수록 활동 범위가 크게 줄어드는 경향이 있다. 대학이나 직장 생활, 육아로 인한 시간적 제약 속에서는 꾸준히 운동하려 최선을 다하는 사람들조차도 어린 시절이나 청소년기에 즐기던 다양한 스포츠 활동에서 점점 멀어져 특정한 한두 가지 활동에만 집중하게 되는 경우가 많다. 물론 아무것도 하지 않는 것보다는 어떤 운동이라도 하는 편이 훨씬 낫다.

이러한 현실을 극복하기 위해 비교적 간단한 몇 가지 '단계'를 실행할 수 있다. 일상생활에 몇 가지 핵심 동작과 습관을 반영하기만 해도 유연성과 움직임의 범위를 크게 개선할 수 있다.

가장 중요한 단계는 매일매일 걷는 시간을 늘리는 것이다. 스타렛 부부는 걷기가 "신체의 모든 시스템이나 구조의 견고함과 본질적으로 연결되어 있다."라고 강조하면서 "걷기라는 단순한 행위는 어떤 운동기구나 헬스장 회원권보다 뛰어나다."라고 덧붙인다. 아침에 한 시간 동안 격렬한 유산소 운동을 한 뒤에 나머지 하루를 거의 움직이지 않는 사람보다 아침 운동을 하고 난 뒤에도 몇천 걸음을 더 걷는 사람이 훨씬 더 건강해질 것이라는 점도 강조한다.

만 보 걷기 운동은 1960년대 일본의 만보계 제조사에서 처음 제안한 아이디어로, 아마도 당시 판매 전략의 일환이었을 가능성이 크다. 이후로 상당한 시간 동안 만 보 걷기 운동은 과학적 근거가 부족하다는 비판과 함께 지나치게 단순한 활동이라 큰 의미가 없다는 지적이 있었다. 또한 최적의 건강을 위해 필요한 적절한 걸음 수는 개인의 나이와 전반적인 체력 수준 등의 요인에 의해 크게 달라질 수 있다고 비판받았다.

그러나 최근 들어 일본의 만보계 회사가 다소 앞서 나가기는 했으나 상당히 선견지명이 있었다는 의견이 점점 늘고 있다. 《움직임 습관의 힘》에서 스타렛 부부는 2020년 발표된 대규모 연구를 인용하며 "매일 4,000보씩 걸은 사람과 비교했을 때, 매일 8,000보를 걸은 사람은 모든 원인에 의한 사망 위험이 51% 낮아지는 결과가 나타났다. 또한 매일 12,000보를 걸은 사람의 사망 위험은 65%까지 낮아졌다."라고 언급했다.

건강과 장수 측면에서 보면 하루에 몇천 걸음을 걷는 것은 순전히 긍정적인 효과만 있는 움직임이다. 걷기는 심혈관계 및 호흡기 건강과 골밀도, 면역체계의 기능을 개선함으로써 감염 위험과 특정 암과 비만,

당뇨병, 골다공증을 포함한 수많은 질병과 질환의 발병 위험을 낮추는 데 도움을 준다. 또한 규칙적인 걷기는 정신건강 결과에도 긍정적인 영향을 미쳐 우울증이나 불안의 위험을 감소시키는 것으로 나타났다.

여기서 중요한 키워드는 '규칙성'이다. 매일 3킬로미터씩 걷는 것이 일주일 내내 아무것도 하지 않다가 주말에 2~30킬로미터짜리 하이킹을 하는 것보다 건강에 훨씬 더 좋다. 아, 물론 매일 3킬로미터를 걷고 주말에 하이킹까지 한다면 이상적이겠지만 말이다.

주위를 둘러보면 상당히 많은 사람이 운동을 너무 적게 하거나 심지어 아예 하지 않는다. 게다가 최근 수년간 연구에 따르면 운동하는 사람들도 근력 강화와 유연성, 움직임의 중요성을 제대로 알지 못하는 경우가 많다. 이러한 요인은 과거 생각했던 것보다 건강과 장수에 훨씬 더 중요한 것으로 밝혀지고 있다. 다시 한번 다행스럽게도, 근력 강화와 유연성, 움직임은 운동 프로그램이나 운동 루틴에 비교적 쉽게 추가할 수 있다.

In Summary

6장의 주요 내용

바이오테크놀로지 산업은 6장에서 다룬 모든 내용을 훨씬 더 자세히 이해할 수 있는 도구는 물론이고 그렇게 얻은 지식을 일관성 있게 적용할 수 있도록 유도하는 정보와 앱을 제공한다. 미래에 이 산업은 유전적 분석과 기타 분석을 통해 식단, 수면, 운동 등 다양한 측면에서 각자 개인에게 가장 적합한 접근방법이 무엇인지 파악하는 데 많은 도움을 제공할 것이다.

또한 바이오테크놀로지 기업은 건강 기능 식품과 의약품을 개발하고 시장에 공급할 수 있다. 이런 약품을 통해 예를 들어 에너지 수준을 높여서 운동 방법을 최적화한다거나 과거에 운동에 소홀했지만 가능한 한 빨리 다시 시작하려고 할 때 그 과정을 엄청나게 촉진하는 데 도움이 될 수 있다.

2부를 마무리하는 다음 장에서는 기대와 마음가짐의 역할, 건강에서 '조금씩 자주'와 장기적인 습관 개발이 갖는 가치, 그리고 바이오테크놀로지 산업이 '의료 3.0'이라는 미래를 향해 나아갈 때 어떻게 도움이 될 것인지 살펴볼 예정이다.

7장

'조금씩 자주', 바이오테크가 만든 새로운 건강 트렌드

2부의 앞부분에서 '심신 연결' 개념을 뒷받침하는 증거가 점점 많아지고 있으며 그 결과 이를 받아들이는 사람도 증가하고 있다고 언급한 바 있다. 나는 심신 연결이 앞으로 많은 발전이 일어날 가능성이 매우 큰 분야라고 생각한다. 거의 10년 전에 나는 뎁 샤피로^{Deb Shapiro}의 책《당신의 몸이 당신의 마음을 말한다: 감정과 질병의 연결고리 이해하기(Your Body Speaks Your Mind: Understand the Link between Your Emotions and Your Illness)》를 읽고 나서 두 눈이 번쩍 뜨이는 경험을 했다. 책의 1장에서 샤피로는 다음과 같이 이야기한다.

> 지난 10년 사이에 점점 더 많은 연구에서 마음과 몸이 서로 어떻게 반응하는지, 즉 감정적 및 심리적 상태가 신체의 화학적 균형에서 어떠한 반응으로 나타나는지를 명확하게 보여주었다. 그리

고 이는 결국 우리 몸의 면역체계와 신경계, 내분비계, 소화기계, 순환기계에 영향을 미친다.

샤피로의 책이 발간된 해가 2007년이니 저자가 이야기하는 '점점 더 많은' 연구는 1997년 이후 약 10년간 이루어진 연구를 가리킬 것이다. 그 이후로도 세계 각지에서 과학자들이 많은 연구를 진행했으며 현재는 훨씬 더 발전한 상태다.

경험이 기대를 만드는 시대

데이비드 롭슨^{David Robson}은 영국에서 과학 작가로 활동하고 있으며 그전에는 《뉴 사이언티스트》의 편집자로 일했다. 2022년에 출간한 자신의 책 《기대의 발견: 믿는 것이 현실이 되는 마인드셋(The Expectation Effect: How Your Mindset Can Transform Your Life)》에서 롭슨은 "기대가 경험을 만든다는 것을 시사하는 최신 연구가 현재 활발하게 진행 중"이라고 강조한다. 그리고 "나이가 들수록 지혜로워진다고 생각하는 사람이 더 오래 산다. 행운의 부적은 실제로 운동선수가 내는 성과를 높인다. 플라시보, 즉 위약을 복용하면 심지어 위약임을 안다고 하더라도 건강이 좋아지는 효과가 나타난다."라고 이야기한다. '긍정적 사고'를 통해 신체적 및 정신적 건강을 개선할 수 있다는 관념은 상당 기간 꽤 회의적으로 받아들여졌다. 오늘날에도 여전히 많은 사람이 회의적인 견해를 유지하고 있다.

그러나 인간의 심리가 오랜 기간에 걸쳐 신체 생리에 상당한 영향을 미칠 수 있음을 이해하고 입증하기 시작하면서 분위기가 달라지고 있다. 인간의 몸과 마음은 연결되어 있고 마음이 몸에 영향을 미칠 수 있다는 개념은 사실 지난 2,000년 동안 눈에 잘 띄는 곳에 숨겨져 있었다. 고대 그리스 스토아학파 철학자 에픽테토스는 "사람들은 어떤 일이 아니라 그 일에 대한 자신의 관점으로 인해 괴로워한다."라고 말했다. 셰익스피어는 《햄릿》에서 주인공의 입을 빌려 "원래 좋거나 나쁜 것은 없다. 오직 생각이 그렇게 만들 뿐이다."라고 이야기했다. 조금 더 가까운 시대로 와서 미국의 대통령 에이브러햄 링컨은 "사람들은 대개 자신이 마음먹은 만큼 행복하다."라고 말했다. 이처럼 고대 그리스의 위대한 철학자부터 세계에서 가장 유명한 극작가, 가장 위대한 미국 대통령에 이르기까지 역사를 빛낸 상징적인 인물들이 기본적으로 같은 생각을 공유했다면, 여기에는 아마도 충분한 이유가 있을 것이다.

노세보 효과

긍정적 기대의 힘에 대한 믿음이 특히 중요한 이유는 롭슨이 《기대의 발견》에서 다룬 개념인 '노세보 효과nocebo effect'의 영향을 생각해 보면 더욱 명확해진다.

노세보 효과는 플라시보 효과와 반대 개념이다. 플라시보 효과에서 긍정적인 기대가 긍정적인 결과로 이어진다면, 노세보 효과에서는 부정적인 기대가 부정적인 결과로 이어진다. 노세보 효과는 플라시보 효과

만큼 인간의 건강이나 행복에서 중요한 역할을 한다. 또한 심신 연결이 양방향으로 작동할 수 있다는 것도 보여준다. 부정적인 기대는 건강에 강력한 영향을 미칠 수 있다. 롭슨은 치료나 약물로 인해 부정적인 부작용을 경험할 것으로 예상하는 사람은 실제로 그러한 부작용을 경험할 가능성이 더 크다는 사실을 보여주는 연구를 책에서 여럿 인용한다. 그 치료나 약물이 실제로 플라시보일 때도 이러한 현상이 나타날 수 있다.

어떤 약물이 효과가 없을 것으로 예상하는 사람은 그 약물이 임상시험에서 매우 강력한 효과가 있다는 것이 입증되었다고 하더라도 실제로는 약효가 감소하는 경험을 할 수 있다. 자신이 기본적으로 어딘가 늘 아프다고 생각하는 사람이나 특정한 건강 문제에 대해 끝없이 이야기하거나 그 생각에서 벗어나지 못하는 사람들은 바로 그 건강 문제로 인해 아프거나 고통받을 가능성이 크다.

한편 노세보 효과는 어떤 치료법이 의료진과 환자에게 각각 전달되는 틀과 방식의 영향을 받을 수 있다. 또한 더 넓게 보면 문화적 및 사회적 기대의 영향도 받을 수 있다. 본질적으로 비관적인 문화권에서는 특정 약물이나 치료법의 효과가 덜 나타날 수 있음을 의미한다.

노세보 효과는 부정적인 기대를 직면하고 해결한다면 질병 치료에서 더 나은 결과를 만들 가능성을 제시한다. 그리고 제약 업계와 의료계에서는 이러한 가능성에 점점 더 많은 관심을 두고 있다.

다행히도 노세보 효과를 둘러싼 여러 아이디어가 점점 더 많은 흥미를 불러일으키고 훨씬 더 폭넓게 받아들여지고 있는 것 같다. 실제로 과학계는 물론이고 일반 대중도 마음과 몸 사이의 관계에 점점 더 관심을 보인다. 앞서 언급한 〈캄〉이나 〈헤드스페이스〉처럼 마음과 몸의 관계에 초점을 맞춘 앱을 수억 명의 소비자가 다운로드한 것을 보면 이를 충분히 알 수 있다.

'조금씩 자주'의 놀라운 결과

우리는 건강에 근본적인 영향을 미치는 여러 요인을 살펴보았다. 그중 상당수는 최근까지도 의료계나 우리 사회 전반에 걸쳐 충분히 주목받지 못한 것처럼 보인다. 그렇지만 전반적인 변화의 방향은 고무적이라고 볼 수 있다. 지금까지 다룬 요인으로는 식단이나 열량 섭취에 관한 단순한 관심을 넘어서서 마이크로바이옴의 역할에 대한 주목, 불충분한 미량 영양소의 섭취, 호흡과 산소 섭취, 건강에 좋은 스트레스, 수면, 운동 및 심리적·정신적 태도가 장기적인 건강 결과에서 차지하는 중요성이 있다.

여기서 이 모든 요인을 관통하는 테마를 도출해 본다면, 바로 '시간과 일관성'이다. 예를 들어 장내 미생물 불균형을 앓는 사람은 마이크로바이옴에 발생한 손상을 복구하는 데 최소한 몇 달의 시간이 필요할 것이다. 장내 미생물 불균형을 해결하는 것은 하루아침이나 며칠 안에 이루어질 수 있는 성격의 일이 아니기 때문이다. 여기서 언급한 다른 요인도 마찬가지다. 호흡법이나 운동 습관, 수면 습관이 개선된 효과나 혈관에 가해지는 건강에 좋은 스트레스의 영향을 충분히 누리기 위해서는 몇 달, 몇 년 또는 수십 년이 걸릴 수도 있다.

그러므로 '조금씩 자주'라는 개념을 실행에 옮기는 것이 최적의 결과를 달성할 수 있는 열쇠다. 우리는 모두 매일 또는 매주 하는 좋은 습관이 시간이 가면서 긍정적인 영향을 미칠 것이라는 사실을 직관적으로 잘 알고 있다. 그 습관이 업무, 재무, 체력, 건강 등 우리 삶의 어떤 영역과 관련이 있든 상관없다. 그러나 너무 많은 이들이 '조금씩 자주' 하는 습관이 장기적으로 미치는 엄청난 영향을 과소평가한다.

간단한 예를 들어보자. 여기 스무 살부터 팔굽혀펴기 10회와 빠른 걸음으로 2킬로미터 걷기라는 간단한 습관 두 가지를 매일 실천하는 사람이 있다. 이제 60세가 된 이 사람은 지난 40년간 간단한 두 가지 습관(팔굽혀펴기와 빨리 걷기)만 꾸준히 실천한 결과 그러한 습관을 만들지 못한 다른 60세의 사람에 비해 약 150,000회의 팔굽혀펴기를 더 했고 빠른 걸음으로 30,000킬로미터를 더 걸었다. 다른 모든 조건이 같다고 가정했을 때 이러한 차이는 두 사람의 건강과 체력에 상당한 영향을 미쳤을 가능성이 크다. 30세나 40세에는 이 두 사람 사이에 큰 차이가 보이지 않을지도 모르지만 60세를 넘어서면 그 차이가 확연하게 드러날 가능성이 크다.

나아가 간단한 습관을 '조금씩 자주' 실천하는 사람은 그 습관을 발전시킬 가능성이 크다는 점을 고려하면 60세에 나타나는 차이는 생각보다 훨씬 더 클 수 있다. 매일 10회씩 하던 팔굽혀펴기는 근력이 향상됨에 따라 그 횟수가 20회나 그 이상으로 늘어날것이기 때문이다.

제임스 클리어James Clear는 좋은 습관 만들기 분야에서 세계적인 전문가 중 한 명이다. 그가 쓴 《아주 작은 습관의 힘(Atomic Habits)》은 2018년 출간 이후 1,500만 부 이상 판매되었다. 이 책은 매일 하는 작은 행동이 삶에 얼마나 강력한 영향을 미칠 수 있는지를 탁월하게 풀어낸다. 클리어는 이렇게 이야기한다. "작은 변화가 놀라운 결과를 만든다."

식단, 마이크로바이옴의 구성, 스트레스 수준, 호흡 습관 등 여러 요인에 '조금씩 자주'라는 원칙을 상당 기간 성공적으로 적용한다면, 현재 우리가 경험하고 있는 것보다 훨씬 더 나은 건강 결과를 맞이할 가능성이 매우 크며 이는 결과적으로 많은 사람에게 더 나은 삶을 선사하는 열쇠가 될 것이다.

또한 오랜 세월에 걸쳐 일관된 습관을 실천하는 경우에만 이러한 결과를 최적으로 달성할 수 있다는데, 이것은 상당수의 현대성 질병이 계속 증가하는 이유 중 하나다.

세계 대다수 지역에서 인류는 겉으로 드러난 증상을 치료하려는 '질병 치료' 시스템을 가지고 있다. 이는 증상의 근본 원인을 해결하려는 장기적인 관점의 '헬스케어' 시스템과는 거리가 있다.

분명히 '질병 치료' 시스템은 필요하다. 그렇다고 해도 인류가 다가올 미래에 상황을 큰 폭으로 개선하고 다양한 현대성 질병이 급증하는 현상을 해결하며 일반 대중의 전반적인 건강 수준을 향상할 뿐만 아니라 앞으로 일어날 수 있는 모든 팬데믹에 맞서 싸울 준비가 되어 있으려면 지금보다 더 나은 방법을 찾아야 할 것이다.

의료 3.0 시대 바이오테크놀로지의 역할

'조금씩 자주'라는 개념은 저명한 과학자와 의사 사이에서 점점 더 많이 주목받고 있는 '의료 3.0'이라는 아이디어의 핵심 원칙 중 하나다(의료 3.0은 전통적인 기존 방식의 의료를 가리키는 '의료 1.0'이나 종이 기반 헬스케어 시스템에서 디지털 기술과 인터넷을 이용하는 시스템으로 전환하는 현상을 가리키는 '의료 2.0'과는 대비되는 개념이다). '의료 3.0'이라는 용어는 현재의 '질병 치료' 중심의 시스템과는 달리 개인의 삶 전반에 걸쳐 '헬스케어' 즉 건강 관리에 훨씬 더 중점을 두는 미래의 의료를 그릴 때 사용된다. 현재의 시스템에서 문제가 발생했을 때 시도하는 증상의 치료, 응급 처치, 비싼 약물의 처방 등이 수명 연장에는 도움이 될지 몰라도 건강수명 차원에서는 이미 너무 늦은 경우가 많기 때문이다.

이 새롭고 차원 높은 의료 접근방법이 성공적으로 실행되기 위해서는 바이오테크놀로지 산업이 여러 핵심 신기술을 개발하고 공급해줘야 한다. 여기에는 개개인의 고유한 유전적 구성, 생활 방식, 나이와 같은 요인을 기반으로 치료 및 영양 프로그램을 조율할 수 있는 개인 맞춤형 의료나 정밀 의료가 포함된다. 첨단 진단 기술과 웨어러블 기기나 원격 의료, 건강 관리 앱과 같은 디지털 기술의 활용도 빠질 수 없다.

의료 3.0을 지탱하는 근본적인 아이디어는 데이터와 기술 기반의 종합적이고 환자 중심적 접근방법을 통해 개개인이 평생 건강을 유지하도록 돕는 한편 잠재적으로 의료 1.0 방식의 치료가 필요할 가능성을 줄이거나 완전히 없애는 것이다. 의료 3.0 시대의 접근방법은 개인의 건강 결과를 크게 개선하는 것은 물론, 적절한 시점이 되면 헬스케어 시스템 전반의 효율성을 개선하고 비용을 크게 절감할 것으로 보인다.

이 글을 쓰고 있는 목적과 관련하여 결정적으로 나는 바이오테크놀로지 기술이 의료 3.0 시대에 핵심적인 역할을 할 수 있다고 믿는다. 그 이유로는 여러 가지가 있다. 첫째, 지금까지 소개한 모든 아이디어의 기초가 되는 과학을 탐구하는 데는 엄청난 복잡성이 수반된다. 예를 들어 인간의 DNA와 우리 몸 안팎에 존재하는 박테리아나 바이러스의 DNA만 고려하더라도 말 그대로 수백만에서 수천만 가지 변수가 있는데 여기에 각 개인의 식단, 습관, 환경 등 방대한 변동성까지 더해진다. 기존의 접근방법이나 도구만으로는 이 모든 변수를 통제하기가 매우 어렵다.

이미 우리는 장내 미생물 불균형이 쉽게 해결하기 힘든 다양한 건강 문제와 현대성 질병 또는 현대 전염병에서 핵심적인 역할을 하고 있을 가능성이 크다는 점을 이해하고 있다. 그러나 장내 미생물 불균형이 건강 및 의료 문제에 어떠한 영향을 미치는지, 이를 해결하기 위해 무엇을 해야 하는지를 더 깊이 파악하려면 더 많은 연구가 필요하다. 현재로서는 인류가 가진 지식이 아직 불완전한데다 진단 및 분석 도구도 완전한 모습을 갖추지 못해 결과적으로 헬스케어 시스템 전반에서 장내 미생물 불균형 문제를 체계적으로 다루지 못하고 있다.

이 안타까운 현실을 해결할 수 있는 가장 좋은 위치에 있는 것이 바로 바이오테크놀로지 산업이다. 바이오테크놀로지 기업에서는 장내 미생물 불균형을 정확하게 진단하는 진단 및 분석 도구를 개발하거나 장내 미생물 불균형을 해소할 수 있는 새로운 치료법, 약물 및 건강 기능 식품을 개발하는 것은 물론이고 장기간에 걸친 특정 치료 계획을 준수하도록 돕는 앱도 개발할 것이다.

마찬가지로, 혁신적인 바이오테크놀로지 기업은 개인에게 가장 적합한 식단을 구성하는 데 도움을 주는 것은 물론이고 장내 미생물 불균형의 신속한 회복을 돕는 치료용 프로바이오틱스를 개발할 가능성이 크다. 이러한 접근방법은 다양한 건강 문제를 해결하는 과정에서 현재 적용하는 방법에 비해 훨씬 강력한 치료 효과를 발휘할 수 있다. 특히 비만과 같은 건강 문제에서 식이 요법이나 열량 제한만으로는 효과를 보기 어렵다는 점을 고려할 때 특히 그렇다(6장 참조).

지금까지 이야기한 발전과 변화는 이미 어느 정도 진행되고 있다. 가정에서 DNA 검사를 할 수 있는 도구를 제공하는 기업도 많다. 그중 가장 잘 알려진 기업은 바로 23앤드미다. 23앤드미는 미국 캘리포니아주에서 2006년 설립 이후 지금까지 1,300만 명 이상의 고객이 제공한 유전 정보를 분석했다.

23앤드미는 '질병 치료'와 '헬스케어'의 차이 그리고 '조금씩 자주'의 가치를 탐구한 기반 위에 장기적인 행동 변화를 불러일으키는 기업의 좋은 사례다. 23앤드미에 따르면, 고객의 76%가 건강에 도움이 되는 선택을 하고 55%는 식단을 개선한다. 또한 51%는 명확한 건강 목표를 설정하고 45%는 운동을 더 많이 한다. 23앤드미는 철저한 과학적 분석에 기반해 환자의 건강 선택에 장기적인 영향을 미칠 뿐만 아니라, 방대한 규모의 개인 의료 및 건강 정보 데이터베이스를 구축하는 데도 성공했다. 이들은 40억 개 이상의 데이터 포인트를 확보하고 있으며, 이를 내부적으로 자체 치료 프로그램에 활용하거나 바이오 제약 기업과 협력하여 해당 기업의 약물 개발과 장기적인 관점에서 개인 맞춤형 치료법 개발을 지원한다.

물론 23앤드미가 흥미롭고 혁신적인 기업이기는 하지만 이제까지 이 회사의 DNA 테스트에 참여한 고객은 '겨우' 1,300만 명이다. 전 세계 80억 인구의 관점에서 보면 지극히 일부에 불과하다. 또한 23앤드미는 인간의 DNA에만 초점을 맞추고 있는데, 미생물과 그 DNA가 수행하는 역할, DNA가 세포에서 발현되는 방식을 가리키는 에피게놈(후성유전체)에 대한 이해가 깊어지면서 인간의 DNA는 이 거대한 퍼즐에서 비교적 작은 조각이 될 것이다.

미래에는 이 분야에서 더욱 정교한 도구와 기술을 갖춘 기업이 훨씬 더 많이 활동하게 될 것이다. 이 분야에서는 이미 애플, 알파벳(구글), 마이크로소프트 등이 엄청난 자금력을 무기로 수십억 달러를 투자하고 세계 최고의 인재를 차지하기 위해 경쟁하고 있다.

또 혁신적인 바이오테크놀로지 기업은 호흡, 명상, 저온 및 열 노출에서 비롯되는 건강에 좋은 스트레스, 불충분한 미량 영양소, 움직임과 근력의 중요성, 기대 효과 등 여러 요인이 가지는 의미와 가치를 계속 탐구해 나갈 것이다. 제임스 네스터, 빔 호프, 론다 패트릭, 매튜 워커, 피터 아티아, 켈리 스타렛과 줄리 스타렛, 데이비드 롭슨 등 수많은 전문가가 제시한 아이디어를 검증하고, 우리의 삶과 헬스케어 시스템에 적용할 수 있는 방법과 도구를 제공할 주인공은 바로 바이오테크놀로지 기업의 연구원과 과학자다.

우리 안팎에서 일어나는 변화

장기적으로 볼 때 혁신적인 바이오테크놀로지 기업이 우리 '안'뿐만 아니라 '밖'에 존재하는 문제까지 해결할 수 있을 것이라는 점은 더욱 흥미로운 가능성이다. 이 책의 여러 부분에서 언급했듯이 바이오테크놀로지 산업은 단순히 치료법 개발에만 국한되지 않고 우리가 사는 세상을 큰 폭으로 개선하는 데도 흥미로운 역할을 충분히 할 수 있다. 바이오테크놀로지 기업은 환경 파괴를 되돌리고 인간이 필요로 하는 에너지와 식량을 생산하는 방법을 제시할 수 있으며, 심지어 반도체 설계에서 물리적 한계에 도달하기 시작한 상황에서도 처리 능력을 높일 수 있는 새로운 기술을 제공함으로써 무어의 법칙이 미래에도 계속 유효할 수 있게 만들 수도 있다.

당연하겠지만, 수많은 현대성 질병이 산업혁명 이후 인간이 환경에 미친 영향과 관련이 있는 것을 고려하면 환경을 개선하면 건강도 함께 나아질 가능성이 매우 크다. 우리의 건강과 우리를 둘러싼 환경의 건강은 밀접하게 연결되어 있기 때문이다.

특히 우리 안뿐만 아니라 밖에서 미생물이 하는 역할에 대한 이해가 깊어질수록 인간과 환경 사이의 관계는 더 분명해질 것이다. 마틴 블레이저Martin Blaser는 자신의 책《인간은 왜 세균과 공존해야 하는가(Missing Microbes)》에서 이렇게 말한다. "인류는 맨눈으로 볼 수 없는 생명체가 전적으로 지배하는 미생물 행성 위에 살고 있다. 이 미생물은 우리가 숨 쉬는 산소, 우리가 경작하는 땅, 바다를 지탱하는 먹이 사슬을 만든다." 인류가 약 80억 명에 달하는 거대한 인구를 형성했지만, 인간은 지구 위의 전체 생물량에서 불과 0.1%를 차지하는 것으로 추정된다. 그에 반해 박테리아는 무려 12.8%를 차지한다. 인간의 생물량은 모두 더해도 0.06기가톤에 불과하지만, 박테리아는 총 70기가톤이 넘는다. 지구에 존재하는 생명체 측면에서 박테리아가 인간보다 1,000배 이상 중요한 존재라는 것을 의미하며, 심지어 이 숫자에는 곰팡이와 고세균이 차지하는 또 다른 19기가톤은 반영되지 않았다.

따라서 인류가 현재 직면하고 있는 가장 심각한 문제 가운데 상당수가 농업혁명과 산업혁명 이후로 인간이 미생물의 생물량에 미친 영향과 거꾸로 미생물이 인간에 미친 영향과 관련이 있을 가능성이 점점 커지고 있다. 그렇기에 문제의 해결 방안 중 상당수가 미생물 세계에 대한 훨씬 더 깊은 이해에서 자연스럽게 비롯될 가능성이 큰 것은 분명하다. 그리고 정확히 이 지점이 수많은 바이오테크놀로지 기업이 집중하고 있는 분야다.

인류는 이제 막 미생물 세계를 이해하기 위한 여정을 시작했다. 의미 있는 방식으로 미생물 세계를 탐구하는 도구를 만들어낸 것도 비교적 최근의 일이며, 미생물 세계에 변화를 가할 수 있는 도구를 개발한 것은 최근 몇 년 사이에 일어난 일이다. 그리고 이 분야는 산업혁명 이후로 인간이 발견한 거의 모든 과학의 최전선에서 일어난 발전과 마찬가지로 기하급수적으로 발전할 것이다.

기술이 만드는 부의 창출과 광범위한 혜택

미생물 세계의 모든 복잡성을 이해할 수 있도록 하는 과학을 제공하고 건강과 환경을 개선할 수 있는 새로운 치료법과 도구나 기술을 개발하는 것 이상으로 바이오테크놀로지 산업이 해야 하는 또 다른 중요한 역할은 상당한 규모의 진정한 부의 창출에 이바지하는 것이다.

앞서 이야기한 모든 문제를 해결하는 것은 물론이고 인류 발전의 수많은 핵심 분야에서 가장 '가치 있는' 문제의 해결에 도움이 되는 기술의 폭발적인 발전을 주도하는 과정에서, 바이오테크놀로지 산업은 지난 수십 년 동안 기술 산업이 그러했듯이 앞으로 수십 년 동안 수조 달러 규모의 경제적 가치를 창출할 것이다.

이처럼 엄청난 부의 창출에 따라 인간의 생활 수준이 한층 더 향상될 것이다. 생활 수준의 향상은 직접적으로는 새로운 도구와 시스템, 기법, 치료법이 창출하는 가치 덕분에, 간접적으로는 금융시장이나 정부 재정 측면에서 바이오테크놀로지 산업의 전반적인 경제적 기여 덕분에 가능할 것이다. 또한 이들 새로운 도구와 치료법 중 상당수는 현재로서는 가능해 보이지 않을 정도로 널리 보급될 것이며, 광범위하게 채택될 수 있다. 우리는 기술이 얼마나 빠르게 융합한 다음 얼마나 빠르게 평범해지는지를 보면서 스스로 놀라게 될 것이다.

그리고 인류는 현재 직면한 수많은 헬스케어 문제에서 회복하는 속도를 획기적으로 높일 수 있는 새롭고 혁신적인 치료법을 가지게 될 것이다. 그와 함께 우리 삶 전반에서 건강의 모든 측면을 개인화하고 개선할 수 있는 스마트 기술이 더욱 널리 채택될 것이다.

머지않은 미래에는 스마트폰이나 이를 대체할 수 있는 모든 기기에 내장된 고도로 지적인 인공지능 비서가 등장해 웨어러블 기기나 체내 삽입형 기기와 결합하여 활용될 수 있다. 이러한 기술은 실시간으로 우리의 습관과 행동은 물론이고 먹는 방식과 운동하는 방식까지도 조정함으로써 건강 결과를 크게 개선할 수 있을 것이며 궁극적으로 더 행복하고 활력이 넘치며 생산적이지만 스트레스는 덜한 삶을 더 길게 누릴 수 있도록 할 것이다.

이들 최첨단 바이오테크놀로지는 인류가 질병 치료에서 벗어나 진정한 헬스케어로 나아갈 수 있도록 할 것이다. 현재 세계에서 가장 부유한 사람들 일부는 이미 어느 정도 경험하고 있다. 바이오테크놀로지 혁신은 이 모든 기술의 비용을 충분히 낮춰 전 세계적으로 광범위하게 채택될 수 있도록 할 것이다.

스마트폰 보급률이 거의 모든 공격적인 예상치를 초과한 것은 해당 제품의 생산 비용 절감 덕분이다. 마찬가지 이유에서 앞으로 수년 사이에 등장할 것으로 보이는 다양한 바이오테크놀로지 혁신에서도 같은 일이 일어날 가능성이 매우 크다.

또한 인간은 지구에서 지배적인 위치를 차지하고 있는 미생물과 협력하여 환경과 자연에 유익한 다양한 결과를 만들어낼 수 있을 것이다. 물론 자연계에 대한 협력적 개입은 '신의 영역을 넘본다'라는 우려를 자아낼지도 모른다. 특히 인간이 생물의 DNA를 점점 더 많이 유전적으로 조작할 수 있는 능력을 갖추게 될 것을 고려하면 더욱 그렇다. 하지만 광범위한 연구와 조사를 통해 내가 도달한 결론은 이렇다. 과학자, 의사, 규제기관, 정부는 물론이고 심지어 철학자, 언론인, 종교 지도자까지 모든 주요 이해관계자의 참여와 함께 인류의 진보와 과학의 발전은 상당히 신중하게 진행될 것이기에 이러한 우려는 과장된 것으로 드러날 것이다. 이 주제는 책의 후반부에서 CRISPR(크리스퍼라고 읽고 유전자 가위로 불리기도 함-옮긴이)와 유전자 편집을 살펴볼 때 다시 이야기할 예정이다.

"만약 인간이 날아야 하는 운명이었다면 신은 인간에게 날개를 주었을 것이다."라는 말이 있지만, 오늘날 인간은 비행기를 통해 매년 수십 회의 비행을 함으로써 한계를 극복했다. 앞으로 수년 동안 바이오테크놀로지 산업이 인류에게 제공할 유익한 혁신 중 일부는 처음에는 우리가 개발하고 사용하는 방식에 대해 깊이 고민하게 할 수는 있으나 궁극적으로는 자연스러운 일이 될 것이다.

만약 과학자들이 이러한 기술을 사용하여 미생물 세계를 과거, 즉 인간의 산업 활동이 미생물 세계를 바꿔서 인간에게 해가 되기 이전의 '예전 모습'으로 실제로 돌려보낼 수 있음을 보여준다면, '신의 영역을 넘본다'라는 우려를 어느 정도는 해소할 수 있을 것이다.

In Summary

7장의 주요 내용

2부에서는 현대 의료가 전염병에 맞서 싸울 수 있는 수단과 도구를 제공했지만 동시에 수많은 만성 '현대성 질병'도 불러일으켰다는 문제를 살펴보았다.

또한 이 수많은 건강 문제의 주요 원인으로 작용하는 미생물 세계와 장내 미생물 불균형이 어떤 역할을 하는지도 검토했다. 장내 미생물 불균형을 가장 효과적으로 해소하고 전반적인 건강을 개선하려면 우리는 식단과 생활 방식, 습관은 물론이고 각자 개인의 유전적 구성, 마이크로바이옴 등 다양한 요인 간의 복잡한 상호작용을 더 깊이 이해해야 한다.

이러한 복잡성을 이해하는 데 필요한 과학적 기반을 제공하고 많은 만성 질환이 급증하는 추세를 실질적으로 변화시킬 수 있는 도구와 치료법을 인류에게 선사하는 주인공은 바로 바이오테크놀로지 산업이다.

이 책의 3부에서는 현재 바이오테크놀로지 산업에서 개발 중인 핵심적인 기술 몇 가지에 대해 더 깊이 살펴볼 예정이다.

3부

새로운 투자 기회의 중심, 바이오테크의 과거와 미래

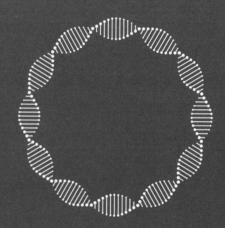

3부에서는 바이오테크놀로지 산업이 초창기 제약 산업 시절부터 DNA와 RNA, mRNA의 발견을 거쳐 어떻게 발전해 왔는지를 살펴보고, 오늘날 인류가 이룬 엄청난 진보와 발전을 가능하게 한 선구적인 과학자들을 돌아본다.

다음으로는 유전자 치료, 줄기세포, 유전자 편집 등 바이오테크놀로지 산업이 제공하는 최첨단 기술 몇 가지를 소개하고, 그러한 치료법과 관련한 보건경제학을 논의한다.

또한 PCR, NGS 등 새로운 진단 및 분석 도구의 확장과 점점 확대되는 인공지능과 머신러닝의 역할을 검토하고, 청정 발전이나 농업, 생물정화는 물론이고 컴퓨터의 처리 능력처럼 우리 '밖'의 영역에서 바이오테크놀로지가 해야 하는 역할도 살펴본다. 물론 이러한 주제가 인간의 건강이나 웰빙과는 다소 동떨어져 보일 수 있지만, 실제로는 매우 본질적인 내용이다. 결국 인간은 건강한 행성 위에서만 잘 지낼 수 있기 때문이다.

마지막 장에서는 노화는 단지 하나의 질병에 불과하며 심지어 시간이 지나면 치료할 수 있을지도 모른다는 과감한 아이디어와 이러한 아이디어가 하나의 종으로서 인간에게 어떤 의미인지 알아본다.

궁극적으로 이 모든 변화와 발전은 향후 몇 년 동안 우리 삶에 심오하고 긍정적인 영향을 미칠 가능성이 크다.

8장

바이오테크놀로지 산업의
발전과 혁신의 여정

3부에서는 인류의 미래가 많은 사람이 우려하는 것보다 밝을 수 있다는 희망을 선사하는 특별한 기술적 발전에 관해 이야기하겠다. 이번 장에서는 약물 개발에 관한 이야기부터 시작해보려 한다. 이 분야는 암을 비롯한 온갖 종류의 심각한 질병을 효과적으로 치료할 수 있는 수단과 방법을 제공할 뿐만 아니라, 결과적으로 수조 달러 이상의 진정한 부를 창출할 수 있는 잠재력을 가지고 있다.

시작은 언제나 미약하다

약물 개발의 역사에서 먼저 이야기할 내용은 약물 개발이 얼마나 비효율적이었으며 우연에 기댔는지에 관해서일 것이다. 초기 형태의 '약물'

은 관찰과 때로는 행운과 우연이 낳은 결과인 경우가 많았으며, 이런저런 종류의 천연 추출물로 이루어졌다.

초기 사례 중 하나가 바로 기나나무(친코나 또는 퀴나퀴나로 불리기도함-옮긴이) 껍질에서 추출한 퀴닌으로 말라리아나 열대성 열병 치료에 사용했다. 17세기 라틴아메리카에서 활동하던 예수회 선교사들은 안데스 정글의 원주민들이 기나나무 껍질을 열병 치료에 사용하는 모습을 목격했고 이를 스페인으로 가져왔다. 그로부터 백여 년 이후에 현대 분류학의 아버지라 불리는 스웨덴의 칼 린네^{Carl Linnaeus}는 당시 페루 총독의 부인이었던 친콘 스페인 백작 부인의 이름을 따서 이 나무에 '친코나'라는 이름을 붙였다. 백작 부인이 열병을 앓다가 이 나무껍질 추출물로 치료한 뒤에 이를 1630년대에 스페인으로 가지고 왔다고 한다.

이렇게 유럽으로 건너온 기나나무는 이후로 약 200년 동안 껍질을 건조하고 가루로 만든 다음 물에 섞어 음료 형태로 복용하는 방식으로 활용되었다. 19세기 초반 프랑스의 두 화학자 펠레티에와 카방투가 퀴닌과 다른 몇 가지 알칼로이드를 분리해내면서 많은 변화가 일어났다. 영국의 투자가 짐 멜런이 쓴 《암호를 풀다(Cracking the Code)》에 따르면 이렇게 분리한 화합물인 퀴닌 황산염은 '최초로 대량 생산된 약물'로 여겨진다. 퀴닌 황산염의 출현은 치료제가 천연 그대로의 식물 추출물을 준비하는 데서 천연 또는 합성 화합물을 화학적으로 만들어내는 단계로 옮겨가는 주요 전환점이었다.

이러한 전환과 함께 약물의 제조가 공업적 생산 방식으로 이동했다. 약물이 만들어지는 장소가 소규모 지역 약국에서 대규모 실험실로 이동하던 거의 200년 전에 대량 생산의 토대가 형성되었다는 의미다.

진정한 의미의 제약회사 중 가장 오래된 곳으로는 독일의 머크^{Merck}를 꼽는다. 1668년까지 역사가 거슬러 올라가는 머크는 1827년 화학자, 의사, 약사 등에게 '고순도 알칼로이드 제품군'을 제공하기 시작하면서 연구개발 기반의 공업 회사로 자리매김한 최초의 기업이다.

그 후 수십 년 동안 합성염료 생산 기술의 발달 덕분에 상황은 점점 빠르게 발전했다. 짐 멜런에 따르면 "그 당시 발전은 18세의 영국 학생 윌리엄 퍼킨$^{William\ Perkin}$이 질산과 벤젠을 결합하여 최초의 인공 염료를 만든 단 하나의 발명에서 시작되었다." 인공 염료의 발명은 세상을 다채롭게 만들었지만, 어쩌면 이보다 더 중요한 것은 염료의 발전에서 파생된 약물을 전염병을 치료하는 데 성공적으로 사용할 수 있다는 점이다.

이러한 통찰은 제약 산업의 창시자 가운데 한 명이자 1908년 노벨 생리의학상 수상자인 독일의 과학자 파울 에를리히$^{Paul\ Ehrlich}$가 수행한 연구의 결과에서 큰 부분을 차지했다. 염료를 다루던 에를리히와 일본인 조수 사하치로 하타$^{Sahachiro\ Hata}$는 매독 치료제로 사용한 화합물인 아르스페나민(제품명: 살바르산)을 발견했다. 최초의 항감염성 저분자로 평가되며 합성 화학 물질을 질병 치료에 사용하는 길을 연 선구자와 같은 제품이다. 결과적으로 에를리히 박사의 연구는 실험실 환경에서 여러 화합물을 체계적으로 평가한 최초의 사례였다.

핵심은 바로 이 '체계적인' 접근방법이었다. 그리고 이는 이후 수십 년은 물론이고 심지어 살바르산과 같은 방식으로 개발된 화합물이 모든 약물의 약 90%를 차지하는 오늘날까지도 다른 많은 저분자 약물의 개발을 위한 장을 마련하고 있다.

살바르산을 대량 생산하기 시작한 기업은 독일의 회흐스트^{Hoechst}였다. 이 기업은 원래 염료 제조사였는데, 그 덕분에 초창기 제약 생산에 필요한 화학 기술과 제조 시설을 갖추고 있었다. 또 다른 독일 기업인 바이엘^{Bayer}도 비슷한 사례다. 바이엘은 회흐스트보다 몇 년 앞선 1899년 아스피린을 합성했다. 그리고 1910년에 에를리히가 살바르산을 발견한 직후인 1912년에는 간질 치료제인 루미날^{Luminal}(성분명: 페노바르비탈), 1923년에는 수면병과 사상충증 치료에 사용된 초기 기생충 치료제인 게르미닌(성분명: 수라민), 1935년에는 초기 항생제인 프론토실^{Prontosil}을 합성한 다음 대량으로 생산하는 데 성공했다. 그 이후로 100년 가까운 세월 동안 수많은 저분자 약물이 개발되며 약물 개발의 역사를 이어가고 있다.

페니실린과 항감염제

약물 개발의 역사에서 결정적으로 중요한 다음 진전은 1940년대 페니실린의 발명이었다. 페니실린의 발견은 약물 개발에서 우연과 관찰이 종종 얼마나 중요한 역할을 하는지를 보여주는 또 다른 사례다.

1928년 여름 스코틀랜드의 의사이자 미생물학자 알렉산더 플레밍^{Alexander Fleming}은 서퍽에 있는 별장에서 휴가를 보내고 있었다. 9월 초 실험실로 돌아온 플레밍은 작업대 위에 놓아두었던 페트리 접시가 곰팡이로 덮여 있는 것을 발견했다. 플레밍은 곰팡이가 배양 중이던 피부 감염을 유발하는 황색포도상구균을 죽였다는 사실을 알아차렸다. 이후 플레밍은 곰팡이가 페니실륨이라는 속에 속하는 균류임을 알게 되었다. 후속 실험에서 페니실륨이 질병을 유발하는 다른 여러 박테리아에도 같은 효과를 보인다는 사실을 발견했고 플레밍은 곰팡이 추출액에 '페니실린penicillin'이라는 이름을 붙였다.

이후 1940년 5월 옥스퍼드대학교의 어니스트 체인Ernst Chain과 하워드 플로리Howard Florey는 페니실린을 임상 목적으로 사용할 수 있을 만큼 충분히 분리하고 정제하는 방법을 개발해냈다. 그 이후로도 연구진이 미국 정부를 설득하여 페니실린을 약물로 대량생산하는 데 필요한 자금과 대규모 제조 시설을 확보할 때까지는 몇 년이 더 걸렸다. 하지만 제2차 세계대전이 끝날 무렵에는 페니실린은 기적의 약물로 받아들여졌으며 전 세계의 연합군 부대에 널리 보급되었다.

플레밍과 체인, 플로리는 '페니실린과 다양한 전염병에서 페니실린의 치료 효과를 발견'한 공로로 1945년 노벨 생리의학상을 공동 수상했다. 이 발견의 가장 중요한 결실은 이후 항감염제anti-infective라고 불리는 치료제 계열 전체의 발전으로 이어졌다는 사실일 것이다. 페니실린의 발명 이후 과학자들은 수십 가지의 항생제와 항감염제를 개발했으며, 이들 약물은 수십 년 동안 인류가 질병과 감염에 맞서 싸우는 과정에서 중요한 역할을 했다.

에드워드 제너와 얼룩무늬 괴물

우연과 관찰은 백신 개발에서도 중요한 역할을 했다. 천연두는 1980년 퇴치되기 전까지 역사상 인간이 겪은 가장 치명적인 질병 중 하나였다. 몇몇 역사가는 서기 165년부터 안토니누스 역병으로 수백만 명이 사망한 점을 고려할 때 천연두가 로마 제국 쇠퇴의 원인 중 하나로 작용했다고 주장한다. 천연두는 또한 영국과 프랑스, 스페인, 포르투갈의 탐험가와 식민지 개척자를 통해 아메리카 대륙의 원주민에게 전파되면서 수백만 명의 목숨을 빼앗기도 했다. 미국의 학자 제러드 다이아몬드^{Jered} ^{Diamond}는 1997년에 출간된 기념비적인 저서 《총, 균, 쇠》에서 천연두를 비롯한 전염병이 아메리카 대륙 전역에서 원주민 인구의 무려 95%를 사망에 이르게 했을 가능성을 제기한 바 있다.

최근 코로나19 팬데믹을 경험한 우리에게도 천연두라는 질병이 우리 선조들에게 얼마나 거대한 두려움과 공포의 대상이었는지 가늠하기란 쉽지 않다. 이에 관해 2005년 발표한 연구에서 스테판 리델^{Stefan Riedel} 박사는 다음과 같이 설명한다.

천연두는 모든 사회 계층에 큰 영향을 미쳤다. 18세기 유럽에서 매년 40만 명이 천연두로 사망했으며, 생존자의 3분의 1은 실명했다. 18세기 영국에서 '얼룩무늬 괴물'로 불리기도 했던 천연두의 증상은 갑작스럽게 나타났고 끔찍한 결과를 초래했다. 치사율은 보통 20%에서 60%에 달했으나 유아의 경우는 훨씬 높아 19세기 후반 독일 베를린에서는 유아 치사율이 98%에 육박했다.

세계 각지에서 천연두를 예방하는 방법을 찾기 위해 많은 관심이 쏠린 것도 당연한 일이었다. 중국이나 인도, 아프리카, 터키 등에서는 수백 년 전에도 천연두에서 살아남은 사람은 천연두에 면역이 생긴다는 점을 알아차렸다. 이러한 관찰은 천연두에 걸린 사람에게서 추출한 천연두를 건강한 사람에게 소량으로 주입하면 그 사람은 면역력을 키울 수 있으리라는 아이디어로 발전했다.

이런 접근방법이 전 세계 각지에서 채택된 바 있음을 보여주는 기록이 문서로 남아 있다. 15세기 중국의 상류층은 천연두 환자에게서 채취한 딱지를 말린 다음 가루로 만들어 환자의 코에 불어 넣었다. 다른 지역에서는 천연두 환자에게서 딱지, 심지어 고름을 산 뒤에 이를 피부에 낸 상처에 문지르기도 했다. 이러한 과정은 인두접종법이라는 이름으로 알려졌다. 오늘날 우리에게는 끔찍하고 원시적으로 보일 수 있지만, 인두접종법은 상당한 효과가 있었던 덕분에 많은 지역에서 채택되었다.

영국의 귀족이자 작가였던 레이디 메리 워틀리 몬터규[Lady Mary Wortley Montagu]는 1720년대 초부터 영국에서 인두접종법을 널리 알린 인물로 자주 언급된다. 콘스탄티노플(현재의 이스탄불)에 주재하던 영국 외교관의 아내였던 레이디 몬터규는 터키에서 인두접종법이 널리 시행되고 있다는 것을 알아차렸다. 또한 본인이 천연두를 앓기도 했으며 형제를 잃은 적도 있다. 이에 그녀는 콘스탄티노플에서 활동하던 스코틀랜드 출신 외과 의사인 찰스 메이틀랜드[Charles Maitland]에게 자신의 아이들에게 인두접종법을 시술해 달라고 부탁했다. 그리고 이 결단은 런던 왕립학회 회원이자 의사였던 제임스 주린[James Jurin]이 천연두의 자연 감염과 인두접종법에 따른 경도 감염의 치사율을 비교한 연구를 발표하는 계기가 되었다. 주린을 비롯한 여러 과학자와 의사의 연구는 18세기 영국을 비롯한 여러 나라에서 인두접종법이 점진적으로 받아들여지는 결과로 이어 졌다.

인두접종법이 그냥 내버려 두는 것보다는 훨씬 나은 방법이었지만 한계는 있었다. 리델 박사가 연구한 바에 따르면 "인두접종법을 시행한 이들의 2~3%가 사망하거나 다른 사람에게 천연두를 다시 옮기거나 결핵이나 매독과 같은 다른 질병에 걸렸다." 인두접종법으로 인한 가장 유명한 사망 사례는 영국 국왕 조지 3세의 막내아들 옥타비우스 왕자로, 왕자는 천연두 예방을 위한 인두접종법 시행 직후인 1783년 5월 사망했다. 이러한 한계에 맞서 영국의 외과 의사 에드워드 제너[Edward Jenner] 박사는 새롭고 더 나은 접근방법으로서 '백신 접종'을 세상에 소개했다.

제너는 1770년 런던에 있는 세인트 조지 병원에서 의학 공부를 마친 후 고향인 버클리로 돌아와 1772년부터 진료를 시작했다. 제너도 인두접종법을 시행하기는 했으나 그는 이 방법의 한계를 누구보다 잘 알고 있었다. 농촌 지역에서 지내던 제너는 농민들 사이에서 "소에게서 우두를 옮은 사람은 천연두에 걸리지 않는다"라는 이야기를 듣고 흥미를 느꼈다. 우두는 천연두와 유사한 발진이 젖소의 유방에 나타나기는 하나 증상은 훨씬 가벼운 질병이었다. 당시 소의 젖을 짜던 여성들 사이에서는 소에게서 우두를 옮는 경우가 상당히 흔했다. 이들은 며칠간 몸이 약간 안 좋았고 대개 손에 발진이 몇 개 생겼지만 크게 힘들어하지는 않았다. 이에 제너는 가벼운 증상만 나타나는 우두가 인두접종법에 사용되면 천연두와 같은 수준의 면역력을 제공할 수 있는지에 대한 궁금증을 갖게 되었다.

제너는 1796년부터 이 가설을 검증하기 위한 실험을 여러 차례 진행했으며 1798년에 연구 결과를 발표했다. 제너가 개발한 이 새로운 접근방법에는 라틴어에서 소를 의미하는 'vacca'에서 유래한 '백신 접종vaccination'이라는 이름이 붙었다.

제너의 연구 결과는 비교적 빠르게 인정받아 영국 정부는 1802년과 1807년 제너에게 대규모 연구 자금을 지원했다. 하지만 제너가 개발한 방법은 수십 년 동안 광범위한 저항에 부딪혔다. 일부는 종교적인 이유로 동물에서 유래한 백신 제품을 사용하는 데 반대했다. 세속적으로는 의사들이 기존의 수익성 좋은 인두접종법 사업을 위협한다는 이유에서 새로운 기술의 도입을 꺼렸다. 제너의 천연두 백신은 광범위한 채택에 이르기까지 거의 50년이 걸렸다. 1840년 영국 의회에서는 인두접종법을 금지하는 법을 제정했으며, 우두를 사용한 백신 접종은 1853년 영국 법률에 명문화되었다.

제너의 업적이 실제로 얼마나 많은 생명을 구했고 또 얼마나 많은 고통을 예방했는지를 숫자로 표현하는 일은 쉽지 않다. 하지만 제너 연구소에서 표현한 것처럼 "제너가 시작한 과업은 인류 역사상 그 어떤 사람이 남긴 업적보다 더 많은 생명을 구해낸 것으로 평가받고 있다." 여기서 강조할 점은 백신 접종이 널리 받아들여지기까지 제너와 그의 연구진에게는 거의 반세기가 걸렸다는 사실이다. 그에 반해 코로나19 백신이 대중적으로 수용될 때까지는 불과 10개월밖에 걸리지 않았다. 물론 이처럼 극적인 변화는 수십 년 동안 진행된 연구 위에 쌓아 올린 성과일 것이다. 만약 이처럼 기하급수적인 발전이 앞으로 계속 이어진다면, 언젠가는 몇 시간, 몇 분 또는 심지어 몇 초 만에 효과적인 백신과 약물을 설계할 수 있는 시대가 올지도 모른다.

저분자 약물과 고분자 약물

지금까지 우리는 저분자 약물과 백신이 어떻게 발전했는지를 살펴보았고 저분자가 승인된 약물 치료제의 상당 부분을 차지한다는 사실도 확인했다. 이제 최근 수십 년 사이에 등장하여 '고분자'라고 불리는 약물 계열에 대비되는 개념으로서 저분자 약물이 어떤 의미인지 살펴볼 필요가 있다.

저분자는 분자량이 낮은 유기 화합물이라고 정의할 수 있다. 원자나 분자의 질량을 측정하는 단위인 돌턴dalton은 일반적으로 탄소나 수소 원자의 질량을 기준으로 측정된다. 저분자 약물은 보통 800~1,000 돌턴(대략 수소 원자 800~1,000개의 질량) 미만의 분자를 가리킨다.

화학자들은 이미 100년 전부터 저분자를 합성하고 대량 생산할 수 있는 기술을 확보했다. 저분자는 치료제로 사용하기에 적합한 여러 가지 특징을 가지고 있다. 우선, 저분자는 구조가 비교적 단순하다 보니 제조 비용이 낮고 안정적으로 대량 생산할 수 있다. 또한 안정적인 경우가 많아서 정제 형태로 제조된 후 상온에서 약효가 떨어지지 않고 장기간 보관할 수 있으며, 유통 비용을 낮추는 데 많은 도움이 된다. 그에 반해 화학적으로 더 복잡한 약물은 액체 형태로 운송해야 하거나 아주 낮은 온도를 유지한 채 유통 과정을 거쳐야 하며 제품의 유통기한이 훨씬 짧을 수도 있다.

한편 저분자의 분자 구조는 저분자 약물이 세포막을 통과해 '세포 내 표적'까지 도달할 수 있음을 의미하기도 한다. 쉽게 말해서 저분자 약물은 세포 안으로 들어가서 무언가를 할 수 있다는 것이다. 또한 저분자는 비활성 상태의 프로드러그(pro-drug, 체외에서는 약효가 없으나 체내에 들어와 대사 과정을 거쳐 약물의 효과를 나타내는 약물로 전구약물로도 불림-옮긴이)로 만들어져 정제로 복용할 수 있으며, 인체 내 특정 위치에 도달하면 그곳의 혈액, 림프액 등 체액과 반응하여 대사 작용을 거치며 서서히 활성 약물로 변화하도록 설계할 수 있다. 제약회사에서는 이미 100년 이상 이러한 기술을 가다듬어왔다. 일례로 정제를 코팅하고 분자를 조작하면 약물의 활성 성분이 인체의 특정 부위에 도달했을 때만 방출되도록 할 수 있다.

그런데 1980년대부터 완전히 새로운 계열의 약물이 등장하기 시작했다. 바로 '고분자'다. 이름에서 알 수 있듯이 고분자는 저분자에 비해 훨씬 더 크고 복잡한 구조의 치료제다. 구체적으로 고분자는 보통 5,000~50,000 돌턴(즉 5~50킬로돌턴)의 분자량을 가진다.

고분자 치료제는 일반적으로 아미노산이 연결된 중합체이자 생명체의 기본적인 구성 요소인 단백질 또는 펩타이드로 구성된다. 이러한 단백질이나 펩타이드는 복잡한 생명공학적 제조 과정을 거쳐 얻을 수 있다. 이런 이유로 고분자 약물을 보통 바이오 의약품이나 생물학적 제제라고 부른다.

저분자 약물이 여전히 전체 치료제의 상당 부분을 차지하고 있지만, 고분자 약물은 경제적 가치 측면에서 점점 더 큰 비중을 차지하며 빠르게 성장하고 있다. 2020년 기준 전 세계에서 가장 많이 팔린 약물 10개 가운데 7개가 바이오 의약품이었으며 매출액은 총 수십억 달러에 달했다. 이는 고분자 약물이 저분자 약물에 비해 현재로서는 제조 비용이 훨씬 더 많이 들기 때문이기도 하지만, 당뇨병이나 암처럼 이전에는 거의 또는 전혀 치료할 수 없었던 질병에 대해 치료 효과를 보여주었기 때문이다. 이 모든 변화는 비교적 짧은 시간 내에 이루어졌다. 일라이 릴리^{Eli Lilly}가 당뇨병 치료제로 출시한 휴물린^{Humulin}이 시중에서 살 수 있는 최초의 바이오 합성 인슐린으로 약물 개발의 역사에 등장한 해는 1982년이었지만, 오늘날 가치 있는 바이오 의약품 가운데 상당수는 최근 수년 내에 승인된 약물들이다.

암과 같은 특정 질병에서 나타나는 치료 효과와 현재까지 창출한 경제적 가치는 물론이고 앞으로 제공할 수 있는 엄청난 가능성을 고려할 때, 고분자 약물은 핵심 신기술 중 하나임이 분명하다.

과학자들이 고분자를 합성할 수 있게 되기까지 필요했던 발전 과정을 살펴보면 바이오 의약품이 지금까지 이룬 혁신과 미래의 가능성을 더 깊이 이해할 수 있을 것이다.

DNA, 이중 나선 구조의 발견

고분자 치료제 개발을 비롯해 수많은 과학적 발전으로 가는 과정에서 가장 중요한 진보 중 한 가지는 1950년대 초 프랜시스 크릭^{Francis Crick}과 제임스 왓슨^{James Watson}, 모리스 윌킨스^{Maurice Wilkins}이 함께 DNA의 구조를 규명한 사건이다(이들은 이 발견으로 1962년 노벨상을 받았다). 미국 국립 의학 도서관은 발견이 갖는 의미를 다음과 같이 설명한다.

이들의 발견은 곧바로 유전암호와 단백질 합성에 관한 획기적인 통찰을 가져왔다. DNA 구조의 발견은 1970년대와 1980년대 동안 새롭고 강력한 과학기술의 개발로 이어졌다. 특히 재조합 DNA 연구나 유전자 공학, 신속한 유전자 염기서열 분석, 단클론 항체와 같은 기술은 오늘날 수십억 달러 규모로 성장한 바이오 테크놀로지 산업의 토대를 이루고 있다.

위대한 발견에서 항상 그렇듯이 세 과학자의 연구도 이전에 많은 과학자가 이룬 엄청난 업적 위에 쌓아 올려진 것이다.

이제 시간을 과거로 돌려 1869년으로 가면, 스위스의 화학자 프리드리히 미셔Friedrich Miescher는 뉴클레인nuclein이라고 이름 붙인 물질을 처음으로 발견한 과학자였다. 이 물질은 이후 핵산nucleic acid으로 명칭이 바뀌었으며, 데옥시리보핵산의 약자인 DNA와 리보핵산의 약자인 RNA에서 'NA'를 구성하는 핵심 요소다. 핵산은 단백질, 지질 및 탄수화물과 함께 생명체의 네 번째 근본적인 구성 요소로 자리 잡은 물질이다.

미셔의 업적은 초창기 DNA를 이해하는 첫걸음으로서 중요한 역할을 했다. 왓슨, 크릭 및 윌킨스와 시간상으로 더 가까운 인물로는 어윈 샤르가프Erwin Chargaf가 있다. 그는 1935년부터 컬럼비아대학교 의과대학에서 연구하며 DNA 구조의 핵심 구성 요소인 구아닌과 사이토신, 아데닌, 티민의 비율에 관한 연구를 완료했다. 샤르가프가 그가 이룬 성과는 훗날 세 과학자의 발견에 크게 이바지한 것으로 인정받고 있다.

비슷한 시기에 활동했으며 두 개의 다른 분야에서 단독으로 노벨상을 받은 유일한 인물인 미국의 화학자 라이너스 폴링Linus Pauling이 완성한 연구도 이후의 발견에 중요한 토대를 제공했다. 그는 특히 단백질 구조에서 발견되는 단일 가닥의 알파 나선 구조를 발견했으며, 훗날 왓슨과 크릭이 DNA 구조를 규명하는 데 사용한 화학적 모델링 기법 개발에 선구적인 역할을 했다.

가장 많은 공로를 인정받아야 할 과학자는 젊은 X선 결정학자^{X-ray} ^{crystallographer} 로잘린드 프랭클린^{Rosalind Franklin}일 것이다. 그녀가 DNA 구조를 촬영한 결정학적 사진은 왓슨과 크릭의 발견에 결정적인 역할을 했다. 이 연구 덕분에 그녀의 동료였던 윌킨스가 노벨상 공동 수상자로 선정될 수 있었다. 안타깝게도 프랭클린은 장기간 X선을 이용해 작업하면서 발병한 것으로 추정되는 난소암으로 1958년에 세상을 떠났기에 1962년도 노벨상 수상자로 선정되지 못했다.

프랭클린의 전문 분야는 주로 X선 결정학의 활용이었다. X선 결정학은 1912년 이후에야 세상에 등장한 매우 혁신적인 기술이었으며, 그 덕분에 과학자가 처음으로 원자 및 화학적 결합 수준에서 물질을 분석할 수 있게 되었다. X선 결정학은 프랭클린뿐만 아니라 라이너스 폴링을 포함한 다른 많은 과학자가 DNA를 비롯한 다양한 생물학적 분사 구조를 규명하는 데 활용되었다. 마찬가지로 샤르가프는 자기 연구에서 종이 크로마토그래피와 자외선 분광법을 사용했는데, 이 두 기술도 1940년대 초반이 되어서야 개발되었다.

왓슨, 크릭, 윌킨스의 DNA 구조 규명과 같이 주목할 만한 혁신적인 도약은 전 세계의 과학자 수천 명이 이루어낸 진보는 물론이고 상호 보완적이며 자체적으로도 발전하는 수십 가지의 가히 혁명적 과학기술의 개발 덕분에 가능했다. 이 엄청난 과학적 발전은 과거 그 어느 시점보다 최신 연구 기법과 아이디어, 과학기술이 활발하게 공유되는 점점 더 세계화된 세상에서 이루어지고 있었다. 이와 같은 현상은 특히 제 2차 세계대전이 끝난 후에 눈에 띄게 나타났다. 과학자들이 더 이상 전쟁 중인 자기 나라를 위해 비밀스럽고 고립된 환경에서 연구하지 않아도 되었기 때문이다. 이들 중 다수가 전쟁의 상흔에서 벗어나지 못한 유럽과 일본을 떠나 충분한 자금, 고도로 발달한 특허법 체계, 가장 최신의 도구와 장비를 제공할 수 있는 미국으로 이주할 수 있었던 점도 많은 영향을 미쳤다.

히포크라테스와 디오니코리데스, 갈레노스부터 에드워드 제너와 레이디 몬터규를 지나서 파울 에를리히, 알렉산더 플레밍, 왓슨·크릭·윌킨스, 프랭클린, 현재 제니퍼 다우드나Jennifer Doudna에 이르기까지, 인류의 진보는 과학적으로, 문화적으로, 재무적으로 너무나 복잡하고 자체적으로 강력해지는 일련의 발전에 기반을 두고 있다. 약 2,000년 전 천천히 시작되었던 발전은 점점 기하급수적인 속도로 빨라지고 있다.

특히 바이오테크놀로지와 고분자 바이오 의약품 개발 측면에서 DNA 구조의 규명은 수십 년간 급속도로 진행된 발전의 출발 신호나 다름없었다. 이처럼 빠르게 진행된 발전을 통해 놀라운 과학적 발견과 치료제와 진단 기술이 등장했으며, 이제는 암과 같은 수많은 질병과 건강 문제를 효과적으로 치료할 수 있다는 현실적인 가능성에 그 어느 때보다 가까이 다가가고 있다.

DNA부터 RNA와 mRNA까지

1950년대 내내 많은 과학자는 DNA와 RNA에 관한 연구를 멈추지 않았다. 이들은 DNA, RNA, 단백질 사이의 관계를 밝혀냄으로써 생명체가 어떻게 '구성'되는지에 관한 중요한 통찰력을 얻었다.

1958년 크릭은 DNA가 RNA를 만든 다음 RNA가 단백질을 만든다는 '분자생물학의 중심 원리'를 발표했다. 2020년 12월 《테크놀로지 네트워크》에 실린 글에서 과학 전문 저술가 루아이리 매켄지$^{Ruairi\ Mackenzie}$는 이렇게 설명한다. "DNA는 유전 정보를 복제하고 저장한다. 생명체 내 모든 유전 정보를 담고 있는 설계도인 것이다. 그런 다음 RNA가 DNA에 저장된 유전 정보를 단백질을 구성하는 데 사용되는 형태로 변환한다." 매켄지는 독자의 이해를 돕기 위해 비유를 사용하여 설명한다. "DNA는 생명체의 설계도를 세대를 거쳐 전달할 수 있도록 하는 생물학적 USB 메모리다. RNA는 USB 메모리를 해독하는 리더기 역할을 한다."

크릭이 이 '중심 원리'를 제시한 이후 수십 년 동안 많은 과학자가 세부적인 내용을 점점 이해하기 시작했다. 1961년 《네이처》에 '전령 RNA$^{messenger\ RNA}$' 즉 mRNA를 분리하는 데 성공했다는 논문 두 편이 발표되었다. 이에 관해 《스탯》에 게재된 특별 기고에서 데미안 가르데$^{Damian\ Garde}$와 조너선 솔츠먼$^{Jonathan\ Saltzman}$은 이렇게 설명한다. "mRNA는 인체 세포 수조 개를 만드는 방법을 설명하는 요리책으로 볼 수 있는 유전암호 정보를 복제한다. 지난 수십 년간 과학자들은 맞춤 설계한 전령 RNA, 즉 mRNA의 무한한 가능성을 꿈꿔왔다. 기본 개념은 합성 mRNA를 정밀하게 조작한 후 이를 주입하면 신체의 어느 세포라도 필요에 따라 약물을 생산하는 공장으로 탈바꿈할 수 있다는 것이다."

이 글을 쓰는 시점을 기준으로 이 기술이 적용된 친숙한 사례는 코로나19 팬데믹에 대응하기 위해 개발된 주요 백신 세 가지 가운데 두 가지가 mRNA 백신이라는 사실일 것이다. 모더나[Moderna]가 개발한 백신과 바이오엔텍[BioNTech]과 화이자[Pfizer]가 공동으로 개발한 백신이다.

지난 60여 년 동안 RNA 관련 연구로 수십 명의 과학자가 노벨상을 받았다. mRNA의 분리에서 치료 목적의 사용에 이르기까지는 50년 이상의 시간과 30개 이상의 노벨상이 필요했다. mRNA 백신 기술을 완성하는 데 결정적인 역할을 한 과학적 발전이 이루어진 것은 비교적 최근의 일이었다. 커털린 커리코[Katalin Kariko]와 드루 와이스먼[Drew Weissman]이 상당 기간 동료나 연구기관, 연구비 지원기관의 충분한 지원이 없는 불확실한 여건에서 연구를 지속한 끝에 mRNA 퍼즐의 마지막 중요한 조각을 제공한 덕분이었다.

두 과학자의 핵심 업적은 합성 DNA에 대한 신체 면역체계의 반응을 억제하는 방법을 찾아낸 것이다. 지난 수십 년간 RNA를 기반으로 한 치료제는 우리 몸의 면역체계가 치료 목적으로 전달된 RNA를 낯선 외부 물질로 인식해 파괴해버리는 문제에 부딪혔다. 게다가 이러한 면역 반응은 치료 효과보다 부작용이 더 클 위험도 증가시켰다. 커리코와 와이스먼은 이와 같은 면역 반응을 유발하지 않는 하이브리드 mRNA를 설계하는 방법을 알아냈다. 과학계 소식을 다루는 《라이브 사이언스》의 니콜레타 라네세[Nicoletta Lanese]는 2021년 기사에서 다음과 같이 이야기한다.

본질적으로 커리코와 와이스먼은 합성 mRNA가 세포로 들어가 단백질을 만들라는 명령을 전달한 뒤에 그 명령이 실행되면 부작용이 없는 상태로 분해될 때까지 면역체계의 경고가 울리지 않도록 하는 방법을 찾아냈다. 이 과정은 코로나19 백신 개발을 가능하게 했으며, 미래에는 이 기술이 유전자 치료와 암 치료에서 새로운 길을 열어줄 것이다.

현재 커리코와 와이스만의 연구 성과는 업적에 걸맞게 인정받고 있다. 두 과학자는 생명과학 분야에서 가장 권위 있는 네 개의 상(호르위츠, 올버니, 래스커, 브레이크스루)을 받았으며, 2023년 10월에는 노벨 생리의학상의 영광까지 누렸다.

재조합 DNA

mRNA가 최첨단 기술이기는 하지만 분자생물학이 발전하면서 지난 수십 년 동안 등장한 여러 흥미로운 기술 가운데 하나일 뿐이다. 이처럼 혁신적인 기술 중 또 다른 사례는 바로 '재조합 DNA$^{recombinant\ DNA}$'다.

앞서 잠시 언급했듯이, 세계 최초로 승인된 고분자 바이오 의약품은 세계적인 제약회사 일라이 릴리에서 개발해 휴물린이라는 브랜드로 1982년에 출시한 합성 인슐린이었다. 이 합성 인슐린이 개발되기 전까지 전 세계의 당뇨병 환자는 동물에서 추출한 인슐린으로 치료받았다. 토론토대학교의 교수였던 프레더릭 밴팅$^{Frederick\ Banting}$과 존 맥클라우드

John Macleod는 1923년 '인슐린을 발견'한 업적으로 노벨 생리의학상을 받았다. 두 과학자는 처음으로 인슐린을 성공적으로 추출하여 당뇨병 치료에 사용하였으며 그 후로 인슐린은 소나 돼지에서 추출되었다. 일라이 릴리는 1920년대에 미국 시장에 공급할 인슐린을 생산하기 시작했고, 덴마크의 노르디스크 인슐린 연구소Nordisk Insulinlaboratorium와 노보 치료제 연구소Novo Terapeutisk Laboratorium는 캐나다의 연구 결과를 기반으로 유럽 시장에 공급할 인슐린을 생산하기 시작했다.

최초의 인슐린 '발견' 이후 수십 년 동안 일라이 릴리, 덴마크의 두 기업, 그리고 독일의 회흐스트(현재 프랑스 제약회사인 사노피의 자회사)는 인슐린 제품의 품질을 꾸준히 개선했지만, 합성 인간 인슐린의 제조라는 거대한 도약이 일어날 때까지는 거의 60년이 걸렸다. 이 혁신적인 도약은 DNA 연구가 낳은 결과라고 볼 수 있다. 왓슨과 크릭의 노벨상 수상 이후 약 20년 동안 많은 과학자는 두 개 이상의 원천으로부터 추출한 DNA를 결합하여 원하는 단백질을 생성하는 방법을 점진적으로 밝혀냈다. 이후 이 프로세스는 유전자 재조합으로 알려지게 되었다.

1982년 미국의 바이오테크놀로지 기업 제넨텍Genentech에서 인간 인슐린 유전자를 대장균 박테리아에 삽입하는 방법을 발견했으며, 그 결과 인간 인슐린을 대량으로 제조할 수 있었다. 이후 일라이 릴리는 인슐린 생산 전문성을 바탕으로 제넨텍의 지식재산권을 라이센스 받은 다음, 자사 공장에서 합성 인간 인슐린을 대규모로 생산하기 시작했다. 아마 세계 각지의 소와 돼지는 큰 안도의 한숨을 내쉬었을 것이다. 게다가 인슐린 공급에 한계가 없다는 점도 큰 변화였다.

오늘날 재조합 DNA는 수많은 치료제와 진단 기술을 뒷받침하는 기초 과학으로 자리 잡고 있다.

단클론 항체

지난 수십 년 동안 DNA를 이를 조작하거나 복제할 수 있는 능력이 발전하면서 등장한 또 다른 노벨상 수상 기술은 '단클론 항체^{monoclonal} antibody', 짧게 줄여서 mAbs다. 단클론 항체는 앞서 언급한 고분자 혹은 바이오 의약품 가운데 가장 일반적인 유형에 해당한다.

2021년 3월 미국 식품의약국에서는 100번째 단클론 항체 제품을 승인했다. 이들 제품은 2021년에만 총 1,800억 달러 이상의 매출을 기록했으며, 2030년까지 연간 4,000억 달러 이상으로 성장할 것으로 전망된다. 이들 제품이 보여준 엄청난 치료 효과를 보면 급격한 성장세가 그리 놀랍지는 않다. 단클론 항체 제품은 이식 거부 반응 치료나 혈전 예방은 물론이고 류머티즘 관절염, 천식, 크론병, 궤양성 대장염, 다발성 경화증, 황반변성 등 치료가 쉽지 않은 다양한 질병의 치료에서 효능을 입증했기 때문이다. 무엇보다 중요한 점은 단클론 항체는 암 치료를 혁신했으며 암을 관리하는 방식에 대한 시각을 근본적으로 바꾸었다.

코로나19 팬데믹이 항체에 대한 대중의 인식을 한층 높이기 전에도 대부분이 항체라는 개념에는 대체로 친숙했다. 항체는 Y자형 단백질로, B세포와 T세포(이 둘을 합쳐 림프구라고 부름) 및 대식세포와 호중성 백혈구(둘 다 병원체를 포획하여 신체에서 제거하는 포식세포)와 함께 우리 몸의 면역체계 최전선에서 중요한 역할을 한다. 이들 각각은 박테리아나 바이러스, 곰팡이와 같은 신체 내 외부 침입자나 병원체를 처리하기 위해 특정한 기능을 수행한다. 항체는 우리 몸에 침투한 병원체의 표면에 있는 특정 분자나 분자 조각인 항원에 결합한다. 이를 통해 항체는 항원을 외부 물질로 식별하여 면역체계의 나머지 부분이 해당 병원체를 제거할 수 있도록 돕는다.

특정 항원을 표적으로 하는 항체를 생산할 수 있다면 강력한 치료제의 탄생으로 이어질 수 있다는 아이디어는 상당히 논리적으로 보였다. 그렇지만 이는 극도로 복잡한 문제였다. 과학자는 항원을 매우 정밀하게 식별할 수 있어야 할 뿐만 아니라 그 항원에 대응하는 항체를 생산하는 방법도 알아야 했다. 또한 치료제로 사용되기 위해서는 이 항체를 대량으로 생산하는 동시에 헬스케어 시스템이 감당할 수 있는 비용으로 시장에 공급해야 했다.

다행히도 1970년대부터 이러한 가능성이 현실화되기 시작했다. 1975년 영국 케임브리지 대학교의 분자생물학 연구소에서 게오르게스 쾰러Georges Kohler와 세자르 밀스테인Cesar Milstein은 특정 항원 하나를 식별할 수 있는 단클론 항체를 생산하는 방법을 개발했다. 이 방법은 하이브리도마hybridoma 기법이라고 불린다. 쾰러와 밀스테인이 도출한 가장 의미 있는 성과는 항체를 생산하는 백혈구와 종양 세포를 융합하여 하이브리드 세포를 만들어내는 것이었다. 백혈구는 신체 외부에서 오래 생존할 수 없어서 조작하거나 항체 생산에 사용할 수 없었다. 하지만 이 백혈구를 골수종 세포와 융합하면 체외에서 생존하는 것은 물론이고, 더 중요하게는 계속해서 분열하면서 특정 항체를 무한히 생산할 수 있는 '불멸'의 하이브리드 세포를 만들어낼 수 있었다.

퀼러와 밀스테인은 이러한 업적을 인정받아 1984년 노벨 생리의학상을 받았다. 수상자를 발표하며 노벨 위원회는 이들의 기법을 "1970년대 생리의학 분야의 가장 중요한 방법론적 진보"라고 평가했다.

하이브리도마 기법에는 쥐를 비롯해 토끼와 기니피그 등 실험용 동물이 필요했다. 이 기법이 엄청난 과학적 돌파구였던 것은 맞지만, 인간이 아닌 원천에서 유래한 항체에 대해 인간의 면역체계가 거부 반응을 보일 가능성이 있었다. 단클론 항체가 본격적으로 인간에게 사용할 수 있는 치료제로 자리잡을 때까지 추가로 몇 년의 시간과 발전이 필요했다. 케임브리지 대학교 그레고리 윈터 경Sir Gregory Winter이 이끌던 연구진은 단클론 항체를 이른바 인간화하는 방법을 연구하기 시작했다. 그리고 1980년대 후반 그 목표를 달성했다. 새로운 기술을 활용하여 유전적으로 인간에 가까운 항체를 생산할 수 있었으며, 그 결과 초기의 비인간 항체에서 우려했던 문제를 줄이거나 제거할 수 있었다.

그 과정에서 사용된 기법 하나는 파지 디스플레이phase display로, 1985년 미국 미주리대학교의 조지 스미스George Smith가 개발한 기술이었다. 윈터 경의 연구진은 케임브리지에서 파지 디스플레이를 한층 발전시켜 인간화 항체 연구에 활용했다. 이러한 업적으로 윈터 경과 스미스는 2018년 노벨 화학상 수상자에 포함되었다. 이들의 선정 이유로 노벨 위원회는 다음과 같이 언급했다.

윈터는 새로운 치료제 개발을 목표로 항체의 유도 진화를 위해 파지 디스플레이를 활용했다. 이 방법으로 개발한 첫 번째 약물인 아달리무맙adalimumab은 2002년 규제 당국의 허가를 받았고, 이후 류머티즘 관절염과 건선, 염증성 장 질환 치료에 사용되고 있다. 파지 디스플레이는 아달리무맙의 뒤를 이어 독소 중화나 자가면역 질환 억제, 전이성 암 치료에 사용되는 항체를 개발하는 데 크게 이바지했다.

아달리무맙의 브랜드명은 휴미라Humira로, 현재 미국의 제약회사 애브비AbbVie에서 판매하고 있다. 애브비는 휴미라로 2022년 한 해에만 전 세계에서 210억 달러 이상의 매출을 기록했다. 이는 노벨상에 빛나는 과학적 발전이 시간이 지남에 따라 창출하는 경제적 가치를 보여주는 대표적인 사례다.

면역관문 억제제

그레고리 윈터 경과 조지 스미스가 노벨 화학상을 받은 같은 해에 생리의학 부문에서는 단클론 항체와 관련한 또 다른 중요한 과학적 발전을 이룬 이들에게 노벨상이 수여되었다. 그리고 이 발전도 쾰러와 밀스테인, 윈터 경, 스미스를 비롯한 많은 과학자가 이룬 연구 성과 위에 쌓아 올린 것이었다. 위에서 인용한 2018년 노벨 화학상 보도자료에 언급된 바와 같이 이 과학적 발전은 '전이성 암 치료'를 어느 정도 가능하게 했다. 제임스 앨리슨James Allison과 혼조 타스쿠Tasuku Honjo는 "음성 면역 조절을 억제하는 암 치료법을 발견"한 공로로 2018년 노벨 생리의학상을 받았으며, 특히 이들의 연구는 완전히 새로운 암 치료 방법인 면역관문 치료[immune checkpoint therapy]의 개발로 이어졌다.

　　오랜 시간 과학자들은 인간의 면역체계가 외부 침입자에 대응할 때 이른바 가속 페달과 브레이크 사이에서 섬세한 균형을 유지한다고 알고 있었다. 이 균형은 면역체계가 필요할 때는 T세포와 같은 다양한 세포를 활성화('가속')하여 외부 침입자와 싸우는 동시에 신체 내의 조직과 장기의 '정상' 세포를 공격하지 않도록 억제('브레이크')하는 역할을 한다. 이에 관해 노벨 위원회에서는 이렇게 언급했다. "가속 페달과 브레이크 사이의 이 정교한 균형은 엄격한 통제에 필수적인 요소다. 이를 통해 면역체계는 외부 미생물을 상대로 하는 공격에 필요한 만큼 참여하면서도 건강한 세포나 조직의 자가면역 파괴로 이어질 수 있는 과도한 활성화를 피할 수 있기 때문이다."

　　오랜 기간 암 치료에서 가장 큰 장애물 중 한 가지는 암세포가 면역체계로부터 '숨는' 데 매우 능숙해서 면역체계가 암세포를 '외부 침입자'로 인식하지 못하는 경우가 많다는 사실이었다. 미국 캘리포니아주 버클리에 있는 앨리슨의 연구실과 일본 도쿄에 있는 혼조의 연구실은 물리적으로 수천 킬로미터나 떨어져 있었지만, 두 과학자는 암에 대해 면역체계가 이와 같은 반응을 보이는 이유는 특정 단백질이 면역체계의 브레이크 역할을 하기 때문이라는 아이디어에 주목했다. 보다 구체적으로 보면, 앨리슨은 '세포독성 T림프구 관련 단백질 4[T-lymphocyte-associated protein 4, CTLA-4]'에 초점을 맞췄으며, 혼조는 '세포예정사 단백질 1[programmed cell death protein 1, PD-1]에 집중했다.

　　얼마 지나지 않아 두 과학자는 CTLA-4와 PD-1이 모두 면역체계에서 브레이크 역할을 하고 있어서 암세포가 그토록 빈번하게 파괴되지 않고 증식할 수 있었다는 사실을 깨달았다. 이들은 두 가지의 단백질 브레이크를 차단하거나 억제할 수 있다면 면역체계를 활성화하여 암세포를 공격하게 할 수 있을 것이라는 가설을 세웠다. 이를 확인하기 위해 할 일은 CTLA-4 또는 PD-1에 결합할 수 있는 항체를 개발하는 것이었다.

1994년 앨리슨의 연구진은 실험용 쥐를 대상으로 CTLA-4 항체를 사용한 실험을 처음으로 진행했다. 결과는 환상적이었다. CTLA-4 항체로 치료한 쥐에서 암이 사실상 완전히 사라진 것이다.

이 실험은 현재까지 계속되는 긴 여정의 첫걸음에 불과했다. 인간에서 암을 치료하기란 쥐와는 비교할 수 없을 정도로 어려운 일이기 때문이다.

PD-1 항체를 사용한 임상 시험에서도 마찬가지로 흥미로운 결과가 나왔다. 이제 시계를 돌려 현재로 오면, 미국의 제약회사 머크^{Merck}의 키트루다^{Keytruda}는 전 세계에서 가장 많이 판매되는 PD-1 항체 약물로, 2022년 기준 거의 210억 달러의 매출을 기록했다. 키트루다는 흑색종과 비소세포폐암, 두경부 편평세포암, 호지킨 림프종, 방광암, 대장암을 비롯해 다양한 암에 걸린 환자의 치료에 사용할 수 있다고 허가받았다. 키트루다가 그토록 많은 매출을 올리는 이유다.

지금까지 이야기한 이 광범위한 접근방법은 신체의 면역체계를 이용하여 암과 싸운다는 점에서 '면역요법'이라는 이름으로 불린다. 암 면역요법은 최근 몇 년 사이 바이오테크놀로지 분야에서 일어난 가장 흥미롭고 가치 있는 발전 중 하나로 평가받는다. 이는 면역요법의 치료 효과가 매우 높은 데다가 몸에 상처가 남는 외과적 수술이나 방사선 치료,

화학요법과 같은 전통적인 치료법에서 흔히 나타나는 심각한 부작용이 덜 발생하는 경우가 많기 때문이다.

그렇지만 이러한 면역관문 억제제^{ICI} 약물에는 여전히 실질적인 문제가 남아 있다. 우선 개별 환자와 암의 종류에 따라 반응률이 크게 달라진다. 운이 좋은 일부 환자는 완전 관해^{complete response, CR}을 경험하지만, 많은 수의 환자는 부분 관해에 그쳐 암의 진행이 일시적으로 멈추거나 더 느리게 진행될 수는 있지만 완치에는 이르지 못한다. 물론 이 정도의 결과도 환자에게는 긍정적인 결과로 받아들여질 수 있다. 암이 진행되지 않고 몇 달이나 심지어 몇 년을 더 살 수 있는 무진행 생존^{progression-free survival, PFS} 기간은 환자나 가족에게 큰 의미가 있는 결과이기 때문이다. 한편, 일부 환자에게는 이 치료법이 전혀 효과가 없을 수도 있다. 현시점에서 면역관문 억제제 약물이 암 치료에서 상당한 진전임은 사실이나 아직 만병통치약이라 할 수 없으며 효과적인 암 완치제로 여기는 것도 적절하지 않은 것이 분명하다.

면역관문 억제제 약물의 또 다른 중요한 문제는 가격이 매우 비싸다는 점이다. 미국에서 키트루다의 보험약가는 연 10만 달러가 넘는다. 다만, 세계 각국의 의료 시스템과 보험사는 상당히 복잡한 여러 요인을 바탕으로 머크와 직접 협상하여 서로 다른 가격을 지급한다. 예를 들어 2018년 6월 영국의 국민보건서비스^{NHS}는 머크와 협상 끝에 키트루다를 영국 국민에게 제공하기로 합의했다고 발표했다. 합의된 가격은 비밀이었지만 확실히 미국의 보험약가보다는 훨씬 낮은 수준이었다.

그러나 여기서 주목할 점은 합의가 이루어진 시점이 키트루다가 미국에서 시판 허가된 후 2년이나 지난 때였다는 것이다. 게다가 키트루다는 영국 내 소수의 환자만 이용할 수 있으며 적용되는 암도 제한적이다.

다른 면역관문 억제제 약물도 비싸기는 마찬가지다. 미국의 대형 제약회사 브리스톨 마이어스 스퀍^{Bristol-Myers Squibb, BMS}은 면역관문 억제제 시장에 비교적 일찍 진입한 기업 중 하나로, 2011년 전이성 흑색종 치료 목적으로 허가된 CTLA-4 항체 약물인 여보이^{Yervoy}를 출시했다. BMS는 이후 머크의 키트루다가 시판 허가받은 해인 2014년에 자체 개발한 PD-1 항체 약물인 옵디보^{Opdivo}를 시장에 내놓았다. 한편 스위스의 제약회사 로슈는 2016년 PD-L1 항체 약물인 텐센트릭^{Tencentriq}을 출시하며 머크와 BMS의 뒤를 따랐다.

이들 면역관문 억제제 약물은 모두 10만 달러가 넘는 가격으로, 헬스케어 시스템과 보험회사에 큰 부담이 된다. 실제 비용 측면에서는 더욱 심각하다. 면역관문 억제제 약물은 대부분 단독으로 사용되기보다는 다른 치료제와 병용 투여되기 때문이다. 이들 약물의 효능이 제한적이라는 이유에서 의료진은 약물이 출시된 후 지금까지도 화학요법, 수술, 방사선 치료 등 기존의 치료법과 함께 사용하거나 심지어 몇몇 사례에서는 다른 면역관문 억제제 약물과 병용 투여한다.

예를 들어, 여보이와 옵디보는 몇 년 전부터 진행성 또는 수술할 수 없는 흑색종 환자를 대상으로 병용 요법으로 사용이 허가되었다. 이 허가의 밑바탕에는 CTLA-4 항체와 PD-1 항체를 함께 사용하면 단독 요법보다 훨씬 강력한 치료 효과를 낼 수 있다는 생각이 있었을 것이다. 여보이와 옵디보의 병용 요법에 따른 연간 치료비는 25만 달러가 넘는다. 이에 관해《로이터》가 보도한 내용은 다음과 같다.

"일반적으로 암 치료 약물의 경우 비용을 낮추기가 어렵습니다." 라고 미국 내 기업 및 보험사의 약물 혜택 프로그램을 관리하는 기업 가운데 최대 규모인 익스프레스 스크립츠의 최고 의료 책임자 스티브 밀러는 말했다. "자녀에게 두 번째로 좋은 암 치료 약물을 사용하라는 말을 듣고 싶지는 않을 테니까요."

2021년 BMS가 발표한 병용 요법의 임상 시험 결과를 고려하면 이런 표현이 그리 과하다는 생각이 들지는 않을 것이다. 6년 반 동안 진행된 임상 시험에서 옵디보와 여보이를 병용 투여한 환자 가운데 49%가 임상 결과 발표 시점에 여전히 생존해 있었고, 그중 77%는 추가 치료가 필요 없는 상태를 유지했기 때문이다. 치료받지 않았다면 약 6개월 이내에 사망할 가능성이 큰 환자들이 몇 년 동안 생존하며 추가 치료 없이 삶을 이어가는 결과를 얻는다는 것은 분명 의미 있는 진전이다. 물론 연간 25만 달러가 넘어가는 면역관문 억제제 약물 병용 투여 비용을 부담할 경제적 여유가 있거나 이를 보전하는 의료보험을 가지고 있는 동시에 병용 투여 치료에 반응하는 환자만 이처럼 긍정적인 결과를 얻을 수 있지만, 적어도 운 좋은 소수의 환자에게는 놀라운 진전이고 성과임은 분명하다.

앞으로 벌어질 일에 대한 기대감은 더욱 크다. 면역관문 억제제 약물이 개발되어 의료 현장에서 사용되기 시작한 지 약 10년밖에 되지 않았다. 과학의 발전은 물론이고 앞으로 몇 년 내에 제조 비용이 감소하면 면역관문 억제제와 같은 고가의 치료제가 훨씬 더 저렴해져서 보다 널리 이용할 수 있게 될 가능성이 충분히 있다.

바이오 의약품이 이토록 비싼 이유는 제조 프로세스가 매우 복잡하고 비용이 많이 들기 때문이다. 면역관문 억제제를 포함한 단클론 항체는 고분자 약물로, 저분자 약물보다 설계와 생산이 훨씬 더 복잡하다. 또한 고분자 약물은 안정성이 낮아 더 복잡한 유통 과정이 필요하다.

이중특이성 항체와 다중특이성 항체

면역요법 또는 면역제 치료법 분야의 최신 트렌드 중 하나는 훨씬 더 복잡한 분자를 만들려는 노력이다. 현재 사용 중인 주요 항체 약물 상당수는 모노머^{monomer}, 즉 단량체로 불린다. 이들 약물은 CTLA-4나 PD-1처럼 단일 항원을 표적으로 삼도록 설계되어 있다. 최근까지 한동안 의사들은 여보이와 옵디보의 병용 투여 사례처럼 두 가지 이상의 단량체 항체를 함께 사용하는 실험을 진행했다.

여기에는 다른 조건이 같다면 두 항원을 표적으로 삼는 치료법이 하나의 항원만을 표적으로 삼는 치료법보다 더 강력한 치료 효과를 발휘할 것이라는 가정이 있었다. 그리고 이것은 여보이와 옵디보의 병용 투여 임상 시험을 통해 상당 부분 사실로 확인되었다. 이러한 연구 결과를 바탕으로 자연스럽게 등장한 또 다른 논리적 아이디어는 이중특이성$^{bi-specific}$ 항체 또는 심지어 다중특이성$^{multi-specific}$ 항체를 개발한다는 것이었다. 다시 말해서 하나의 항체 분자가 둘 이상의 항원에 결합할 수 있으므로 두 가지의 표적(이중특이성)이나 그 이상의 표적(다중특이성)을 하나의 항체 약물로 처리할 수 있다는 생각이다. 이에 관해 미국의 바이오테크놀로지 기업 암젠^{Amgen}은 다음과 같이 설명한다.

> 이중특이성 항체는 하나의 분자로 두 가지 질병 표적을 동시에 공략하여 복잡하고 다면적인 질병을 치료하는 것이 목표다. 자연 항체는 같은 표적 항원에 결합하는 두 개의 결합 팔을 가지고 있지만, 이중특이성 항체는 서로 다른 두 개의 결합 영역이 서로 다른 두 항원을 표적으로 삼도록 설계된 하이브리드 분자다.

암젠의 약물 블린사이토(성분명: 블리나투모맙)는 2014년 기준 미국 식품의약국에서 허가받은 최초의 이중특이성 약물로, 다른 치료제에 반응하지 않는 공격적 형태의 백혈병 치료를 위해 개발되었다. 블린사이토는 백혈병 세포 표면에서 발견되는 CD19와 인간의 T세포에서 발견되는 CD3라는 서로 다른 분자를 결합할 수 있다. 이에 관해 미국 국립 암연구소의 엘라드 셰런^{Elad Sharon} 박사는 이렇게 설명했다. "본질적으로 이 약물은 면역체계가 암세포를 알아차린 다음 표적으로 삼도록 유도한다."

2014년 이후 진행된 후속 임상 시험에서 블린사이토는 상당한 치료 효과를 입증했으며 표준 화학요법보다 독성이 훨씬 적은 것으로 확인되었다. 물론 긍정적인 결과에는 값비싼 대가가 따르기 마련이다. 블린사이토는 시장에서 가장 비싼 항암제 중 하나로 출시 당시 보험약가가 178,000달러에 달했다.

In Summary

8장의 주요 내용

이번 장에서는 질병을 치료하는 약물, 즉 치료제를 중심으로 바이오 테크놀로지 산업의 발전 과정을 살펴보았다. 운에 기댄 천연 추출물 기반 약물에서 시작해서 저분자 약물과 백신, 페니실린, 항감염제의 개발 과정을 거쳐 최근 수십 년 사이 등장한 진정한 의미의 바이오테 크놀로지인 DNA, RNA, mRNA 및 그 결과로 탄생한 고분자 약물에 이르기까지, 인류는 지난 수백 년 동안 상당히 먼 길을 걸어왔다.

9장에서는 유전자 및 세포 치료, 줄기세포, 유전자 편집 등과 같은 다양한 최첨단 기술을 살펴보고, 이와 같은 치료법에 매겨지는 천문 학적인 가격이 헬스케어 시스템과 우리 사회 전체의 관점에서 타당할 수 있는 이유를 논의할 예정이다.

9장

투자 기회를 창출하는
혁신 기술

8장의 마지막 부분은 매우 고가의 약물 치료제에 초점을 맞춘 이야기였다. 과학기술 혁신의 최첨단에 있는 바이오테크놀로지 산업에서도 훨씬 값비싼 몇몇 분야를 살펴보기 전에, 전 세계 헬스케어 시스템 중 상당수가 보건경제학이나 약가 산정은 물론이고 특히 'QALY'의 사용에 관해 어떠한 입장인지 간략히 알아보려 한다.

보건경제학과 삶의 질 보정수명

QALY는 Quality-Adjusted Life Year의 약자로 '삶의 질 보정수명' 정도로 이해할 수 있다. 보건경제학자나 의사는 한 개인에게 0에서 1 사이의 점수를 부여하는데, 여기서 0은 사망을 의미하고 1은 한 해를 건강하게 보낸다는 것을 나타낸다. 만약 특정한 치료를 받은 사람이 건강한 상태로 1년을 살았다면 해당 치료는 점수 1을 받는다. 치료 후 건강하게 6개월을 살다 사망하면 0.5점을 받는다. 1년간 살아있기는 했으나 건강 상태가 '건강하게'의 절반 수준이었다고 평가된 0.5점을 받게 된다. 따라서 건강한 상태로 보낸 2년은 2점을 받지만, 건강 상태가 그 절반 수준으로 보낸 3년은 1.5점이다.

전 세계 각국의 헬스케어 시스템은 QALY에 서로 다른 경제적 가치를 부여한다. 미국의 비영리 기구인 임상 및 경제 검토 연구소Institute for Clinical and Economic Review는 QALY 1점을 50,000달러에서 150,000달러 사이로 평가한다. 다른 나라에서는 더 낮은 가치가 부여되는 경우가 많다. 영국에서는 과거 국가보건임상연구소National Institute for Health and Care Excellence, NICE가 QALY 1점에 20,000~30,000파운드를 적용했으나, 이후 기준이 꾸준히 상승했으며 최근에는 특히 암 치료 약물과 같은 고가의 치료제에 대해서는 사례별로 QALY의 가치를 조정하기도 한다.

그러다 보니 QALY라는 개념은 기존의 표준 치료법 대비 새로운 의료 행위의 비용 효율성을 정량화하기 위해 사용할 수 있는 틀이다. 나아가 보건경제학자와 의료 시스템, 보험사, 정부 관료 모두에게 매우 다양한 의료 행위에 제한된 자원을 배분하기 위해 현실적인 의사결정 방법이 필요하다는 점을 생각하면, 이러한 접근방법이 지나치게 비합리적이라고 보기는 어렵다.

QALY가 실제로 적용된 사례를 보면, 2017년 토마스 드리아Thomas Delea 등이 《의료 경제학 저널》에 발표한 연구에서 연구진은 블린사이토와 기존의 표준 치료법인 구제 화학요법salvage chemotherapy 사이에서 비용

효율성을 비교했다. 연구 결과, 비싼 약물인 블린사이토가 그 높은 비용에도 불구하고 비용 효율성이 높을 가능성이 큰 것으로 나타났다. 실제로 QALY 1점의 가치를 150,000달러로 가정했을 때 블린사이토는 화학요법에 비해 QALY 차원에서 더 큰 가치를 제공했다.

특정한 하나의 사례에서 나타난 QALY 기반 접근방법의 장점이 다소 부족해 보일 수는 있지만, 고가의 약물이 보건경제학 관점에서 더 나은 결과를 가져오는 설득력 있는 사례는 훨씬 더 많이 찾을 수 있다. 이는 특히 약가 산정 과정에서 주목할 필요가 있다.

한편 약가 산정을 둘러싼 논의에서 일반적으로 가장 중요한 점은 전체 의료비 지출에서 의약품 지출이 차지하는 비중은 평균적으로 약 15%에 불과하다는 사실이다. 이와 관련된 시각적 자료는 여기에서 확인할 수 있다(https://www.iqvia.com/insights/the-iqvia-institute/reports-and-publications/reports/drug-expenditure-dynamics).

여기서 중요한 점은 의약품 지출이 나머지 85%의 의료비 지출을 줄이는 데 크게 도움이 될 수 있다는 증거가 꽤 많다는 사실이다. 장-프랑수아 포르멜라[Jean-Francois Formela]와 존 스탠퍼드[John Stanford]는 2022년 4월 《스탯 뉴스》에 기고한 기사에서 "처방 의약품은 응급실 방문, 수술, 입원, 장기 요양 등의 필요성을 크게 낮출 수 있다."라고 주장하면서 이를 뒷받침하는 매우 강력한 사례를 제시한다.

불과 십여 년 전만 하더라도 C형 간염 환자의 20%는 간 이식이 필요할 정도의 간경변으로 진행되었다. 오늘날에는 하루 한 번 복용하는 약물로 부작용이 거의 없이 C형 간염의 95%를 치료할 수 있다. 그러한 약물로 치료하는 과정에 드는 비용은 24,000달러다. 물론 저렴하지는 않지만, 평균 60만 달러가 드는 간 이식 비용과 비교하면 25분의 1 수준이다.

이처럼 헬스케어 시스템에서 삶의 질을 고려한 덕분에 최근 수년 사이에 훨씬 더 고가의 약물이 등장할 수 있었다. 바로 세포 치료와 유전자 치료 약물이다.

기적을 현실로 만든 과학, 세포 치료와 유전자 치료

미국 식품의약국에서는 유전자 치료gene therapy란 "유전자 발현을 수정 또는 조작하거나 살아 있는 세포의 생물학적 특성을 변경하여 치료 목적으로 사용하는 기술"로 정의한다. 그런 뒤에는 유전자 치료의 세 가지 작용 기전을 설명한다. 구체적으로, (1) 질병을 유발하는 유전자를 그 유전자의 건강한 복제본으로 대체하기, (2) 제대로 기능하지 않는 질병 유발 유전자를 비활성화하기, (3) 질병을 치료하는 데 도움이 되는 새로운 유전자 또는 수정된 유전자를 체내에 도입하기다. 최근 수십 년 동안 유전학에 대한 이해가 점점 더 깊어지면서 이러한 접근방법이 실현되었으며, 의료 현장에서는 이미 일부 치료법이 환자들에게 적용되고 있다.

세포 치료cell therapy는 유전자 치료와 매우 비슷하지만 살아있는 완전한 세포를 활용하여 질병을 치료한다는 점에서 차이가 있다. 이와 같은 세포는 일반적으로 체외에서 조작되는데, 환자 본인의 세포를 가져와 재조작하거나(자가 유래 세포 또는 짧게 자가 세포라고 함-옮긴이) 기증자로부터 가져오기도 한다(동종 이형 세포 또는 짧게 동종 세포라고 함-옮긴이).

이 치료법은 의료 현장에서 유전자 치료인 동시에 세포 치료로 간주하는 경우가 종종 있다. 쉽게 말해 세포 내 유전자를 변경하거나 재조작하는 방식으로 치료가 이루어진다는 뜻이다. 그래서 통틀어 세포 기반 유전자 치료로 부르기도 한다.

현재까지 이러한 유형의 치료법에서 가장 많이 알려진 것은 키메라 항원 수용체 T세포 치료법chimeric antigen receptor T-cell therapy 또는 짧게 CAR-T 치료법일 것이다. CAR-T 치료는 백혈구성분채집술이라는 프로세스를 통해 환자의 혈액에서 백혈구를 제거한다. 그런 다음 실험실에서 백혈구의 T세포를 분리하고 조작하여 T세포가 특정 암을 식별하고 공격하도록 돕는 유전자를 추가한다. 이렇게 조작된 세포는 이후 며칠 동안 증식 과정을 거쳐 수백만 개로 늘어난 뒤에 환자에게 다시 주입된다.

이 프로세스는 앞서 언급한 PD-1 항체나 CTLA-4 항체를 생성하는 방법과 근본적으로 매우 비슷하다. 백혈병이나 림프종과 같은 특정 암에서 암세포는 CD19라는 항원을 가지고 있다. CAR-T 치료법에서 T세포는 CD19 항원에 결합하도록 조작된다.

전 세계 최초로 CAR-T 치료법을 시술받은 사람은 2012년 4월 일곱 번째 생일을 앞두고 있었던 에밀리 화이트헤드였다. 에밀리는 2010년 5월 급성 림프구성 백혈병을 진단받은 이후 여러 차례 시행된 화학요법에 전혀 차도가 없었다. 2012년 초 에밀리의 부모는 남아 있는 시간이 몇 주밖에 안 될 것이라는 이야기를 들은 직후 필라델피아 어린이 병원과 스위스 제약회사 노바티스가 공동 진행한 CAR-T 제1상 임상 시험에 참여하기로 했다.

CAR-T 치료는 성공적이었으며, 2012년 5월 10일 에밀리 화이트 헤드의 생명을 위협하던 말기 암은 완치되었다. 그리고 2022년 현재 에밀리는 암에서 벗어나 10년 넘게 생존하고 있다. 완치 후 에밀리와 부모는 에밀리 화이트헤드 재단을 설립하여 최첨단 암 치료법 연구 지원을 위한 기금을 모금하면서 자신들의 경험과 메시지를 전하고 있다.

에밀리가 급성 림프구성 백혈병이라는 난치성 암을 성공적으로 치료한 이후로 노바티스가 CAR-T 치료법을 후속 임상 시험을 통해 발전시키고 규제 당국에서 최종적으로 허가받을 때까지는 몇 년이 더 걸렸다. 이렇게 개발된 노바티스의 CAR-T 약물 킴리아[Kymriah]는 2017년 여름 미국 식품의약국으로부터 시판을 허가받았다. 2022년 6월 노바티스는 제품 출시 후 5년간 급성 림프구성 백혈병에 걸린 소아 및 청소년 환자의 치료에 킴리아를 시술한 결과를 분석한 데이터를 발표했다. 발표된 자료에 따르면, 전체 환자의 55%는 5년 이상 생존했으며 44%는 암이 사라지거나 진행이 멈춘 상태를 유지하고 있었다. 필라델피아 어린이병원에서 임상 시험을 주관한 의사였던 스테판 그룹[Stephan Grupp]은 다음과 같이 이야기한다.

이 데이터는 급성 림프구성 백혈병으로 고통받는 아동과 청소년은 물론이고 환자의 가족에게 엄청난 희망을 선사한다. 5년 이후에도 재발하는 경우가 드물기 때문이다. 거의 5년 전 킴리아가 허가된 이후 의료진은 5년 생존율이 10% 미만이었던 많은 환자에게 진정으로 판도를 바꾸는 선택지를 제시할 수 있게 되었다.

2017년 킴리아가 허가된 후 다른 여러 CAR-T 치료제도 규제 당국으로부터 허가받았다. 이들 치료제는 소아 백혈병 환자에게 환상적인 결과를 전달할 뿐만 아니라 또 다른 유형의 혈액암인 공격성 림프종 환자에게도 처방할 수 있었다. 허가 이후 수년 사이에 CAR-T 치료제는 암 치료에서 혁신이라고 할 수 있을 만한 성과를 달성했다. 심지어 2022년 2월 발표된 한 연구에 따르면, 2010년 초기 임상 단계에서 치료받은 최초의 성인 환자 두 명이 지금까지도 암이 재발하지 않은 상태를 유지하는 것은 물론이고 초기 치료 이후 10년 이상 시간이 흐른 시점에도 혈액 내에 CAR-T 세포가 남아 있다는 사실이 확인되었다.

지금까지 전한 이야기에 희망이 가득하기는 하지만, 항상 그렇듯 몇 가지 문제가 있다. 먼저 위에서 소개한 사례와 같이 일부 환자는 완전 관해 상태(병변이 모두 사라지고 새로운 암세포도 보이지 않아 사실상 암이 완치된 상태-옮긴이)나 장기간 암의 진행 없이 생존한 상태를 누리기도 하지만, 그렇지 못한 환자도 적지 않다. 어쩌면 더 중요한 점은 CAR-T 치료제가 앞서 언급한 면역관문 억제제보다 훨씬 더 많은 비용이 든다는 사실이다. 노바티스가 킴리아를 처음 시장에 출시했을 당시에 이 약물을 한 차례 주입하는 데 드는 비용은 475,000달러였다. 길리어드^{Gilead}의 CAR-T 치료제인 예스카타^{Yescarta}와 테카투스^{Tecartus}는 각각 보험 약가 373,000달러로 출시되었으며, 2021년과 2022년에 다발성 골수종 치료제로 허가받은 BMS의 아벡마^{Abecma}와 존슨앤드존슨의 카빅티^{Carvykti}의 보험 약가는 각각 441,000달러와 465,000달러다.

그러다 보니 CAR-T 치료제는 선진국에서도 비교적 소수의 환자에게만 투여될 수 있었으며, 기본적으로 재발성 암이나 난치성 암 환자, 즉 화학요법과 같은 기존 치료법을 시도했지만 아무런 반응이 나타나지 않거나 암이 재발한 환자만 처방받을 수 있었다. 결국 암 치료 영역에서 CAR-T 치료는 다양한 기존 치료법을 시도하고 실패한 경우에만 적용할 수 있는 '최후의 수단'이라 할 수 있다.

CAR-T 치료제가 이처럼 처방 비용이 매우 많이 드는 상태를 유지하는 한, 화학요법이나 방사선요법을 대체하여 '1차 치료제'로 폭넓게 사용되기에는 분명 한계가 있다. 그러나 CAR-T 치료제의 비용이 낮아진다면 환자들은 고통스럽고 불쾌한 화학요법을 2년 넘게 받는 대신 이 새로운 치료법을 더 신속하게 이용할 수 있을 것이다.

물론 기하급수적으로 발전하는 과학 덕분에 CAR-T와 같은 치료법을 계속 개선하여 치료 효과를 높이는 것은 물론이고 더 많은 환자가 이용할 수 있는 수준까지 제조 비용과 약물 가격이 낮아질 가능성은 충분하다. 만약 이러한 변화가 일어난다면 세포 치료 또는 유전자 치료 약물은 기존의 표준 치료법을 대체할 수 있는 지점까지 도달할 수 있다.

과학적 발전의 속도를 볼 때 이는 충분히 가능한 시나리오다. 내가 이와 같은 믿음을 가지는 근거를 구체적인 사례를 통해 살펴보자. CAR-T 치료제를 생산하기 위해서는 T세포가 암과 맞서 싸우는 CAR-T 세포로 바뀌도록 T세포에 유전자를 삽입하는 데 사용하는 바이러스 매개체가 필요하다. 과거 고객사였던 영국 기업 옥스퍼드 바이오메디카는 이 분야의 선두 주자로, 노바티스의 킴리아 개발 및 생산 과정에서 중요한 역할을 한 바이러스 매개체인 렌티바이러스 매개체를 공급했다. 이 기업은 2013년 이후로 여러 해 동안 노바티스와 협력을 통해 환자에게 공급할 약물의 생산을 준비하는 과정에서 제조 공정을 개선함으로써 제조 비용을 10분의 1 수준으로 낮추는 동시에 생산 수율을 초창기 전달 기술과 비교할 때 열 배나 높였다. 옥스퍼드 바이오메디카는 2017년 6월 중간 실적 발표에서 이러한 성과를 공개했다.

이 성과 덕분에 CAR-T 치료제의 제조 원가는 엄청난 규모의 적자가 예상되는 수준에서 의료기관에서 환자에게 이 약물의 사용을 권할 수 있는 수준까지 낮아졌다. 물론 그렇다고 해도 출시 당시의 보험 약가는 475,000달러에 달할 정도였지만 말이다. 킴리아가 시장에 출시되자 헬스케어 분야의 저명한 애널리스트 상당수는 약물 개발부터 임상 시험을 거쳐 규제기관의 최종 허가에 이르기까지 오랜 시간 투자된 막대한 연구개발 비용을 고려하면, 이 엄청난 약가에도 킴리아가 노바티스에 수익성이 있는 약물인지 회의적인 시각을 드러냈다.

하지만 제품 출시 이후로도 옥스퍼드 바이오메디카는 계속해서 제조 공정을 혁신함으로써 비용을 더욱 낮추고 생산 수율을 높일 수 있다고 공개적으로 언급했다. 생산 시설과 인력을 대폭 확대하면서 CAR-T 치료제 분야의 다른 여러 기업과 공급 계약을 체결했다. 나아가 2019년 3월에는 "클라우드와 머신러닝 기술을 이용하여 차세대 유전자 치료제에 사용되는 바이러스 매개체의 수율과 품질을 개선할 목적으로" 마이크로소프트와 연구개발 파트너십을 체결했다고 발표했다.

경쟁이 매우 치열한 바이오테크놀로지 및 헬스케어 산업에서 제조 비용은 철저하게 기업 기밀에 속한다. 그러나 옥스퍼드 바이오메디카가 제조 비용을 낮추고 수율을 향상한 정도를 바탕으로 분석하면, 십여 년 동안 CAR-T 치료제 처방 단위당 제조 비용을 초기 백만 달러를 넘거나 그에 육박하는 수준에서 수만 달러 수준으로 낮추는 데 성공한 것으로 보인다.

옥스퍼드 바이오메디카와 다른 많은 기업이 이룬 경이적인 성과는 CAR-T 치료제와 같은 최첨단 치료법이 적절한 시점이 되면 훨씬 더 저렴해지고 광범위하게 사용될 가능성을 시사한다. 또한 이와 같은 진보는 지금보다 훨씬 더 다양한 질병을 치료할 수 있는 미래를 현실로 만들 수도 있다. 충분한 양의 치료제를 전달하여 암세포와 싸워 이기기 위해서는 상당한 양의 렌티바이러스 매개체가 필요하다. 만약 CAR-T 치료제 처방 단위당 렌티바이러스 매개체의 제조 비용이 수십만 달러에서 백만 달러가 넘는 상황에서는 간암이나 폐암을 치료하는 데 사용하기는 현실적으로 불가능하다. 많은 양의 바이러스 매개체가 필요하고, 그에 따라 제조 비용도 수익성을 담보하기 힘든 수준에 이를 것이기 때문이다.

그러나 옥스퍼드 바이오메디카 같은 기업이 높은 제조 비용 문제를 해결해 나감에 따라 CAR-T 치료제와 같은 기술이 유전자 치료 및 세포 치료 영역에서 훨씬 더 많은 질병의 치료에 활용될 가능성이 점점 더 커지고 있다. 이와 관련하여 마이크로소프트에서 생물학적 컴퓨팅 부문을 이끄는 앤드루 필립스Andrew Phillips의 이야기에 주목할 필요가 있다. 필립스는 2019년 3월 한 보도자료에서 다음과 같이 언급했다.

생물학을 프로그래밍하면 전 세계 의료 분야에서 가장 까다로운 문제를 해결할 뿐 아니라 지속 가능한 기술을 기반으로 하는 미래 바이오 경제의 기초를 마련할 수 있다. 옥스퍼드 바이오메디카는 세포 및 유전자 치료 약물 전달 분야의 최전선에 있으며, 이들이 활용하는 고도로 복잡한 제조 공정에서는 방대한 양의 가치 있는 데이터가 계속 쏟아져 나온다. 마이크로소프트는 컴퓨터 모델링과 실험실 자동화, 머신러닝, 클라우드가 가진 힘을 한데 모아 기존 치료제의 비용 효율성을 높이는 것은 물론이고 미래에는 획기적인 신약 개발에 도움을 줄 수 있기를 기대한다.

보건경제학의 관점에서는 세포 및 유전자 치료제의 단위 처방당 비용이 475,000달러에 달한다고 해도 이를 합리화할 수 있는 이유를 찾을 수 있다. 첫째, 특히 소아 환자의 경우에는 QALY 측면에서 전체적인 상황을 검토해야 한다. 단 한 차례의 치료로 에밀리 화이트헤드와 같은 어린 환자에게 건강한 삶을 수십 년이나 연장해 줄 수 있기 때문이다. 예를 들어 QALY 1점의 가치가 150,000달러라면, CAR-T 치료제를 투여한 환자 상당수가 치료 후 암이 재발하거나 더 이상 진행되지 않고 5년 또는 심지어 10년 이상 생존하는 점을 볼 때 치료법은 경제학적으로 설득력이 있다.

고가의 치료법이 보건경제학 측면에서 합리적인 선택일 수 있는 또 다른 이유는 기존의 표준 치료법도 어쨌든 매우 큰 비용이 들기 때문이다. 예를 들어 골수 이식은 비용이 최대 900,000달러에 이르는 데다 일치하는 기증자를 찾아야 한다는 복잡한 문제가 더해진다.

오늘날 가장 혁신적인 약물이 값비싼 이유는 인류가 보유한 최고의 기술에서도 최첨단에 있기 때문이다. 이러한 최첨단 기술은 수십 년 전에 처음 등장한 비행기, 텔레비전, 컴퓨터, 자동차 등이 그랬던 것처럼 개발에 엄청나게 큰 비용이 든다. 또한 수익성이 있어야만 최첨단 기술을 개발하고자 하는 기업에 투자하는 위험을 감수한 주주에게 적절하게 보상할 수 있다는 점도 놓쳐서는 안 된다. 그렇지 않다면 혁신적인 약물을 개발하는 데 필요한 투자 자본이 부족해지고 결국 어떠한 진보나 발전도 이루어질 수 없을 것이다.

나는 바이오테크놀로지 기업의 경영진과 연구원, 병원의 의료진이 끊임없는 도전과 복잡한 문제 앞에서도 환자에게 필요한 치료법을 개발하기 위해 지칠 줄 모르고 노력하며 헌신하는 모습을 직접 목격한 바 있다. 이 위대한 사람들은 심각한 질병에 신음하는 환자가 경제적 부담 없이 이용할 수 있을 정도로 약물의 가격을 낮추고, 이후에도 계속해서 발전을 이어가 점점 더 많은 환자가 혁신적인 치료법의 혜택을 누릴 수 있도록 오늘도 전력을 다해 나아가고 있다.

동종 세포 치료

최첨단 치료제의 보험 약가와 환자가 부담하는 비용이 줄어들 가능성이 있는 또 다른 이유는 현재 치료제 개발 및 제조에 사용되는 접근방법보다 비용이 훨씬 적게 드는 다른 기술이 등장할 수 있기 때문이다. 예를 들어 CAR-T 치료제가 현재 매우 비싼 이유 중 하나는 환자 자신의 세포를 이용하는 자가 세포 치료법이기 때문이다.

환자는 백혈구성분채집술을 시술할 수 있는 의료기관을 방문하기 위해 거주하는 곳에서 상당히 먼 거리를 이동해야 할 수 있어야 한다. 그런 다음 이른바 '살아있는 약물'이 준비되어 환자에게 다시 주입될 때까지 제조 및 운송에 상당한 시간이 필요하다. 모든 과정에는 몇 주가 소요될 수 있으며, 환자 가운데 상당수가 중증임을 고려할 때 이는 전체적인 비용과 복잡성, 위험 부담이 대폭 증가한다는 것을 의미한다.

자가 세포 치료법의 대안으로 제시되는 접근방법은 건강한 기증자가 제공한 동종 세포를 사용하여 이른바 기성 CAR-T 세포를 설계하는 방식이다. 이 방법은 제조와 공급에 복잡한 과정이 필요하지 않으며 환자 개인에 맞춰 제조할 필요가 없어서 대량 생산이 가능하다. 또한 환자가 의료기관에 도착한 직후에 투여할 수 있으므로 환자의 치료 경험을 크게 개선하고 환자당 치료 비용을 상당히 낮출 수 있다.

물론 동종 세포 치료법에도 본질적으로 한계가 있다. 그중 가장 눈에 띄는 문제는 면역 거부 반응이다. 동종 세포 기반 치료법에 거부 반응이 나타난다면 치료의 효능이 감소하거나 완전히 사라질 수 있다. 최악의 상황이 발생하면 환자는 거부 반응으로 인해 병세가 심각하게 나빠지거나, 심지어 기증받은 면역 세포가 환자의 신체를 공격하는 이식편대숙주병graft versus host disease, GvHD으로 인해 생명이 위험한 상태에 빠질 수도 있다.

물론 이 문제를 해결하기 위해 많은 연구가 진행되고 있다. 과학자들은 유전자 편집으로 알려진 프로세스를 통해 동종 세포를 유전적으로 조작하여 면역 거부 반응이 나타나지 않도록 유도하는 방법을 모색하고 있다. 이에 관해 2021년《면역학 프론티어》에 발표한 연구에서 케네스 캘드웰[Kenneth J. Caldwell] 등 연구진은 다음과 같이 이야기한다.

> 과학자와 연구원이 '기성' 동종 키메라 항원 수용체[allogeneic CAR] 치료 플랫폼 개발을 모색하면서 유전자 편집은 임상에서 테스트 중인 주요 전략으로 부상했다. 유전자 편집 기술이 발전함에 따라 동종 세포의 사용과 관련 있는 잠재적인 위험과 단점이 완화될 가능성이 있다.

체내 생성 방식

지금까지 살펴본 자가 세포 치료법과 동종 세포 치료법은 둘 다 신체 외부에서 치료제가 설계되어 제조된다는 점에서 체외 접근방법이다. 또 하나의 흥미로운 아이디어는 환자의 신체 내부에서 CAR-T 세포의 생성을 촉발하는 체내 방식이다. 이 기술은 상당히 초기 단계에 머물러 있지만, 이미 변형된 mRNA를 신체에 전달하여 T세포를 재프로그래밍하는 방법을 연구하는 몇몇 연구 집단이 존재한다. 'mRNA 기반의 일시적 CAR-T 세포 기술'은 치료 비용을 상당히 낮추는 것은 물론이고 충분한 시간이 지나면 많은 질병의 치료에 활용될 수 있는 획기적인 접근방법이다.

줄기세포

세포 치료와 유전자 치료를 주제로 이야기하면서 줄기세포를 다루지 않은 채 넘어갈 수는 없다. 줄기세포와 줄기세포 연구는 지난 수십 년간 상당한 논란을 초래했기에 독자 여러분 중 상당수는 CAR-T 치료제나 단일클론 항체보다 줄기세포에 관한 이야기를 더 많이 들었을 것이다.

줄기세포는 다세포 생물의 핵심 구성 요소 가운데 하나다. 우리 몸의 세포 대부분은 특정한 기능을 전문적으로 수행하도록 설계되어 있다. 그렇게 세포는 각각 혈액, 간, 연골, 근육, 뼈, 피부 등 다양한 신체 부위를 구성한다. 그에 반해 줄기세포에는 두 가지의 포괄적인 특징이 있다. 첫째, 줄기세포는 전문적 기능을 수행하는 많은 수의 특화된 세포로 분화하는 능력, 즉 분화능이 있다. 둘째, 줄기세포는 분열과 증식을 통해 스스로 복제하는 것은 물론이고 특화된 세포를 생성할 수도 있다. 줄기세포가 분열하면 재생 능력과 분화능을 가진 복제 세포인 모세포와 특정한 신체 기능을 수행하도록 분화한 딸세포가 생성된다.

정자와 난자의 수정을 통해 생성되는 접합자는 한 생명이 시작되는 최초의 세포로 전능성 줄기세포라고 불린다 전능성 줄기세포는 강력한 분화능을 가지고 있어서 완전한 기능을 하는 생명체를 형성할 수 있을 정도로 분열할 수 있다. 그런 다음에는 다양한 유형의 줄기세포로 분화하며, 그 과정에서 분화능은 점진적으로 감소한다. 수정 후 약 나흘이 지나면 전능성 줄기세포는 만능성 줄기세포로 분화하기 시작한다. 만능성 줄기세포는 이전의 전능성 줄기세포만큼 강력한 창조력을 가지고 있지는 않지만, 여전히 자기 재생과 분화를 통해 신체의 모든 조직과 장기를 구성하는 데 필요한 세 가지의 주요 세포 계열을 생성하는 능력이 있다.

줄기세포는 만능성 줄기세포 이후 다음 세 가지 유형으로 분화한다. 우선 다능성^{multipotent} 줄기세포는 비교적 넓은 범위의 다양한 기본 세포 유형으로 분화할 수 있다. 한편 협능성^{oligopotent} 줄기세포는 이보다 더 제한된 범위의 딸세포로만 분화할 수 있다. 마지막으로 단일성^{unipotent} 줄기세포는 자기 재생은 가능하지만 다양한 세포 유형으로 분화하지 못하고 오직 한 가지 세포 유형만 생성할 수 있다.

이들 줄기세포는 생애 전반에 걸쳐 신체의 모든 세포를 생성하고 재생하는 과정에서 핵심적인 역할을 한다. 특히 다섯 가지 유형의 줄기세포에는 각각 고유한 특성이 있다. 이러한 특성이 각 줄기세포의 치료적 응용 잠재력을 결정짓는 핵심 요소다.

예를 들어 간엽 줄기세포^{mesenchymal stem cell, MSC}는 다능성 줄기세포의 일종으로 뼈와 근육, 지방, 연골로 분화할 수 있다. 조혈 줄기세포^{hematopoietic stem cell, HSC}는 협능성 줄기세포의 일종으로 면역체계에서 중요한 역할을 하는 T세포와 같은 백혈구 등으로 분화할 수 있다.

이런 줄기세포의 역할 때문에 과학자와 의사 사이에서는 줄기세포의 잠재적 활용도를 둘러싸고 많은 기대가 있었다. 줄기세포를 관찰하면 질병이 어떻게 발생하는지를 더 깊이 이해하는 데 도움이 된다. 또한 줄기세포는 신약 개발 시 환자에게 투여하기 전에 약물을 테스트하는 데도 활용할 수 있다. 무엇보다도 가장 흥미로운 분야는 재생 의학으로, 신선한 줄기세포를 사용해 질병이나 외상으로 손상된 장기와 조직을 재생하거나 복구할 가능성을 탐색한다.

허가받은 치료제의 숫자 측면에서 보면 줄기세포 분야는 여전히 초기 단계에 머물러 있으나 최근 몇 년 사이에 폭발적인 성장을 이루어 왔다. 현재 줄기세포의 활용도를 탐색하는 수천 건의 임상 시험이 진행

중이며, 연구 대상 질병과 질환의 종류는 놀라울 정도로 다양하다. 알츠하이머병, 관절염, 골 재생, 화상, 뇌성마비, 크론병 및 궤양성 대장염, 낭포성 섬유증, 당뇨병, 다양한 폐 및 간 질환, 청력 손실, 다발성 경화증, 척수 손상, 뇌졸중 등이 포함된다. 줄기세포 관련 연구와 과학이 기하급수적으로 발전하는 속도와 전 세계에서 진행 중인 방대한 양의 연구와 임상 시험을 고려할 때 이 분야는 비교적 가까운 미래에 인류에게 놀라운 결과를 안겨줄 가능성이 충분하다.

조혈 줄기세포 이식

조혈 줄기세포 이식hematopoietic stem cell transplantation, HSCT이라는 치료법은 1950년대 중반부터 의료 현장에서 활용되었다. 이 치료법은 처음에는 특정 혈액암과 골수암을 치료할 목적으로 개발되었으며, 환자 자신의 골수에서 얻은 조혈 줄기세포(자가 이식) 또는 건강하고 적합한 기증자의 골수에서 얻은 조혈 줄기세포(동종 이식)를 사용했다. 이 분야에서 이룬 업적으로 E. 도널 토머스E. Donnall Thomas와 조셉 머레이Joseph Murray는 1990년 노벨 생리의학상을 공동 수상했다.

줄기세포에 대한 이해가 깊어짐에 따라 탯줄혈액(제대혈)이 조혈 줄기세포를 풍부하게 확보할 수 있는 원천이라는 사실이 밝혀졌다. 탯줄혈액에서 조혈 줄기세포를 채취하면 골수에서 채취하는 것보다 훨씬 간단하고 고통이나 위험이 적으며 덜 침습적이다. 골수에서 조혈 줄기세포를 채취하려면 환자나 기증자의 엉덩이뼈 뒤쪽으로 큰 바늘을 삽입하여 점액질의 골수를 추출해야 한다. 이는 전신마취나 척추마취가 필요하다며, 채취 후 심한 통증과 피로를 유발할 수 있다. 그에 반해 탯줄혈액은 아기가 태어난 직후 태반이나 탯줄에서 쉽게 채취할 수 있다. 아기나 산모에게 아무런 위험 없이 안전하게 진행된다. 세계 최초의 탯줄혈액 이식은 1988년 파리에서 이루어졌으며, 탯줄혈액^{UCB} 이식은 다양한 혈액암, 면역 및 혈액 질환을 치료하는 데 사용되었다.

이처럼 탯줄혈액의 치료적 잠재력이 주목받으면서 1993년 이후로 많은 나라의 헬스케어 시스템에서 향후 치료 목적으로 사용하기 위해 탯줄혈액을 수집·저장하는 공공 탯줄혈액 은행을 설립했다. 냉동 보존된 탯줄혈액은 20년 이상 보관할 수 있으며, 언제든 사용할 수 있으므로 특정 환자의 치료에 필요한 줄기세포를 찾는 데 걸리는 시간이 단축된다. 적합한 골수 기증자를 찾아 줄기세포를 확보하는 데는 3~4개월이 소요될 수 있지만, 탯줄혈액 줄기세포는 짧게는 2주 만에 사용할 수 있다. 이는 중증 질환을 앓고 있어서 신속한 치료가 필요한 환자에게 생사가 갈릴 수 있는 정도의 차이다.

한편 많은 나라에서는 민간 탯줄혈액 은행 산업도 발달했다. 부모가 자녀 출생 시 아기의 탯줄혈액을 채취하고 미래에 사용할 수 있도록 보관하는 식이다.

현재 전 세계적으로 약 500만 건의 탯줄혈액이 공공 및 민간 탯줄혈액 은행에 보관되어 있으며, 이중 약 20%는 공공 은행에서, 나머지는 부유한 부모의 의뢰로 민간 은행에서 보관하고 있다. 물론 민간 은행에서 아직은 실험 단계이고 정식으로 허가받지 않은 치료법을 기반으로 탯줄혈액 보관의 가치와 의미를 일부 과장하고 있을지도 모른다. 하지만 미국 식품의약국에서 허가한 치료법만 거의 80개에 달하며, 점점 더 많은 종류의 중증 질병과 건강 문제를 대상으로 하는 수많은 임상 시험이 계속해서 진행되고 있다는 사실도 간과해서는 안 된다. 또한 공공 탯줄혈액 은행 시스템을 갖추지 못한 지역에 거주하는 부모가 자녀의 탯줄혈액을 보관하기로 선택한 결정을 충분히 이해할 수 있다.

이와는 별개로 미래에는 줄기세포 치료제를 만들기 위해 탯줄혈액을 공급할 필요가 없을지도 모른다는 점에 주목할 필요가 있다. 말초혈액이나 그냥 혈액도 탯줄혈액만큼 오랫동안 조혈 줄기세포 이식에 사용된 바 있다. 말초혈액 줄기세포 이식은 1989년 처음 시술되었는데, 파리에서 최초의 탯줄혈액 줄기세포 이식이 이루어진 직후였다.

말초혈액, 탯줄혈액 또는 골수를 사용하는 줄기세포 치료법은 각각 상대적인 치료 효과와 기증자를 찾는 데 걸리는 시간, 기증자의 줄기세포를 사용하는 동종 이식에서 발생할 수 있는 거부 반응의 위험 측면에서 나름대로 장단점을 가지고 있다.

여기서 흥미로운 점은 비교적 가까운 미래에 등장할 가능성이 있는 줄기세포 기술이다. 이 기술은 지금까지 조혈 줄기세포 이식에서 사용한 기술보다 훨씬 더 광범위한 응용 가능성이 있을 뿐만 아니라, 심지어 조혈 줄기세포 이식에서조차도 의료진이 말초혈액이나 탯줄혈액, 골수에서 줄기세포를 채취할 필요가 없게 될 날이 머지않았음을 의미할 수 있다. 이러한 일이 일어날 가능성을 이해하려면 역사적으로 줄기세포가 논란의 중심에 선 이유와 이 논란을 근본적으로 종식했다고 평가받는 또 하나의 노벨상 수상 기술을 간략하게 살펴볼 필요가 있다.

줄기세포 논란

줄기세포 연구는 조지 W. 부시 전 미국 대통령의 임기였던 2001년에 큰 논란의 대상이었다. 그해 8월 부시 대통령은 새롭게 생성된 인간 배아 줄기세포를 이용한 줄기세포 연구에 대한 연방 정부의 자금 지원을 금지했다.

그 시점까지의 줄기세포 연구는 체외 수정^{in vitro fertilization, IVF} 클리닉에서 확보한 '여분의' 초기 단계 인간 배아에서 채취한 만능성 줄기세포를 사용하는 데 초점이 맞춰져 있었다. 이러한 배아는 수정은 되었으나 자궁에 이식되지 않은 난자에서 유래한 것이었다. 그런데 인간 배아 줄기세포를 사용하려면 인간 배아를 파괴하는 과정을 거쳐야 했으며, 이는 낙태와 다를 바 없다고 여긴 종교 단체의 강력한 반대에 부딪혔다.

이후 인간 생명의 존엄성을 강조하는 종교 단체와 그에 반대하는 집단 간에 여러 해 동안 격렬한 논쟁이 이어졌다. 후자의 견해는 초기 단계의 배아를 파괴하는 행위는 관련 연구를 통해 구할 수 있는 생명의 수를 고려하면 도덕적·윤리적으로 정당화될 수 있다는 것이었다.

이처럼 해결하기 어려워 보이는 문제에 대한 해법을 찾아냈다. 2006년 일본 교토에서 야마나카 신야^{Shinya Yamanaka} 교수 연구진은 성인의 인간 세포를 배아와 유사한 만능성 상태로 되돌리는 방법을 발견했으며, 그 줄기세포에 '유도 만능성 줄기세포^{induced pluripotent stem cells, iPSC}'라는 이름을 붙였다.

야마나카 교수는 이 연구로 영국의 과학자 존 거던 경^{Sir John Gurdon}과 함께 2012년 노벨 생리의학상을 공동 수상했다. 이때 거던 경은 1962

년에 완성한 연구로 44년 후 야마나카 교수의 획기적인 발견에 중요한 토대를 제공한 업적을 인정받았다. 한편 야마나카 교수 연구진이 유도 만능성 줄기세포를 생성하고 얼마 지나지 않은 2007년 미국 위스콘신 주 매디슨에서 연구 활동에 매진하던 제임스 톰슨^{James Thomson} 교수 연구진은 최초로 인간의 유도 만능성 줄기세포를 분리하는 데 성공했다.

유도 만능성 줄기세포의 발견과 개발은 의학의 여러 분야에서 놀라운 진전으로 이어졌을 뿐만 아니라, 21세기 초반 줄기세포 연구를 상당히 지연시킨 인간 배아 줄기세포를 둘러싼 고도로 복잡한 논란을 상당 부분 우회하는 데도 이바지한 것으로 보인다.

물론 해결해야 할 문제도 여전히 남아 있다. 줄기세포는 가장 복잡한 분야 중 하나다. 유도 만능성 줄기세포는 만들기도 어렵고 조작하기는 더 어렵다. 그러다 보니 아직 터무니없이 비싸다. 안전성에 대한 우려도 상당히 남아 있으며, 이는 유도 만능성 줄기세포를 사용하는 치료법이 규제 당국의 허가 후 많은 환자에게 처방되기 전에 반드시 해결해야 할 문제다. 2020년 셀 가이던스 시스템^{Cell Guidance Systems}의 블로그에 게재된 글에 따르면 "유도 만능성 줄기세포 치료법은 비용, 효능, 안정성 등 여러 측면에서 아직 개선의 여지가 많으며, 그런 뒤에야 의료의 주류로 편입할 수 있을 것이다." 하지만 적절한 시점이 되면 이러한 문제를 극복할 가능성이 크며, 그 시점은 많은 사람이 우려하는 것보다 훨씬 빨리 찾아올 것이다.

유도 만능성 줄기세포 치료법 등 모든 줄기세포 치료법이 비교적 가까운 미래에 약속한 결과를 전달할 수 있는 이유는 융합에서 찾을 수 있다. 또한 다양한 핵심 연관 기술에서 급속한 발전이 이루어지고 있다는 사실과도 연관성이 있다. 그중 특히 주목해야 하는 분야는 인공지능 및 머신러닝의 응용과 관련 있는 CRISPR라는 이름의 또 다른 노벨상 수상 기술이다.

인류의 유전자 코드를 바꾸는 CRISPR와 유전자 편집

2020년 제니퍼 다우드나^{Jennifer Doudna}와 에마뉘엘 샤르팡티에^{Emmanuelle Charpentier}는 '유전체 편집 방법의 개발'로 노벨 화학상을 공동 수상했다. 그리고 이 기술에는 '일정한 간격을 둔 짧은 회문 반복^{clustered regularly interspaced short palindromic repeats}'라는 긴 표현을 고맙게도 압축한 CRISPR라는 이름이 붙었다. 2018년 다우드나는 사무엘 스턴버그^{Samuel Sternberg}와 함께 CRISPR를 주제로 쓴 《크리스퍼가 온다(A Crack in Creation: The New Power to Control Evolution)》를 출간했다. 영국 《가디언》의 피터 포브스^{Peter Forbes}는 CRISPR 기술을 가리켜 "아마도 프랜시스 크릭, 제임스 왓슨, 로절린드 프랭클린 이후 생물학계에서 일어난 가장 위대한 돌파구일 것이다."라고 평가했다. 또한 다우드나의 전기를 집필한 월터 아이작슨^{Walter Isaacson}은 CRISPR가 "우리 시대의 가장 중요한 진보"라고 단정했다.

다소 과장된 표현처럼 들릴 수도 있겠지만, 몇십 년 후에는 CRISPR의 발견과 발전이 인류의 진보에서 중대한 변화를 이끈 사건으로 기억될 가능성이 크다. 그 정도로 CRISPR는 이 책의 전체적인 논지를 뒷받침하는 중요한 기술이다. CRISPR 기술의 작동 원리와 개발 과정을 이해하고 싶다면《크리스퍼가 온다》와 아이작슨이 집필한 다우드나의 전기 《코드 브레이커: 제니퍼 다우드나, 유전자 혁명 그리고 인류의 미래(The Code Breaker: Jennifer Doudna, Gene Editing and the Future of the Human Race)》를 읽어보기를 바란다.

'유전자 편집'이라는 용어에서 알 수 있는 것처럼 CRISPR는 과학자가 특정 생물체의 유전체를 변경하거나 편집할 수 있도록 한다. 이 기술을 이용하면 곰팡이, 식물, 동물, 인간 등 다양한 생물의 DNA에 극도로 정밀한 변화를 줄 수 있다. 따라서, 질병을 유발하는 돌연변이 유전자를 교정하거나 복구할 수 있다. 실험실에서는 이미 CRISPR로 낭포성 섬유증, 겸상 적혈구병, 특정 형태의 실명, 복합 면역결핍증을 유발하는 유전적 돌연변이를 교정하는 데 성공했다.

장기적인 관점에서 CRISPR 기술은 질병을 유발하는 유전적 돌연변이를 이해하고 교정할 수 있으며 '모든' 유전 질환을 대상으로 기능적 치료법을 제공할 잠재력을 가지고 있다. 단일 유전자의 결함으로 인해 발생하는 인간의 질병만 해도 1만 가지가 넘을 정도로 유전 질환의 종류는 다양하다. 여기에는 유전성 실명과 낭포성 섬유증, 근이영양증, 베타 지중해 빈혈이나 겸상 적혈구병을 비롯해 수많은 질병이 포함된다.

CRISPR 기술은 암 치료에서도 분명 중요한 역할을 할 것이다. 이 기술은 이미 앞서 언급한 T세포를 조작하는 데 활용되고 있다. 미국 기업 크리스퍼 테라퓨틱스^{CRISPR Therapeutics}에서는 이미 "CRISPR를 이용하여 '기성' 유전자 편집 T세포 치료제를 개발 중이며, 두 개의 후보 물질이 임상 시험 단계에 있다." 장기적으로 볼 때 CRISPR 기술은 암 자체를 유전적으로 편집하기 위해 활용될 가능성도 있다. 연구원들은 이미 암의 전이에 관여하는 유전적 요인을 확인했으며, 미래의 CRISPR 치료법은 간단하게 암의 전이 능력을 차단해 버리는 방식으로 작동할지도 모른다. 이는 암 사망자의 3분의 2에서 90%가 전이로 인해 목숨을 잃는다는 점을 고려할 때 특히 흥미롭다.

과학자와 연구원들은 HIV, 코로나19, 독감, 감기 등에 대한 기능적 치료법을 개발하기 위해 CRISPR 기술을 활용한 연구를 진행하고 있다. 초기 단계의 연구이기는 하지만 2021년 6월 조지아공과대학교의 필립 산탄젤로^{Philip Santangelo} 교수 연구진은 《네이처 바이오테크놀로지》에 생쥐에서 SARS-CoV-2 바이러스의 복제를 억제하거나 완전히 멈추는 능력을 입증한 연구 결과를 발표했다. 미국 국립보건원의 공식 블로그에 게재된 글에서 연구진은 다음과 같이 언급했다.

> 이 접근방법은 지난 100년 동안 전 세계에서 유행한 독감 바이러스의 99%에 대해 효과를 발휘할 가능성이 있다. 또한 현재 세계적으로 확산 중인 SARS-CoV-2의 전염성이 강한 새로운 변종을 상대로도 같은 수준으로 효과가 나타날 것이다.

CRISPR는 생명체의 유전적 구성을 직접 편집한다는 점에서 거의 무한한 응용 잠재력을 가지고 있다. 농업에서는 이 기술을 활용해 질병에 강하고 생존력이 높아서 영양과 관개는 덜 필요하면서도 더 빨리 자라는 작물을 생산할 수 있다. 과일이나 채소를 유전적으로 조작하여 더 맛있으면서 천천히 익도록 유도함으로써 유통기한을 연장하고, 농업 생산성과 식량 공급망을 크게 개선할 수도 있다. 심지어 CRISPR 기술을 활용하여 매머드 같이 멸종된 종을 부활시키는 작업에 진지하게 임하는 과학자도 있다.

이 기술은 과일과 채소의 색상을 바꿀 수도 있으며, 특정 해파리에서 추출한 DNA를 삽입하여 과일이나 채소가 더 반짝거리게 만들 수도 있다. 물론 우리 중 누군가가 야광 사과나 당근, 야광 반려동물을 원할 것 같지는 않지만, 바로 그런 기술이 광유전학이나 형광 단백질을 활용한 정밀한 진단 기술에 실용적으로 적용될 수 있음을 간과하지 않아야 한다.

생명체의 본질을 편집한다는 것은 당연히 논란의 여지가 있을 수밖에 없다. 특히 인간 유전자의 편집, 그중에서도 자손에게 전달되는 유전적 구성 부분인 생식세포계열의 편집과 관련해서는 더 거센 논란을 피하기 어렵다. CRISPR 기술을 이용하여 생물에 후대로 전달되는 변화를 가하면 그 변화가 항구적인 요소가 될 수 있기 때문이다. 이 지점에서 다우드나와 스턴버그는 "아직 태어나지 않은 아이들의 심장병, 알츠하이머병, 당뇨병, 암 등 다양한 질병의 발병 확률을 낮추기 위해 유전자 편집 기술을 사용하는 것이 적절한가?"라는 질문을 던진다. 아니면 "태어나지 않은 아이들에게 더 강한 체력이나 향상된 인지 능력처럼 유리한 특성을 부여하거나 눈동자나 머리카락 색상과 같은 신체적 특성을 변경하는 것은 윤리적으로 정당한가?"라고 묻는다.

그런 다음 두 학자는 이렇게 이야기한다. "인류 역사상 처음으로 우리는 현재 살아 있는 모든 인간의 DNA뿐만 아니라 미래 세대의 DNA를 편집할 수 있는 능력을 갖추게 되었다. 다시 말해서, 본질적으로 인간이라는 종의 진화를 스스로 설계할 수 있는 것이다."

이 놀라운 잠재력은 당연하게도 인류가 신의 영역을 넘보는 능력을 새롭게 찾아냄에 따라 상당한 윤리적·도덕적 우려를 불러일으킬 뿐 아니라 신종 우생학의 기분 나쁜 망령을 다시 불러낸다. 2021년《사이언티픽 아메리칸》에 게재된 〈CRISPR의 어두운 단면(The Dark Side of CRISPR)〉이라는 제목의 글에 따르면 "유전자 수준에서 인간을 고칠 수 있는 CRISPR의 능력은 사회가 생물학적으로 열등하다고 판단한 사람들에게 위협이 된다."

결국 가장 중요한 질문은 질병을 치료하고 가능한 많은 사람이 고통과 괴로움에서 벗어난 건강한 삶을 살 수 있게 하는 것과 이 기술이 인류의 미래 세대를 '업그레이드'하는 방향으로 지나치게 나아갈 위험 사이에서 사회가 어느 곳에 선을 그을 것인지에 달려 있다. 이는 다양한 이유에서 문제가 될 수 있다.

특히 문제가 되는 지점은 사회에서 부유한 계층이 자기 자신과 자녀를 업그레이드할 힘을 갖게 될 가능성이 가장 크다는 데 있다. 불과 몇 세대만 지나더라도 이러한 생물학적 불평등은 이미 존재하는 경제적 불평등을 더욱 강화하고 심화할 것이기 때문이다. 더 나아가 국가 차원에서 보면, CRISPR와 같은 기술을 활용하여 자국민의 상당수에 가장 많은 혜택을 제공할 수 있는 국가는 기술적으로 뒤처진 국가에 비해 경제적으로는 물론이고 군사적으로도 상당한 우위를 점할 것이라는 예측도 우려를 자아낸다. CRISPR 기술이 일종의 생물학적 무기로 사용될 가능성도 전혀 배제할 수는 없다. 실제로 미국 정보기관이 상원 군사위원회에 제출한 〈세계 위협 평가〉 보고서에는 유전자 편집이 이미 여섯 가지의 잠재적인 대량살상무기 중 하나로 언급된 바 있다.

이는 극도로 복잡하고 미묘한 논쟁이다. 이에 관해 다우드나와 스턴버그는 다음과 같이 이야기한다.

어떤 사람은 모든 형태의 유전자 조작을 자연의 신성한 법칙과 생명의 존엄성을 왜곡하고 훼손하는 끔찍한 행위로 간주한다. 그에 반해 유전체란 우리가 수정하고 정리하며 업데이트하고 업그레이드할 수 있는 소프트웨어일 뿐이라고 보고 인간을 유전적 결함에 무방비 상태로 방치하는 것은 비합리적일 뿐 아니라 비윤리적이라고 주장하는 사람들도 있다.

그러나 여기서 긍정적인 사실은 이 분야에서 활동하는 저명한 과학자들이 지난 수십 년 동안 자발적으로 자기 자신에게 엄격한 규율을 적용했다는 것이다. CRISPR 기술이 개발되기 훨씬 이전인 1970년대 초반에 재조합 DNA 기술이 등장한 시점에도 과학자들은 자신들의 연구가 예측할 수 없고 위험한 결과를 초래할 수 있다는 점을 인식했다. 다우드나는 이와 관련하여 훗날 노벨상을 받은 스탠퍼드대학교의 생화학자 폴 버그[Paul Berg]의 사례를 언급한다. 1974년 폴 버그와 동료 학자들은 미국 국립과학원에 재조합 DNA의 개발을 공식적으로 조사하고 감시할 위원회를 설치할 것을 요청했다. 다우드나의 설명에 따르면 "이는 과학자들이 어떤 규제나 정부 제재 없이 특정 범주의 실험 전체를 자발적으로 중단한 최초의 사례 중 하나였다."

2014년 말로 가 보면, 다우드나와 동료 연구진도 이와 유사한 접근방법을 따랐다. 2015년 1월 이들 과학자는 첫 번째 〈혁신적 유전체학 연구소 생명윤리 포럼〉을 개최하여 CRISPR 기술의 윤리적·도덕적 함의를 논의했다. 이 포럼에는 폴 버그를 비롯한 저명한 과학자와 의사, 법률 및 생명윤리 분야 교수가 다수 참석했다. 직접 참석하지 못한 연구원들도《사이언스》에 발표된 〈유전체 공학 및 생식세포계열 유전자 조작을 향한 신중하고 성공적인 경로(A prudent path forward for genomic engineering and germline gene modification)〉라는 제목의 글을 준비하는 과정에 이바지했다.

2015년 3월 게재된 이 글은 동료 과학자에게 인간 유전체의 변경과 관련된 모든 행위에 CRISPR 기술을 사용하게 되면 "일시 정지 버튼을 누른 후 관련된 모든 안전성 및 윤리적 의미를 공개적이고 투명하게 논의할 수 있도록" 국제회의를 소집하라고 촉구했다. 저자들은 또한 종교 지도자, 환자와 장애인 권리 운동가, 사회과학 전문가, 규제기관, 정부 기관 등 다양한 이해관계자도 논의 과정에 함께할 것을 요청했다.

다행스럽게도 이 글은《뉴욕타임스》1면 기사로 소개되고《내셔널 퍼블릭 라디오》와《보스턴 글로》에도 보도되는 등 많은 주목을 받았다. 이후 몇 달 만에 미국 유전자 및 세포 치료 학회, 국제 줄기세포 연구소 협회, 백악관 과학기술 정책실 모두 인간의 생식세포계열을 조작하기 위한 유전자 편집 기술의 사용에 일시적 중단 조치가 필요하다는 점에 동의했다.

이후 전 세계의 주요 이해관계자들은 CRISPR 기술을 신중하게 발전시키는 데 보다 많은 관심을 기울이고 있다. 그럼에도 과학계와 의료계에는 "안전성, 치료 효과, 관리 요건 등이 충족된다면 이 기술을 인간 복제에 사용하되 도덕적으로 수용할 수 있는 사례가 나타날 수 있다."

라고 생각하는 이도 상당수 존재한다. 2015년의 생명윤리 포럼에서 한 참가자는 이렇게 말했다. "언젠가는 생식세포계열 편집을 통해 인간의 고통을 완화하지 않는 것이 비윤리적이라고 여겨질지도 모른다." 다행스럽게도 지금까지는 전 세계에서 이 분야를 선도하는 과학자와 연구원 대부분이 이 기술에 신중하게 접근하고 있다는 점은 분명해 보인다.

이와 같은 현실을 보여주는 사례로 중국의 과학자 허 젠쿠이^{He Jiankui} 교수의 일화를 소개하는 것도 좋을 듯싶다. 2018년 11월 허 교수는 홍콩에서 열린 학술회의에서 유전자 편집으로 탄생한 쌍둥이 자매인 루루와 나나를 소개하며 과학계를 충격에 빠뜨렸다. 세계 각지에서 비난이 쏟아졌으며, 그는 중국 선전에 있는 대학교에서 해고된 후 3년형을 선고받고 수감되었다.

기적의 치료제란

CRISPR 기술은 후대에 전달되는 인간 유전자 계열을 조작하지 않더라도 많은 것을 실현할 수 있다. 이 기술이 가장 먼저 의미 있게 사용될 분야는 단일 유전자의 돌연변이에 의해 발생하는 1만 가지가 넘는 질병을 치료하기 위해 결함 있는 유전자를 교정하는 것이다.

이 글을 쓰는 시점에 CRISPR 치료제가 규제 당국의 허가를 받았다. 2023년 4분기 영국 의약품건강관리제품규제청과 미국 식품의약국에서 겸상 적혈구병 치료를 위한 최초의 CRISPR 기술 기반 유전자 편집 치료제 카스게비^{Casgevy}를 허가한 것이다.

겸상 적혈구병은 적혈구의 핵심 단백질인 정상 헤모글로빈을 만드는 신체의 능력을 손상하는 유전적 돌연변이로 인해 발생하는 유전성 질환이다. 돌연변이가 된 헤모글로빈은 혈액 세포를 딱딱하고 낫 모양(겸상)으로 만들어 혈관이 막히게 할 수 있으며, 그로 인해 온갖 심각한 부작용이 나타난다. 대표적인 증상으로는 급성 통증 발작이 있으며, 환자는 심장마비나 실명, 뼈 손상을 비롯해 간, 신장, 폐, 심장 등 주요 장기의 손상 위험이 커진다. 또한 정기적인 내원과 통증 발작을 해소하기 위한 모르핀 주사 처방도 필요하며, 수명이 평균보다 훨씬 짧아진다.

지미 올라게레[Jimi Olaghere]는 카스게비 초기 임상 시험에 참여한 환자 중 하나로 당시 자신의 상태를 이렇게 설명했다. "마치 유리 파편이 혈관을 타고 흐르거나 누군가가 망치로 관절을 때리는 것 같은 느낌입니다. 통증 때문에 아침에 일어나고 밤에 잠자리에 들 때도 늘 통증과 함께라니까요." 2020년 9월 지미는 CRISPR 기술로 조작한 자기 적혈구를 몸속에 주입했다. BBC 기자 제임스 갤러거의 보도에 따르면, 2주 후에 다시 만난 지미는 아침에 통증 없이 눈뜨는 "완전히 새로운 사람이 되어 나타났다." 임상 시험에서 지미를 치료한 의사 하이다 프랭울[Haydar Frangoul]은 다음과 같은 이야기를 덧붙인다.

임상 시험에 참여한 처음 일곱 명의 환자에서 나타난 데이터는 그야말로 놀라웠다. 환자들이 정상적인 삶으로 돌아가고 있으며, 그들 중 누구도 겸상 적혈구병 관련 합병증으로 병원에 입원하거나 의사를 찾아 진료받을 필요가 없었다.

카스게비는 CRISPR 기술로 만들어낸 첫 번째 '기적의 치료제'다. 이렇게 표현할 수 있는 이유는 매년 전 세계에서 약 30만 명의 신생아가 가지고 태어날 정도로 상당히 흔한 유전 질환 가운데 하나인 겸상적혈구병을 치료할 수 있기 때문이다.

향후 수년 내에 CRISPR 기술은 훨씬 더 다양한 유전성 질환을 해결할 수 있을 것이다. 그뿐만 아니라 치료법 영역을 넘어 식량 생산이나 식량 안보를 혁신하는 차원에서도 중요한 역할을 할 가능성이 충분하다.

더 작은 고분자, 스캐폴드 단백질

바이오테크놀로지 산업의 미래를 낙관적으로 바라보게 만드는 또 하나의 영역은 이른바 '더 작은 고분자smaller large molecule'라고 불리는 약물 플랫폼의 개발과 관련이 있다. 앞서 여러 장에서 언급했듯이 고분자 약물은 흔히 바이오 의약품 또는 생물학적 제제라고 불린다. 이러한 약물은 바이오테크놀로지 산업의 본질을 가장 잘 대표하며, 2022년 한 해에만 약 2,000억 달러 이상의 매출을 기록했다.

이처럼 상당한 경제적 가치를 창출하고 다양한 질병에 대한 혁신적인 치료법을 제공하는 성과에도 불구하고 고분자 약물에는 몇 가지 본질적인 한계가 있다. 조금 더 자세히 설명하면, 우선 단백질이나 단클론 항체와 같은 고분자 약물은 저분자 약물에 비해 합성과 제조가 상당히 복잡하다. 이는 약물의 개발 및 제조 비용을 증가시킬 뿐만 아니라 약물의 품질이 일정하지 않은 배치 간 변동성 문제를 초래할 수 있다. 이에 관해 규제기관에서는 약물의 제조 공정이 항상 정확히 같은 제품, 즉 환자에게 사용이 허가된 특정 화합물을 생산해야 한다고 요구한다. 이는 매우 복잡한 고분자 약물을 제조하는 공정에서는 상당히 까다로운 문제다.

다음으로, 고분자 약물은 분해되기 쉽고 안정성이 낮은 문제가 있다. 그에 따라 저장이나 운송이 어려워지고 유통기한도 짧아져 결국 약가에 반영될 수밖에 없는 비용이 더욱 증가한다. 또한 고분자 약물은 생체이용률이 낮은 경향이 있다. 이는 고분자가 체내에서 치료 표적에 도달하거나 도달 후 치료 효과를 내는 데 어려움을 겪을 수 있음을 의미한다. 고분자 암 치료제는 단순히 약물의 분자 크기가 너무 크다는 이유로 종양 미세 환경에 침투하지 못하는 경우가 많다. 이러한 문제는 최근 개발된 면역관문 억제제 약물이 환자들 사이에서 상대적으로 낮은 반응률을 나타내는 주요 원인 중 하나로 추정된다. 이상의 문제를 해결하려면 특수한 약물 전달 시스템 또는 제형을 개발해야 하며, 이는 특정 치료법의 비용과 복잡성을 한층 더한다.

마지막으로, 고분자 약물은 분자 크기로 인해 체내에서 면역 반응을 유발할 수도 있으며, 이는 약물의 치료 효과 감소나 거부 반응으로 이어질 수 있다.

지금까지 논의한 다양한 문제를 완화하거나 완전히 피해 가기 위해 많은 혁신적인 바이오테크놀로지 기업에서는 '더 작은' 생물학적 제제 플랫폼을 개발하는 데 많은 자원을 투입하고 있다. 이 플랫폼은 단백질 스캐폴드protein scaffold라고 불린다.

벨기에의 아블링스Ablynx는 나노바디Nanobody라는 기술을 개발한 기업으로 2018년 프랑스의 거대 제약회사 사노피의 자회사로 편입되었다. 나노바디는 1989년 라마, 알파카, 기타 낙타과 동물의 체내에서 발견된 특수 소형 항체의 일종으로, 인간 항체의 약 10분 1 크기밖에 되지 않는다. 이렇게 작은 크기 덕분에 나노바디는 앞서 언급한 기존 고분자 계열의 여러 가지 문제를 해결할 수 있다. 나노바디는 더 견고하고 안정적이며, 더 쉽고 빠르게 생산할 수 있다. 또한 환자에게 투여하기 쉽도록 주사제 형태 대신 간단한 경구용 약물로 개발될 가능성도 있다.

더 나아가 여러 개의 소형 나노바디 분자를 결합하여 다가성^{multivalency} 나노바디를 만들 수도 있다. 다가성 나노바디는 암세포와 면역세포의 여러 부위에 결합하여 암세포와 면역세포를 연결하는 다리 역할을 함으로써 우리 몸의 면역체계가 암을 더 효과적으로 공격하도록 도울 수 있을 것이다.

한편, 지구 반대편에서는 아달타^{AdAlta}라는 아주 작은 오스트레일리아 기업이 아이바디$^{i-body}$ 플랫폼을 자체 개발하고 있다. 오스트레일리아 무역투자위원회 홈페이지의 설명에 따르면, 이 기업은 "수염상어 혈액에서 발견된 항원 결합 도메인을 채취한 다음 인간화된 단일 도메인 항체로 변환하여 섬유증이나 암과 같은 질병의 치료법을 획기적으로 바꿀 잠재력을 가지고 있다."

이제 라마(나노바디)와 상어(아이바디)에서 벗어나 영국으로 가 보자. 아박타^{Avacta}는 어퍼머^{Affirmer}라는 독자적인 기술을 보유하고 있다. 어퍼머도 항체보다 작은 단백질이다. 인간 단백질을 기반으로 하기에 동물 단백질을 재설계한 다른 기술에 비해 환자의 체내에서 면역 반응이 일어날 위험을 낮출 가능성이 있다. 또한 다가성 나노바디처럼 둘 이상의 치료 표적에 동시에 접근할 수 있다. 비교적 적은 비용으로 제조할 수 있고 견고한데다 안정성과 용해성도 우수해 치료제 개발에 적합하다.

아박타가 보유한 다른 핵심 기술로는 프리시전 종양 표적 플랫폼이 있다. 이 기술은 기존 화학요법 치료제를 변형하여 약물 분자가 종양 조직에 도달했을 때만 활성 성분이 방출되도록 설계되었다. 아박타는 2021년 여름에 이 플랫폼의 제1상 임상 시험을 시작했으며 아직 초기 단계이기는 하나 지금까지 결과는 고무적이다. 장기적으로 이 기술은 부작용 없는 화학요법 치료제 공급을 목표로 하고 있다. 프리시전 기술과 어퍼머 기술을 결합하면 경구 복용 후 부작용 없이 우리 몸 전체를 이동하다 종양 부위에 도달한 뒤에 암세포를 파괴하는 강력한 복합제를 종양 부위에 직접 전달하는 약물을 개발할 수 있을지도 모른다.

여러 차례 언급했듯이, 이처럼 환상적인 미래가 실현되기까지는 아직 몇 년이 더 필요하고 그 과정에서 실망스러운 일이 발생할 여지도 분명히 있다. 그렇지만 이런 기술이 개발 중이라는 사실 자체만으로도 분명히 고무적인 일이다.

여기서 소개한 최첨단 기술이 상당 부분 초기 단계이기는 하지만 전반적으로 엄청난 잠재력이 있는 것은 분명하다. 따라서 앞으로 수년 내에 이러한 기술을 연구하는 기업이나 이 분야에서 활동하는 많은 기업 중에서 매우 흥미로운 성과가 나올 가능성이 충분히 있다.

진단·분석 도구, PCR과 NGS

지금까지 소개한 모든 놀랍고도 흥미로운 발전을 가능하게 한 또 다른 필수적인 요인은 정교한 진단 기술과 분석 플랫폼의 등장이다.

19세기 공업화학의 등장이 제약 산업의 발전과 초창기 저분자 약물의 개발에서 얼마나 중요한 역할을 했는지는 이미 잘 알려져 있다. 당시 불과 수십 년 사이에 X선 결정학이나 종이 크로마토그래피, 자외선 분광법과 같이 혁신적인 분석 기술이 다양하게 쏟아져 나왔으며, 이는 왓슨, 크릭, 윌킨스, 프랭클린 등의 위대한 연구를 가능하게 한 핵심 요소였다.

특히 바이오테크놀로지 산업의 발전에 관한 한 지난 수십 년간 가장 중요한 분석 기술로 자리 잡은 두 가지는 바로 중합효소 연쇄반응^{Polymerase Chain Reaction, PCR}과 차세대 염기서열 분석^{Next-Generation Sequencing, NGS}이다.

중합효소 연쇄반응

중합효소 연쇄반응, 즉 PCR은 1980년대 미국의 생화학자 캐리 멀리스^{Kary Mullis}가 개발한 분석 기술이다. 멀리스는 PCR을 개발한 공로를 인정받아 1993년 노벨 화학상을 받았다. PCR은 아주 적은 양의 DNA를 증폭하여 분석에 충분한 양을 확보할 수 있도록 한다. 이 기술은 바이오테크놀로지 산업은 물론이고 법과학, 고고학, 고생물학 등 다른 많은 분야의 발전에도 중요한 역할을 했다.

PCR 기술은 암이나 병원체를 탐지하고 분석하며 전염병을 진단하는 데 사용된다. 또한 할리우드 영화와 드라마에 자주 등장하는 장면처럼 범죄 수사 시 DNA 프로파일링이나 친자 확인 과정에서도 활용된다. 아주 적은 양의 DNA도 증폭할 수 있다는 장점 덕분에 PCR 기술은 매머드처럼 수백만 년 전에 멸종된 동물의 화석뿐만 아니라 네안데르탈인의 뼈나 이집트의 미라와 같은 고대의 인간 혹은 러시아 로마노프 왕조의 니콜라이 2세와 같은 역사적 인물의 오래된 DNA를 성공적으로 분석하는 데도 사용된 바 있다.

1980년대 이후로 PCR은 다양한 산업의 발전 과정에서 매우 중요한 기술로 자리 잡았다. 이 기술은 높은 민감도와 비교적 저렴한 비용 덕분에 널리 채택되었다. 최근에는 배터리로 구동되는 휴대용 PCR 기기가 등장하면서 기술적 활용도가 한층 높아졌다. 1세대 PCR 기기는 크기가 상당히 크다 보니 실험실이나 병원에 설치 공간과 전원 공급 시설이 필요했다. 그에 따라 전염병 확산으로 신음하는 난민 캠프나 가축 검사 목적으로 농장에서 수집한 DNA 샘플은 PCR 검사를 위해 수백에서 수천 킬로미터 떨어진 실험실이나 병원으로 배송되어야만 했다.

하지만 현장에서 사용할 수 있을 만큼 견고하고 정확한데다 작고 가벼운 휴대용 PCR 기기가 등장하면서 과학자와 연구원은 이 기술을 가장 필요로 하는 곳에 직접 가져갈 수 있게 되었고 결과적으로 활용 분야도 크게 확대되었다. 실제로 PCR은 식음료 생산시설, 수질 및 환경 검사, 농업, 그리고 코로나19 팬데믹 기간 선별 진료소나 드라이브 스루 검사소에서도 사용되었다.

PCR의 몇 가지 한계도 있다. 우선 동시에 분석할 수 있는 유전적 표적의 수가 비교적 적다. 또한 특정 DNA 염기서열의 존재 여부만 확인할 수 있다. 다시 말해서 과학자는 구체적으로 어떤 DNA나 RNA 염기서열, 즉 어떤 질병이나 박테리아를 찾으려고 하는지를 분석 전에 결정해야 한다. 또한 DNA 샘플이 오염되면 거짓 양성이 표시될 수 있으며, 샘플에 표적 DNA가 너무 적거나 해당 DNA가 효과적으로 증폭되지 않아 PCR 기기가 감지할 수 없으면 거짓 음성이 나타날 위험도 존재한다.

차세대 염기서열 분석

다행히도 이런 한계 대부분은 2000년대 초반부터 등장한 차세대 염기서열 분석next-generation sequencing, 즉 NGS로 상당 부분 해결되었다.

이 책의 앞부분에서 DNA나 RNA 샘플의 유전암호 해석에 드는 비용과 시간이 놀라운 속도로 감소하는 과정을 살펴보았다. 이를 가능하게 한 기술이 바로 차세대 염기서열 분석이다. 사실 NGS는 모든 종류의 연구를 혁신했다고 해도 과언이 아니다. 이 기술은 2000년대 초반 무렵부터 발전하기 시작했으며, 이후 여러 세대를 거치며 더욱 정교하게 진화하여 오늘날 현대 사회는 물론이고 바이오테크놀로지 산업에서 가장 중요한 기술 가운데 하나로 자리 잡았다.

'고속 대량 염기서열 분석'으로도 알려진 NGS는 과학자가 방대한 양의 유전 정보를 비교적 작은 비용으로 빠르게 분석할 수 있도록 한다. 그 결과 다양한 연구와 임상 분야에서 광범위하게 활용된다. 과학자는 NGS를 통해 인간은 물론이고 동물, 식물, 곰팡이, 박테리아, 바이러스, 종양 등 관심 있는 생명체의 상세한 유전암호를 읽고 해독할 수 있다. 특히 특정 암 변이나 환자의 질병 상태와 관련한 풍부한 정보를 얻을 수 있다. NGS는 엄청나게 복잡한 마이크로바이옴과 바이롬을 연구하는 과정에서 꼭 필요한 분석 도구이기도 하다.

물론 유전암호를 읽고 기록하는 능력은 거대한 퍼즐을 완성하는 데 필요한 하나의 조각일 뿐이다. 연구원이나 의사는 그렇게 확보한 데이터에 담겨 있는 생물학적·의학적 의미를 이해할 수 있어야 하기 때문이다. 누군가의 유전암호를 해독하는 것과 그에게 특정 질병을 유발하거나 그 위험을 높이는 유전적 돌연변이가 있다는 사실을 인식하는 것은 전혀 다른 문제다. 마찬가지로 환자의 종양에서 정확한 유전암호를 확보하더라도 유전암호나 유전자 염기서열이 환자에게 실질적으로 어떤 의미가 있는지 파악하지 못한다면 확보한 데이터는 별다른 가치를 갖지 못하게 된다. 예를 들어 다음 질문에 대한 답을 얻을 수 있어야 한다. 환자의 종양이 양성인가 공격적으로 악성인가? 악성이라면 종양의 유전적 구성을 바탕으로 어떤 치료법이 가장 효과적일까?

이 점이 바로 NGS 기술의 핵심 요소다. DNA나 RNA 샘플의 유전암호를 읽을 수 있는 기기를 시장에 공급하는 바이오테크놀로지 및 의료기기 기업은 연구원이 자신의 연구에서 실질적인 결론을 도출할 수 있도록 전 세계에서 수행된 방대한 양의 유전체 연구 데이터를 포함한 대규모 데이터베이스에 접근할 수 있는 역량도 함께 제공하기 때문이다.

미국의 일루미나^{Illumina}는 차세대 염기서열 분석 시장에서 약 80%의 점유율로 독보적인 위치를 차지하고 있는 기업이다. 일루미나의 NGS 기기에는 '베이스 스페이스 코릴레이션 엔진'이라는 소프트웨어가 설치되어 있다. 이 소프트웨어를 통해 과학자는 20,000건 이상의 기존 유전체 연구를 포함하여 방대한 규모의 데이터와 연구 자료에 접근할 수 있다. 이는 눈이 아플 정도로 많은 양의 데이터를 다루는 매우 복잡한 일이다. 인간 유전체는 약 32억 개의 DNA 염기쌍으로 구성되어 있다. 그런데 우리 몸에 있는 수조 개의 세포 대부분은 똑같은 유전체를 두 개씩 가지고 있으며, 이는 우리 세포에 약 64억 개의 문자가 유전암호 형태로 존재함을 의미한다.

2000년대 중반 NGS 기술이 처음 개발된 후 NGS로 수백만 회의 염기서열 분석 작업이 이루어졌으며, 각 염기서열에는 수십억 개의 기초 데이터 포인트가 있다. 이를 고려할 때 NGS 기술이 생성한 염기서열 분석 데이터의 방대한 규모와 복잡성은 물론이고 데이터를 분석해서 의미 있는 결론을 도출하는 데 필요한 컴퓨터 처리 능력의 중요성도 명확해진다. 우리는 컴퓨터의 메모리 용량을 이야기할 때 메가바이트나 기가바이트에 익숙하다. 더 나아가서 1테라바이트는 1,000GB이고 1페타바이트는 1,000TB이며 1엑사바이트는 1,000PB다(물론 더 커지면 제타바이트와 요타바이트도 있다). 2019년을 기준으로 그 시점까지 NGS로 생성된 전체 데이터의 양은 약 200엑사바이트에 달하는 것으로 추정되며, 이 규모는 약 7개월마다 두 배씩 증가하고 있다. 물론 이 추정치는 시간이 가면서 점점 더 많은 데이터가 생성되고 분석되면서, 그리고 이 데이터를 처리하는 새로운 기술과 방법이 개발되면서 계속해서 바뀌고 있다. 여기서 가장 중요한 점은 이 엄청난 규모의 양질의 데이터가 매시간 증가하고 있으며, 그중 상당 부분은 공공부문에 속해 있어 전 세계의 모든 과학자가 접근하고 활용할 수 있다는 사실이다.

NGS 기기에서 생성되는 디지털 데이터는 공공부문에 속하는 수많은 대규모 데이터세트 중 하나일 뿐이다. 의료 이미지도 교수나 의료진이 교육이나 참고 자료로 활용할 수 있도록 상당 기간 수집되어 제공되고 있다. 일례로 미국 국립 의학도서관은 2016년 메드픽스 서비스를 선보였다. 메드픽스는 12,000명 이상의 환자로부터 수집한 약 60,000개 이상의 의료 이미지에서 시작해 그 수가 점점 커지고 있는 무료 개방형 데이터베이스다. 게다가 의료 이미지를 제공하는 데이터베이스는 메드픽스만이 아니다. 오늘날 전 세계의 과학자와 연구원, 의료진은 상처 부위를 촬영한 단순한 사진부터 X선 촬영 이미지와 CT 및 MRI 영상에 이르기까지 다양한 유형의 의료 이미지가 장기간 축적된 데이터베이스에 접근할 수 있다. 이러한 데이터베이스에는 환자의 치료 결과와 치료 세부 정보, 유전체 정보를 비롯해 임상 시험에 참여한 의사나 과학자가 제공한 분석 결과 및 의견 등 부가적인 데이터도 담겨 있다.

인공지능이 만드는 바이오테크 투자 기회

이번 장에서 소개한 다양한 기술과 함께 기하급수적으로 발전했으며, 특히 이 글을 쓰는 시점에 고도의 AI 기반 챗봇인 챗GPT의 등장과 함께 시대정신 속으로 들어온 또 다른 두 가지 기술은 인공지능과 머신러닝이다.

전 세계 수많은 과학자와 연구원이 생성한 수조 개의 데이터와 엑사바이트 단위를 넘어서는 방대한 정보를 분석하여 인류가 과학적으로 진보하도록 이끌 수 있는 작업은 점점 더 극도로 복잡해지고 있다. 다행스럽게도 NGS 및 관련 기술의 등장과 거의 같은 시기에 인공지능과 머신러닝 기술이 빠르게 발전하며 이러한 복잡성을 해소할 수 있는 길이 열리고 있다.

AI와 ML은 신약 개발과 약물 설계의 개선, 임상 시험 개시 전 최적화, 기존 약물 분자의 재평가, 제조 공정의 정밀화, 의료 이미지를 활용한 진단 속도의 향상 등 다양한 영역에서 활용될 수 있다. 또한 각종 산업의 전반적인 비용 구조를 상당히 개선할 수 있으며 그렇게 될 것이다.

영국의 엑스사이언티아^{Exscientia}는 AI와 ML 분야를 선도하는 기업 중 하나로 이곳의 최고경영자였던 앤드루 홉킨스$^{Andrew Hopkins}$는 AI가 기업에 "전통적인 방식으로는 다루기 힘들었던 거대한 화학적 공간을 탐색할 수 있는 능력을 제공한다."라고 설명한다. AI는 인간이 인식하기에는 지나치게 복잡한 패턴을 찾아낼 수 있으며, 이는 의료 이미지 분석에서도 마찬가지다. 미국 식품의약국은 이미 이 분야에서 다양한 컴퓨터 보조 진단^{CAD} 시스템을 허가했다. 예를 들어 CAD 시스템은 유방조영술과 함께 사용되어 영상의학과 의사가 유방암을 발견하는 데 도움을 줄 수 있다. AI 알고리즘을 통해 이미지를 분석하여 암이 의심되는 부위를 표시할 수 있기 때문이다. 또한 이 시스템은 망막 이미지 자동 분석을 통해 당뇨망막병증을 선별한 다음 필요한 경우 추가 검진을 위해 환자를 안과 전문의에게 의뢰하고, CT 스캔 이미지를 분석하여 의사가 폐결절이 양성인지 혹은 암일 가능성이 큰지 판단하며, 뇌출혈 징후를 포착하고 분류하는 등 여러 의료 영역에서 사용할 수 있다는 규제기관의 허가를 받았다.

AI와 ML 기술을 응용할 수 있는 다른 흥미로운 분야로는 기존 화합물의 재평가가 있다. 영국의 혁신적인 기업 프리시전 라이프$^{Precision Life}$는 이 분야에서 주목받는 선두 주자 중 하나다. 2022년 6월 이들은 머신러닝 기술을 활용하여 177개 바이오 제약 기업의 약물 개발 파이프라인을 분석한 연구 결과를《셀 패턴》에 발표했다. 이 연구의 목적은 기존 약물을 새로운 질병 치료에 사용할 가능성을 모색하는 것이었다. 예를 들어 이 폭넓은 접근방법은 코로나19 팬데믹 기간 코로나바이러스를 다루는 데 있어 일부 성공을 거두었다. 프리시전 라이프의 최고경영자인 스티브 가드너[Steve Gardner] 박사에 따르면 "중증 코로나19 환자를 치료할 효과적인 방법을 찾기 위한 전 세계의 노력이 성공함에 따라 현재 처방 중인 약물을 새로운 적응증에 다시 활용하려는 연구의 가치가 입증되었다." 프리시전 라이프는 여기서 멈추지 않고 훨씬 더 다양한 약물과 질병에 유사한 분석을 시도하고자 했다. 기존 약물에서 새로운 용도를 찾을 수 있다면 막대한 비용을 절약할 수 있을 뿐만 아니라, 가드너 박사의 말을 빌리자면 "위험 부담이 줄어든 가운데 비교적 작은 비용으로 더 신속하게 새로운 치료제를 허가받을 수 있는 경로가 형성되어 궁극적으로 환자들에게 큰 혜택을 제공할 수 있다."

프리시전 라이프는 정교한 조합 분석 기술을 활용하여 방대한 데이터를 분석한 결과 최소 35가지 질병에서 477개의 재조정 기회를 포착했다. 다시 말해서 477개의 약물 성분이 기존에 허가받은 용도를 넘어 새로운 치료 목적으로 사용될 잠재력이 있다는 것이다. 이는 AI와 ML의 가능성을 보여주는 한 가지 사례일 뿐이다. 미래에는 이와 같은 유형의 연구 활동이 바이오테크놀로지 산업과 환자 모두에게 상당한 혜택을 가져다줄 것으로 보인다.

AI와 ML 산업은 작고 새로운 혁신적인 기업만의 전유물이 아니다. 애플, 구글, IBM, 마이크로소프트 등 많은 대규모 기업도 이 분야에서 중요한 역할을 한다. 구글 헬스는 특히 유전체 분석과 AI 기반 영상 진단에 초점을 맞추고 있으며, 마이크로소프트는 노바티스와 같은 세계적인 제약회사는 물론이고 영국의 유전자 및 세포 치료 전문 기업 옥스퍼드 바이오메디카와 다년간 전략적 제휴 관계를 지속하고 있다. 한편 애플은 전 세계 15억 명이 넘는 아이폰 사용자로부터 수집한 의료 데이터를 분석한 다음 향후 수년 내에 이를 세계 각지의 과학자와 연구원에게 제공하겠다는 목표를 가지고 있다. 애플은 현재까지 2억 대 이상의 애플 워치를 출하했으며 앞으로 애플 워치에 내장할 수 있는 헬스케어 관련 기술을 광범위하게 확보하겠다는 야심 찬 계획을 세우고 있다. 애플과 같은 기업은 다양한 웨어러블 기술의 발전과 관련 산업의 성장을 주도할 것이며, 그렇게 발전한 기술은 바이오테크놀로지 산업에서 AI를 활용한 여러 프로젝트에 필요한 풍부하고 유용한 데이터를 제공할 것이다. 이 모든 기업 활동은 '융합'이라는 테마가 중요한 이유를 보여주는 또 하나의 사례라 할 수 있다.

인공지능과 머신러닝은 미래 바이오테크놀로지 산업의 발전에서도 매우 흥미로운 역할을 하게 될 것이다. 관련 연구에 참여한 많은 이들은 궁극적으로 100% '인 실리코', 즉 화학자의 개입 없이 오직 컴퓨터만 사용하여 약물을 개발할 수 있을 것으로 생각한다. 제약 기술 기업 엑스사이언티아는 이렇게 이야기한다. "미래에는 모든 약물이 인공지능으로 설계될 것이다."

또 다른 가능성은 앞으로 몇 년 후에 컴퓨터 모델의 정확성을 충분히 신뢰할 수 있다면 동물실험의 필요성을 완전히 없앨 수 있다. 예를 들어 2019년 진행된 한 연구에서는 1만 개의 화합물과 80만 건의 연구 결과로 이루어진 데이터베이스를 활용하여 독성을 예측한 결과 동물실험을 능가하는 결과가 나타났다. 이미 오늘날에도 인공지능은 '인 실리코' 방식으로 분자를 선별하고 실험 설계를 최적화함으로써 동물실험에 필요한 개체 수를 줄이는 데 사용되고 있다.

또한 발전하는 맞춤형 의료의 가능성도 기대할 수 있다. 머지않은 미래에는 진단 기술이 환자의 침, 혈액 또는 대변에서 샘플을 채취한 뒤 환자의 상태에 대해 매우 정확한 결론을 신속하게 도출하는 것은 물론이고, 심지어 기술의 발전에 따라 환자의 유전적 및 생물학적 특성에 맞는 맞춤형 치료제를 즉석에서 또는 몇 시간 내에 설계하고 생산할 수 있을지도 모른다.

In Summary

9장의 주요 내용

이번 장에서는 다양한 핵심 기술의 융합이 질병의 진단과 치료에 어떠한 영향을 미치고 있는지 살펴보았다. 6장에서 언급한 '정밀 의료'의 미래는 NGS를 이용한 유전자 염기서열 분석, 과학자가 유전적 돌연변이를 도입하거나 교정하여 실제로 DNA 염기서열을 변경할 수 있게 하는 CRISPR와 같은 유전자 편집 기술의 발전, 그리고 이를 모두 이해하고 알리는 데 필요한 고도로 정교한 인공지능 및 머신러닝 시스템의 활용까지 여러 요인이 강력하게 결합한 결과다.

10장에서는 이야기의 초점이 인간의 건강에서 우리 '밖'의 바이오테크놀로지로 옮겨간다. 하지만 인간 '안'과 '밖'의 두 세계는 떨어질 수 없이 밀접하게 연결되어 있다. 어쨌든 인간은 이 광활한 생태계의 요소 중 하나에 불과하며, 환경의 건강 상태는 우리 자신의 웰빙과 복잡하게 연결되어 있기 때문이다. 앞으로 더 상세하게 살펴보겠지만, 우리 밖에서도 바이오테크놀로지는 핵심적인 역할을 한다.

우리 '밖'의 바이오테크놀로지
일상에 녹아드는 혁신

Biotech 'without' us
Clean power, agriculture, bioremediation
and processing power

지금까지 치료법의 발전 과정에서 바이오테크놀로지가 어떠한 역할을 해 왔고 앞으로도 할 것인지를 집중적으로 살펴보았다. CRISPR와 차세대 염기서열 분석[NGS], 인공지능과 머신러닝을 포함한 많은 수의 바이오테크놀로지는 우리 '안'뿐만 아니라 '밖'에서도 의미 있는 역할을 하고 있거나 적어도 가까운 미래에는 그렇게 할 것이다. 단언컨대 바이오테크놀로지는 인간이라는 종 전체에 흥미로우면서 중요한 결과를 가져올 가능성이 크다.

청정발전과 생물정화, 지속가능한 미래

바이오테크놀로지 산업은 이미 청정 발전 분야에 상당한 영향을 미치고 있다. 그 가운데 하나는 식물이나 조류와 같은 유기물에서 추출한 혁신적인 바이오 연료다. 바이오테크놀로지 기업은 다양한 기술을 활용하여 생물량(어느 한 시점에 특정 공간 내에 존재하는 유기물의 양으로 영문 그대로 바이오매스라고도 부름-옮긴이)을 에너지로 전환하여 지속 가능한 원료 공급원을 다양하게 확보할 수 있다. 특히 조류에서 추출한 연료는 매우 흥미로운 연구 분야로, 바이오 디젤과 바이오 항공유가 과학적으로 가능하다는 평가를 받고 있다. 이러한 기술이 화석연료 소비에 실질적인 영향을 미칠 때까지는 여러 해 동안 수십억 달러의 투자가 필요한 것으로 보이지만, 에너지 수율과 품질을 높이는 능력이 점점 좋아지고 있다는 점을 고려할 때 이 분야에서도 기하급수적인 발전을 기대할 수 있다.

이미 바이오테크놀로지는 농업 및 산업 폐기물에 유전적으로 조작한 미생물이나 효소를 첨가하여 메탄을 생산하는 바이오가스 산업의 발전을 이끌었다. 국제 에너지 기구는 바이오가스가 2019년 전 세계 재생에너지 소비량의 약 2%를 차지한다고 추정하면서 잠재력이 매우 크다고 평가했다. 유럽 바이오가스협회에서는 바이오가스가 2050년까지 유럽 전체 에너지 수요의 5~10%를 충당할 수 있다고 내다봤다. 관련 기술의 발전 속도를 보면 이와 같은 추정치는 보수적인 전망일 가능성이 있다.

한편 태양광 산업에서도 바이오테크놀로지가 중요한 역할을 할 수 있다. 바이오미미크리는 자연에서 배운 바를 활용하여 설계나 제조 공정 영역에서 인간이 부딪히는 문제를 해결하는 방법론을 말한다. 바이오테크놀로지를 연구하는 사람들은 태양광 에너지 분야에 응용할 수 있는 소재 특성이 개선된 재료를 개발하기 위해 노력하고 있다. 또한 햇

빛을 포착하고 변환하는 기능성과 효율성을 모방한 소재를 개발하고 있다.

장기적으로는 생물학적으로 만들어낸 성분을 통해 배양 또는 재배되어 태양광 에너지를 활용할 수 있는 바이오 기반 태양광 셀을 생산하는 분야까지 확대될 가능성이 있다. 이는 태양광 발전 전반의 비용과 지속 가능성, 효율성 측면에서 상당한 이점을 제공할 수 있다. 기존 태양광 기술의 전력 생산량을 개선하는 바이오 코팅 제품은 이미 시장에 출시되었다. 또한 과학자들은 에너지 산업 전반에서 배출량을 줄이는 데 핵심적인 역할을 할 가능성이 있는 탄소 포집 및 저장 분야에서도 유사한 기술을 개발하기 위해 노력하고 있다.

바이오테크놀로지 산업에서 관련 기술을 응용할 수 있는 또 하나의 분야는 생물정화^{bioremediation}다. 산업화 시대가 도래한 이후로 중금속, 화학물질, 플라스틱, 각종 폐수 등 수많은 비 생분해성, 즉 자연에 존재하는 미생물에 의해 분해되지 않아 환경에 해를 끼치는 오염 물질을 배출해 왔다. 시간이 지나면서 인류는 이러한 오염 물질 가운데 상당수가 인간은 물론이고 동물과 식물에도 암이나 돌연변이를 유발할 가능성이 있음을 확인하는 등 그 피해를 점점 더 이해하게 되었다.

중금속이 체내에 축적되면 세포가 손상되거나 유전체와 후성 유전체가 영향을 받아 암을 비롯한 다양한 질병의 발병 위험이 증가한다. 또한 토양 내 오염 물질의 농도가 높아지면 영양소 흡수가 방해받고 작물의 성장이 저해됨에 따라 결국 식량의 영양 품질이 떨어지고 생산량이 감소하게 된다. 나아가 중금속 오염이 이 책의 1부와 2부에서 언급한 여러 '현대성 질병' 또는 '현대 전염병' 확산의 또 하나의 원인으로 작용하고 있다는 증거도 늘어나고 있다.

생물정화란 미생물, 식물, 곰팡이, 효소 등 살아있는 유기체를 활용하여 환경 속 오염 물질을 분해, 해독 또는 제거하는 과정이다. 생물정화 기술은 유기 화합물, 중금속, 유해 화학물질 등 광범위한 유해 오염 물질을 분해하거나 대사 작용으로 처리할 수 있다. 이 접근방법은 전통적인 정화 기술에 비해 몇 가지 장점이 있다. 비용이 훨씬 저렴하고, 환경적으로 더 오랫동안 지속할 수 있으며, 종종 오염 물질을 독성이 전혀 없는 최종 산물로 완벽하게 분해하는 결과를 얻을 수도 있다.

1970년대 이후 다양한 생물정화 기술이 개발되었으며 해당 산업의 가치는 2021년 기준 1,000억 달러를 훌쩍 넘은 것으로 평가받고 있다. 그러나 최근 들어서야 분자생물학과 유전체학 분야에서 각종 분석도구와 전문적인 지식이 발전하면서 생물정화 분야에서 식물 및 미생물 군집과 이들의 기능적 역할에 대한 이해가 획기적으로 진전되고 있다.

생물정화 분야의 진정한 잠재력은 상호 보완적인 여러 기술을 결합하고 다양한 미생물과 식물이 뒤섞인 복잡한 혼합제를 활용하는 데 있다. 현재는 차세대 염기서열 분석, 인공지능, 머신러닝 등 최신 기술을 활용하여 생물정화 분야에 내재하는 복잡성을 해결하려는 기업이 점점 더 많아지고 있다.

농업 혁신과 새로운 식량 시스템

생물정화 기술이 가진 잠재력이 특히 잘 드러나는 사례 중 한 가지는 오염 물질이 토양에 끼친 피해를 되돌리는 것이다. 바이오테크놀로지 산업은 토양 비옥도와 농업 생산성을 향상하는 데 많은 도움이 될 수 있다. 현재 바이오테크놀로지 산업은 오염 물질로 인해 손상된 농지를 회복하는 데 그치지 않고 정밀하게 조작된 미생물 기반의 바이오 비료와 바이오 촉진제를 사용하여 윤작 및 휴작 과정의 진행 속도를 높일 수 있도록 유도하고 있다.

또한 바이오테크놀로지 기업은 개량된 작물 품종의 개발에 박차를 가하고 있다. 유전 분석을 통해 수확량이 많고 병충해에 강하며 가뭄에 잘 견디는 작물의 바람직한 유전적 특성을 파악할 수 있다. 유전자 조작을 통해 병충해와 박테리아, 곰팡이에 저항성을 가지게 된 작물은 해로운 화학 살충제에 대한 의존도를 줄여 물과 토양의 오염을 최소화하는 동시에 수확량이 늘어날 수 있다.

그러나 한층 더 흥미로운 것은 축산업과 양식업을 포함한 어업을 혁신할 잠재력이다. 바이오테크놀로지는 육류와 각종 해산물의 대체품을 개발하고 생산하는 데 중요한 역할을 할 수 있다. 대체품은 크게 두 가지 범주로 나눌 수 있다. 첫 번째는 식물을 가공하거나 발효하여 육류와 비슷하게 만든 대용 식품이다. 이러한 제품이 시장에 선보인 지는 꽤 오래되었지만, 최근 제품 개발 속도가 빨라졌으며 외형, 질감, 맛 등이 진짜 고기와 더 비슷한 제품이 등장하고 있다. 현재 이 분야에서 선두 주자로 손꼽히는 기업으로는 비욘드 미트^{Beyong Meat}와 임파서블 푸드^{Impossible Foods}를 들 수 있다. 이들 두 기업은 닭고기, 돼지고기, 소고기, 소시지 대체품을 포함한 다양한 종류의 식물성 배양육 제품을 생산한다.

임파서블 푸드는 미국의 패스트푸드 체인 버거킹과 식물성 패티를 공급하는 계약을 체결했다. 비욘드 미트도 KFC와 피자헛, 스타벅스와 협력하고 있다. 두 기업 모두 일반 소비자를 대상으로 하는 제품군역시 다양하게 제공하고 있다. 물론 이들 두 기업이나 산업 전반이 상업적 성과나 소비자의 보편적인 수용 측면에서 아직은 초기 단계에 있는 것은 사실이다. 하지만 대체육 산업 전문가들은 식물성 육류 시장이 2030년까지 매년 25~50%씩 폭발적으로 성장하여 2030년에는 연간 수백억 달러의 매출을 올리고 과거보다 훨씬 폭넓은 소비층을 확보할것으로 전망한다.

두 번째는 식물성 육류 대체품에는 별로 마음이 가지 않는 고기 애호가라면 특히 좋아할 수 있는 배양육으로, 실험실에서 세포 기반으로자란 깨끗한 고기라고 할 수 있다. 배양육은 동물 세포를 가져와 이를통제된 환경에서 배양하여 만든 결과물이다. 배양육 기술의 궁극적인목표는 육류의 세포 구조를 조작하여 외형, 질감, 냄새, 맛 등이 실제 고기와 똑같은 최종 제품을 만들어내는 것이다. 이렇게 만든 고기는 동물에서 유래한 고기와 유전적으로 완벽하게 같기 때문에 사실상 진짜 고기라고 봐도 무방하다.

2013년 실험실 배양 고기로 만든 햄버거가 처음으로 판매되었을때 큰 화제가 되었다. 햄버거 패티 하나를 만드는 데 33만 달러나 들었기 때문이기도 했지만, 배양육 기술을 개발한 기업에 투자한 사람 중 하나가 구글의 공동 창업자 세르게이 브린Sergey Brin이었기 때문이다. 이후기하급수적으로 발전한 과학기술 덕분에 세포 배양육으로 만든 햄버거의 가격은 현재 10달러 미만으로 낮아졌다. 여전히 다소 비싼 가격이지만, 가격 하락 추세와 미래의 잠재력을 보여주는 지표라고 할 수 있다.

햄버거 패티나 미트볼처럼 다진 고기로 만든 제품은 구조가 비교적 단순해서 스테이크나 생선 살코기처럼 매우 복잡한 구조를 가진 제품보다는 실험실에서 배양하기가 더 쉽다. 하지만 여기서도 기하급수적으로 발전하는 과학이 이러한 한계를 극복할 가능성이 크다. 현재 전 세계적으로 100개 이상의 기업이 이 문제를 해결하기 위해 노력하고 있으며, 그중 일부는 배양 가죽을 비롯해 배양육 기술을 응용할 수 있는 다른 제품을 개발하고 있다. 경영 컨설팅사 맥킨지 앤드 컴퍼니가 진행한 연구에 따르면, 배양육 산업의 성공은 "언젠가 소비자가 와규 소고기와 참다랑어를 치킨 너겟이나 햄버거와 비슷한 가격에 구매할 수 있음을 의미한다."

이보다 훨씬 더 중요한 점은 이렇게 만든 소고기와 참치가 우리가 사는 지역에서 가까운 실험실에서 배양된다는 사실과 이러한 변화가 환경이나 인간의 건강, 동물 복지에 미칠 긍정적인 영향이다. 현재의 농축산업 관행은 환경 파괴와 수많은 동식물의 멸종, 기후 변화를 초래한 주요 원인으로 손꼽힌다. 농축산업은 전 세계 산림 파괴의 80%를 유발했고, 안 그래도 점점 줄어드는 담수 자원에서 막대한 양을 소비하고 있으며, 종종 끔찍한 결과를 가져오는 주요 오염원으로 작용하고 있다.

또한 이 산업이 엄청난 양의 동물 또는 인간 폐기물을 환경에 배출한 결과 토양과 강, 바다가 각종 유독 물질로 오염되고 항생제 내성까지 증가함에 따라 미래 인류의 건강이 심각하게 위협받을 가능성이 점점 커지고 있다. 또한 기존 농축산업 관행은 동물에서 인간으로 전염되는 인수공통전염병의 위험을 증가시켰으며, 이는 코로나19 팬데믹만큼 심각하거나 때에 따라서는 훨씬 더 치명적인 결과를 초래할 수 있다.

하지만 인류가 이른바 제2의 농업혁명을 성공적으로 이루어낼 수만 있다면 희망을 품을 이유가 충분히 있다. 영국의 작가 조지 몬비오George Monbiot가 언급한 바와 같이 "대기 중에서 탄소를 제거하는 가장 안전하고 효과적인 방법은 농축산업에 필요한 토지의 규모를 줄이고 그렇게 남은 땅을 자연 상태로 되돌리는 것이다." 이어 몬비오는 그 이유를 이렇게 설명한다. "만약 현재 가축이 차지하고 있는 땅을 자연 상태로 되돌린다면 생태계가 회복됨에 따라 대기 중에서 감소하는 탄소의 양은 지난 16년간 전 세계에서 화석 연료가 배출한 탄소의 양과 맞먹을 것이다." 이 한 가지의 변화만으로도 지구가 되돌릴 수 없는 임계점에 도달하는 1.5°C 이상의 세계 기온 상승을 막는 데 있어 성공과 실패를 가르는 결정적인 요인이 될 수 있다.

한편 산업적 어업 역시 마찬가지로 해양과 바다 자원의 고갈, 엄청나게 우려스러운 해양 생물 및 생물 다양성의 손실, 그리고 해양 플라스틱 오염의 주된 원인이라는 사실은 명백하다.

요컨대, 실험실에서 배양한 고기와 생선, 해산물이 가진 잠재적인 이점은 여기에 인류의 미래가 걸려있을지도 모른다고 생각하면 결코 과소평가할 수 없다. 또한 배양육 분야는 일종의 특효약이 될 수 있는 영역이다. 바이오테크놀로지 산업이 농축산업에 미칠 영향은 어쩌면 심지어 암이나 현대의 다른 많은 난치성 질병을 치료하는 것보다 훨씬 더 중요할지도 모른다.

포장

바이오테크놀로지 산업은 포장 분야에서 일회용 플라스틱 의존도를 낮추는 등 할 수 있는 일이 많으며 이를 통해 매우 큰 영향을 미칠 수 있다. 바이오테크놀로지와 재료과학의 발전 덕분에 세계 수많은 기업은 기존 플라스틱과 유사한 기능을 제공하면서 환경에 미치는 영향을 현저히 줄일 수 있는 대체 소재를 탐색하고 있다.

현재 많은 바이오테크놀로지 기업이 식물성 전분이나 셀룰로스, 조류처럼 천연 자원에서 유래한 생분해성 고분자, 미생물을 이용한 대체 소재 생산과 관련된 연구개발 활동에 전념하고 있다. 이러한 제품은 환경에 해가 없는 천연 성분으로 분해될 수 있다. 그리고 바이오테크놀로지 연구를 통해 기존 플라스틱 폐기물을 보다 효율적으로 분해할 수 있는 효소도 탐색 중이다.

처리 능력

바이오테크놀로지 산업이 이바지할 수 있는 또 다른 중요한 분야는 처리 능력의 발전과 무어의 법칙이 미래에 따를 경로에 있다. 오늘날 사용하는 마이크로칩과 프로세서는 불가피한 물리적 한계에 점점 다다르고 있으며, 무어의 법칙을 유지하는 일도 갈수록 어려워지고 있다.

트랜지스터의 크기가 작아지고 하나의 마이크로칩에 더 많은 부품이 집적됨에 따라 공간 부족, 발열, 전력 소모 등 여러 문제가 제조업체에 많은 어려움을 안겨주고 있다. 이와 함께 트랜지스터의 밀도가 높아질수록 하나의 마이크로칩 내 부품 사이나 서로 다른 마이크로칩 사이의 데이터 전송 속도가 느려지는 병목현상도 갈수록 심해지고 있다.

이와 같은 문제를 극복하기 위해 대체 컴퓨팅 기술에 관한 연구가 활발하게 이루어지고 있다. 그 대표적인 예가 생물학적 컴퓨팅과 DNA 기반 컴퓨팅으로, 기존의 컴퓨팅 기술을 혁신하고 무어의 법칙이 앞으로도 계속 유효할 수 있도록 할 가능성이 크다. 이들 혁신적인 컴퓨팅 기술은 DNA와 같은 생체 분자의 고유한 특성을 활용하여 계산 작업을 수행한다. DNA에는 아데닌(A), 티민(T), 사이토신(C), 구아닌(G) 등 네 가지의 뉴클레오타이드 염기가 있어서 DNA의 처리 및 저장 능력은 기존 이진법 기술보다 기하급수적으로 더 강력할 수 있다.

이러한 기술은 현재의 컴퓨팅 및 데이터 저장 기술보다 전력 소모량이 훨씬 적을 뿐만 아니라 전 세계적으로 엄청난 전력을 소비하는 데이터 센터보다 훨씬 더 적은 공간을 차지할 수 있다. 살아있는 유기체 내의 DNA 저장 공간은 심지어 전력 소모가 전혀 없을 수도 있으며 수천 년 동안 데이터를 안정적으로 보관할 수 있는 매체가 될 가능성도 있다. 이처럼 생물학적 컴퓨팅과 DNA 기반 컴퓨팅이 열어줄 응용 분야는 무궁무진하다.

이 분야에는 마이크로소프트, 구글, 일루미나, 웨스턴 디지털 등 누구나 잘 아는 대기업뿐 아니라, 진코 바이오웍스Ginko Bioworks나 트위스트 바이오사이언스Twist Bioscience, DNA 스크립트DNA Script와 같이 작고 혁신적인 기업도 활발히 참여하고 있다. 앞으로 몇 년 안에 이 분야가 어떻게 발전해 나갈지 기대할 만하다.

In Summary

10장의 주요 내용

이번 장에서는 바이오테크놀로지가 우리 '밖'에서 할 수 있는 일을 아주 간략하게 살펴보았다. 소개한 각 산업과 응용 분야는 각각 별도의 책으로 다루더라도 부족하지 않을 만큼 중요한 주제들이다. 그러나 여기서는 이들 기술적 진보가 열어줄 흥미로운 미래를 살짝 엿본 정도로 만족하자.

책의 마지막인 11장에서는 최근 바이오테크놀로지 산업에서 떠오른 가장 논란의 여지가 많으며 마치 공상과학 영화 같은 아이디어를 탐구할 예정이다. 언젠가는 노화가 단순히 하나의 질병이 되어 치료할 수 있을 것이라는 생각이다.

11장

노화는 이제
치료할 수 있다

지금까지 바이오테크놀로지 산업이 혁신적인 치료제 개발과 핵심적인 분석 및 진단 도구의 놀라운 발전에 어떠한 영향을 미치고 있는지 살펴보았다. 또한 청정 발전 및 생물정화 기술의 발전과 농업 및 처리 능력의 혁신에서 바이오테크놀로지가 우리 '밖'에서 수행할 중요한 역할에 관해서도 이야기했다.

아마도 바이오테크놀로지 산업이 수십 년 내에 창출할 가장 급진적인 결과는 인간이 노화와 죽음을 대하는 방식을 근본적으로 바꾸는 일이 될 것이다. 이 책의 머리말에서 나는 영국의 항노화 과학자이자 생물의학 노인학자인 오브레이 드 그레이가 이미 십여 년 전부터 1,000세까지 살 최초의 인간은 이미 태어났다고 주장한 이야기를 소개한 바 있다. 드 그레이는 이렇게 이야기했다. "1,000살이라는 숫자는 큰 틀에서 추정한 값에 불과하다. 그나마 오늘날 노화와 무관한 사망 원인에 따른 위험을 반영한 수치라 실제로는 상당히 보수적인 추정치일 가능성이 매우 크다."

노화에 진지하게 접근하는 과학자들 사이에서 점점 공감받는 드 그레이의 견해는 노화를 자연스럽고 불가피한 과정으로 보기보다는 하나의 질병이며 치료해야 할 대상으로 간주해야 한다는 것이다. 실혈관 및 호흡기 질환, 알츠하이머병, 치매와 파킨슨병, 당뇨병, 신장과 간, 소화기관에 발생하는 각종 질병 등 우리가 대체로 사망 원인으로 지목하는 질병 대부분의 근본 원인이기도 하다.

이 분야에서 가장 주목받는 인물로 데이비드 싱클레어^{David Sinclair} 교수가 있다. 오스트레일리아 출신인 싱클레어 교수는 하버드대학교 의과대학의 정교수이자 폴 F. 글렌 노화 생물학 연구소의 공동 디렉터 중 한 명이며, 시드니대학교의 노화 연구소도 공동으로 이끌고 있다. 170편이 넘는 학술 논문을 발표했고 50건 이상 특허의 공동 발명자이기도 하며 바이오테크놀로지 기업 14곳의 설립에도 관여했다. 과학 저널《노화》의 공동 설립자이자 공동 편집자로도 활동 중이다. 싱클레어 교수는 2014년 불과 40대 중반의 나이로《타임》이 선정한 '세계에서 가장 영향력 있는 100인'에 이름을 올렸고, 2018년에는 《타임》 선정 헬스케어 분야 최고의 50인'에도 포함되었다.

2019년 싱클레어 교수는 자신의 기념비적 저서《노화의 종말 (Lifespan: Why We Age -and Why We Don't Have To)》을 출간했다. 그는 노화의 근본적인 메커니즘을 이해할 수 있다면 노화의 진행 과정을 늦추거나 심지어 그 방향을 거꾸로 돌리는 치료법을 개발할 수 있다고 주장한다. 또한 유전학의 역할을 설명하면서 더 중요한 것은 후성유전학이라고 강조한다. 후성유전학은 기본적인 DNA 서열의 변화 없이 발생하는 유전자 발현의 변화를 연구하는 학문이다. 후성유전학에서는 유전자가 수명을 결정하는 데 중요한 역할을 하지만, 식단이나 생활 방식 같은 다양한 외부 요인이 유전자 발현에 영향을 미칠 수 있으며 수명에는 이들 외부 요인이 훨씬 더 중요할 가능성이 크다고 본다. 싱클레어 교수는 "미래의 건강에서 80%는 본인의 통제하에 바꿀 수 있으나 나머지 20%는 유전적으로 결정되어 개인의 영향력이 제한적이다."라고 말한다. 그런 다음 다소 강한 어조로 이렇게 설명한다. "인간은 반드시 늙는다는 생물학적 법칙은 존재하지 않는다. 그러한 법칙이 있다고 주장하는 이들은 자신이 무슨 말을 하는지 모르는 것이다."

생명체의 DNA 속 유전암호는 본질적으로 '고정'되어 있지만, 세포 수준에서 이 암호를 읽고 활용하는 방식이 우리 삶과 건강, 무엇보다도 노화의 속도를 결정한다. 어떠한 유전자를 활성화할지 아니면 비활성화 상태를 유지할지를 결정하는 것은 후성 유전체의 역할이다. 세포, 조직 및 장기의 효과적인 기능과 세포 손상이 축적되는 속도인 노화는 유전체보다 후성 유전체가 하는 역할에 더 크게 좌우된다.

유전체와 후성 유전체의 차이, 후성 유전체의 힘을 잘 보여주는 사례로 싱클레어 교수는 애벌레와 나비를 설명한다. 애벌레와 변태를 거쳐 탄생하는 나비의 유전체는 완전히 같다. 하지만 변태 과정에서 일어나는 변화는 후성 유전적 발현의 변화에 기인한다. 우리가 생활 방식이나 행동의 변화를 통해 유전체에 영향을 미친다는 것은 기본적으로 불가능하지만(물론 미래에는 CRISPR와 같은 기술을 통해 가능한 일이 될 수 있을지도 모른다), 후성 유전체에는 영향을 미칠 수 있으며 이를 통해 노화 과정이

늦춰질 수 있고 결국은 그렇게 될 것이다. 후성 유전체에 영향을 미치는 방법에는 열량 제한, 간헐적 단식, 양질의 수면, 여러 건강 보조제 섭취, 저강도 및 고강도 운동, 저온 및 열 노출 등이 있다. 싱클레어 교수는 6장에서 소개한 건강에 좋은 스트레스의 가치를 지지하는 많은 저명한 과학자 중 한 명이기도 하다.

싱클레어 교수가 《노화의 종말》에서 강조하는 핵심 메시지 가운데 하나이자 이 책의 전반적인 메시지와 완벽하게 일치하는 것은 바로 과학의 급속한 발전이다. 싱클레어 교수는 저서에서 매일 수백만 개의 유전자를 분석할 수 있는 최첨단 염기서열 분석 장비와 더불어 이전에는 상상할 수 없었던 속도로 수조 바이트의 데이터를 처리하는 컴퓨터를 언급한다. 또한 과학의 발전과 그 과정에서 기하급수가 한 역할 덕분에 마침내 노화처럼 복잡하고 여러 요인이 영향을 미치는 현상을 이해할 수 있게 되었으며 이를 해결할 방법도 모색할 수 있다고 말한다. 싱클레어 교수와 같은 과학자들이 하는 연구에서 가장 흥미로운 지점은 단순한 수명 연장이 핵심이 아니라는 데 있다. 인류가 세포 손상을 늦추는 능력을 점점 더 많이 갖추게 되면서 훨씬 더 중요한 가치는 우리 삶에서 비교적 건강하게 지내는 기간, 즉 건강수명healthspan의 연장에서 발견할 수 있다. 싱클레어 교수는 현재 건강한 상태로 살아 있는 사람은 지금 50세인 건강한 사람과 비슷하게 활발하고 역동적인 생활 방식을 유지하면서 100세까지 사는 것이 충분히 실현할 수 있는 목표라고 주장한다.

이러한 목표가 가능하다고 싱클레어 교수와 동료 과학자들이 믿는 이유는 노화의 원인을 훨씬 더 깊이 이해하게 되었으며 그 원인을 어느 정도 직접적으로 해결할 수 있는 수단을 점점 더 많이 갖추게 되었기 때문이다. 예를 들어 줄기세포를 이용하여 세포 손실 문제를 해결하거나 우리 몸이 염증이나 궁극적으로는 암을 유발하는 죽은 노화 세포를 제거하도록 도울 수 있다. 또한 면역체계를 강화하여 신체에 해로운 노폐물을 효과적으로 제거하도록 할 수도 있다.

싱클레어 교수의 말을 빌리자면 "표면적으로만 봐도 노화는 암보다 훨씬 치료하기 쉬운 질병이다." 이는 노화의 주요 특징이 암의 상당수나 대부분을 유발하는 원인일 뿐만 아니라 다른 많은 건강 상태와 치명적인 질병의 상위 원인이라는 점을 볼 때 특히나 흥미로운 발언이다. 만약 노화를 효과적으로 '치료'할 수만 있다면, 그 파급 효과로 암, 알츠하이머병, 당뇨병 등 다양한 질병과 질환이 훨씬 덜 발생할 것이라는 이야기이기 때문이다.

이처럼 포괄적인 접근방법은 싱클레어 교수의 말마따나 오늘날 우리가 따르고 있는 일명 '두더지 잡기'식 질병 대응 방법보다 훨씬 더 효율적일 가능성이 크다. 현재 전 세계는 질병 치료에 매년 수천억 달러를 쏟아붓고 있지만 환자에게 겨우 몇 달 혹은 운이 좋으면 몇 년 더 살 수 있는 시간을 줄 수 있을 뿐이다. 그렇게 조금 연장된 삶도 화학요법, 방사선요법, 수술 등 기존 치료법으로 인해 삶의 질이 상당히 낮은 상태로 유지되는 경우가 많다. 노화를 질병으로 보고 그 치료에 성공한다면, 수많은 사람이 수십 년의 무진행 생존 기간(질병이 악화하지 않은 채 환자가 생존하는 기간-옮긴이)과 더 건강하고 활력 넘치는 삶을 선물 받을 뿐만 아니라 처음부터 암과 같은 질병에 걸릴 위험도 상당히 줄어들게 될 것이다.

또한 싱클레어 교수와 같은 과학자들이 주창하는 다양한 노화 '치료법' 중 상당수는 현재 의료기관에서 처방하는 최첨단 약물보다 훨씬 저렴하므로 만약 이러한 치료법이 성공적으로 도입된다면 전 세계 헬스케어 시스템이 수조 달러의 비용을 절약할 수 있게 된다.

싱클레어 교수의 주장은 분명 논란의 여지가 있다. 그러나 이는 코페르니쿠스와 갈릴레오 그리고 그 뒤를 이어 등장한 수많은 혁신적인 사상가에게도 똑같이 적용되었던 이야기다.

노화를 질병으로 보고 치료에 성공할 때 기대할 수 있는 이차적 경제적 효과는 수조 달러의 의료 비용 절감보다 우리 경제에 미치는 긍정적인 영향일 것이다. 사람들이 훨씬 더 오랜 기간 일하며 경제에 이바지할 수 있기 때문이다. 싱클레어 교수는 이렇게 설명한다. "노화는 경제에 이중적으로 타격을 준다. 성인이 병에 걸리면 더 이상 돈을 벌며 사회에 이바지하지 못하는 동시에 생명을 유지하기 위해 엄청난 비용을 쓰기 때문이다."

인류가 노화를 효과적으로 이겨낼 수 있는 시대가 도래했다고 가정하면, 이러한 가능성은 우리 사회와 더 나아가 인류의 작동 방식에 도전하는 철학적이면서 논란이 될 수 있는 질문을 불러일으킨다. 만약 많은 사람이 100세를 훌쩍 넘도록 건강하게 살아간다면 세상은 어떻게 변할까? 싱클레어 교수는 이 질문에 이렇게 답한다. "이처럼 엄청난 변화는 대규모의 사회적, 정치적, 경제적 변화 없이는 도저히 일어날 수 없는 일이다."

변화의 가능성은 많은 이들에게 큰 혼란과 우려를 불러일으킬 수 있다. 지금으로서는 100세를 훌쩍 넘겨 살고 싶은 마음이 강한 사람은 별로 없다. 이는 우리 마음에 내장된 심리적 소프트웨어가 100세가 되어도 지금의 40~50세와 같이 활력 넘치고 민첩하며 활동적일 뿐만 아니라 건강하고 행복할 수 있다는 생각을 이해하지 못하기 때문이다. 현재 가지고 있는 100세 노인에 대한 인식과 이미지를 한꺼번에 바꾸는 것은 지나치게 부담스러운 일일 뿐이다. 그렇지만 우리 사회에서 점점 더 많은 사람이 더 오래 살면서도 건강하게 삶을 유지하는 사례가 나타나기 시작하면 인식도 바뀔 가능성이 크다.

그러고 나면 사람들이 나이와 노화를 둘러싼 '혁명'이 전 세계 인구와 기후 변화, 환경 파괴에 미칠 영향을 고민함에 따라 더 큰 철학적 문제가 제기된다. 문제 제기에는 타당한 이유가 있지만, 희망을 품을 이유도 분명히 존재한다. 인류 역사에 드러난 증거를 따져보면 많은 사람이 훨씬 더 오래 그리고 건강한 삶을 사는 것이 실제로 인간이 하는 경험과 우리가 사는 행성에 놀라울 만큼 긍정적인 영향을 미칠 가능성이 있다.

지난 백여 년간 개발도상국에 사는 사람들의 평균 기대수명은 대략 40년 증가했다. 같은 기간 여러 중요한 지표를 바탕으로 실증적으로 평가해 보면 인류 대다수의 삶은 물질적으로 크게 좋아졌다. 19세기 초반만 하더라도 전 세계 인구의 거의 90%가 극심한 빈곤 상태에 놓여있었다. 현재 그 비율은 10% 수준에 불과하다. 인류는 놀라운 진보를 이루어냈으며, 이는 기대수명과 전 세계 인구가 대폭 증가하는 동안 해낸 일이다.

이는 19세기를 빛낸 주요 인물들의 예측과는 정반대의 결과다. 앞서 3장에서는 최후의 심판일 수준의 전망을 제시한 토마스 맬서스를 언급한 바 있다. 인구 증가로 인해 끔찍하게 암울한 미래가 펼쳐질 것으로 내다본 당대의 사상가는 맬서스만이 아니었다. 예를 들어 존 스튜어트

밀은 그의 저서 《정치경제학 원리(Principles of Political Economy)》에서 인구 증가를 사회가 직면한 주요 과제 중 하나로 지적하며 이를 해결하기 위해 산아 제한 같은 조치가 필요하다고 주장했다. 당시 빅토리아 여왕 역시 1858년 12월 딸 빅토리아 공주에게 보낸 편지에서 이렇게 걱정하는 마음을 드러냈다. "나는 인구 문제를 매우 걱정하고 있다. 인구가 무서운 속도로 증가하고 있지만 아무도 이를 억제하는 방법을 알지 못한다. 우리나라가 셀 수 없이 많은 빈민으로 뒤덮이기 전에 이 심각한 재앙을 막는 조치가 제때 마련되기를 간절히 바란다." 이러한 견해는 빅토리아 시대 런던의 절망적으로 불결한 환경과 창궐하는 전염병, 과밀한 빈곤 상태를 생각해 보면 전혀 놀랍지 않다. 만약 빅토리아 여왕이 900만 명이 거주하는 오늘날의 런던을 방문할 수 있었다면 너무나 놀랐을 것이다. 세 배 이상 증가한 인구에도 불구하고 현대 사회의 런던은 여왕이 두려워했던 과거의 모습과는 비교할 수 없을 정도로 푸르고 깨끗하며 쾌적한 환경을 자랑한다.

만약 이 위대한 사상가들에게 그들이 암울한 미래에 대한 걱정과 우려를 표한 지 백 년이 훌쩍 지난 시점에 전 세계 인구는 실제로 여섯 배 이상 증가했으나 질병, 전쟁, 살인, 폭력 등 각종 사회 문제의 발생률은 극적으로 감소했으며, 평균 기대수명과 1인당 부는 엄청나게 증가했다고 말했다면, 그들은 아마도 완전히 정신 나간 이야기라고 생각했을 것이다.

이들과 마찬가지로 직관적으로는 받아들이기 어려울지 모르지만, 인간의 수명이 다시 한번 수십 년 늘어날 가능성에 따라 오늘날 우리가 느끼는 두려움은 과거 위대한 사상가들처럼 근거 없는 막연한 생각일 가능성이 크다. 우리도 그들처럼 인간의 창의력이 가진 힘과 기하급수적 발전의 역할을 매우 과소평가하는 경향이 있기 때문이다. 물론 인류가 아직 한계에 도달하지 않았을 뿐이라는 반론도 있다. 이러한 반론의 핵심은 현재 80억 명을 넘어선 인구는 종의 멸종, 서식지 파괴, 환경 악화, 기후 변화, 줄어드는 자원을 둘러싼 경쟁 측면에서 결국 대가를 치르게 될 것이라는 점이다.

하지만 이와 같은 두려움이 완전히 잘못된 것은 아닐지 몰라도 과장되었을 가능성은 충분하다. 사람들의 교육과 경제적 수준이 높아질수록 출산율은 낮아진다. 그리고 특정 인구 집단의 평균 연령이 높아질수록 대체로 그 사회는 더 교육받고 더 부유한 집단이 되는 경향이 있다. 이 두 가지 상관관계를 결합하고 여기에 기하급수적으로 발전하는 과학의 진보가 더해진다면, 인류는 보다 긍정적인 미래를 만들어낼 가능성이 크다.

전 세계 인구는 증가 속도가 점차 느려진 다음 거꾸로 감소하는 현상이 나타날 가능성도 충분히 있다. 이미 일본, 스위스, 독일, 스칸디나비아의 여러 나라 등에서는 이민의 영향을 배제하고 보면 이러한 현상이 나타났다. 미국과 영국 역시 이민을 제외하면 인구 증가율이 점진적으로 둔화하고 있다.

동시에 바이오테크놀로지를 포함한 기술의 발전은 우리의 소비 패턴을 훨씬 더 효율적으로 만들 것이다. 농축산업, 건축, 이동 수단, 포장, 에너지 생산 등 다양한 분야에서 혁신이 일어남에 따라, 인류는 주기율표와 자연계를 재구성하여 지금처럼 자원을 소비하거나 환경을 파괴하지 않는 가운데 식량과 에너지, 주거, 이동성을 제공하는 역량을 훨씬 더 잘 갖추게 될 것이다.

인류는 자연스럽게 더 적은 인구가 더 오래 살면서 더 부유한 삶을 누리는 동시에 환경에 미치는 피해가 현저히 줄어드는 방향으로 나아갈 가능성이 있다. 이와 같은 변화는 폭력적인 방식이나 어떤 종류든 정부 명령에 따라 강제로 이루어지기보다는 기술적 발전과 문화적 진보 덕분에 점진적이고 유기적으로 진행될 것이다.

지난 두 세기가 결코 순탄한 여정은 아니었지만, 인류 진보의 궤적은 분명히 놀라울 정도로 긍정적이었다. 그리고 수많은 사람이 제기했던 멜서스식 비관론은 과녁을 크게 빗나간 것으로 판명되었다. 이제 다가올 수십 년에 대해 우리가 느끼는 두려움 역시 19세기의 위대한 사상가들이 남긴 비관적인 예측처럼 근거 없는 막연한 우려로 밝혀지기를 희망해 보자.

In Summary

11장의 주요 내용

3부에서는 지난 한 세기 이상 제약·바이오테크놀로지 산업이 진화와 발전을 거듭해 온 과정을 살펴보았다. 먼저 저분자 약물에서 시작해 DNA의 발견을 거쳐 고분자 약물과 세포 및 유전자 치료, 줄기세포 치료제와 CRISPR를 이용한 유전자 편집의 미래까지 논의했다. 이에 더해 중합효소 연쇄반응PCR과 차세대 염기서열 분석NGS과 같은 최첨단 분석 및 진단 기술을 비롯해 인공지능과 머신러닝이 바이오테크놀로지 산업의 진보에 얼마나 중요한 역할을 하는지도 이야기했다.

다음으로 치료법과 진단 기술의 거대한 진전을 넘어서면 이 모든 발전이 새로운 (바이오) 제조 기술과 융합하면서 가까운 미래에는 매우 효과적인 재생 의료까지 현실화할 것이다. 또한 머지않아 생체공학 및 3D 프린팅 기술을 활용하여 이식용 '예비' 장기를 제작하고 고도로 발달한 조직 설계 역량까지 갖추게 될지도 모른다. 영화 스타워즈 시리즈의 팬이라면 제2편인 《제국의 역습》 후반부에 루크 스카이워커가 손을 잃지만, 다음 편인 《제다이의 귀환》에서 완벽하게 작동하는 인공 손을 장착하고 등장하는 장면을 기억할 것이다. 이러한 기술이 공상과학 영화의 영역에만 머물지 않고 현실 세계에서 보편적으로 이용할 수 있는 날이 머지않을지도 모른다.

혁신의 속도를 고려할 때 우리를 깜짝 놀라게 하는 만능 '와일드카드' 기술이나 새로운 접근방법이 뜻밖의 분야에서 등장하여 혁신적인 결과를 만들어낼 가능성이 매우 크다. 이와 관련하여 특히 주목할 만한 분야 중 하나는 이제 막 첫걸음을 뗀 나노기술이다.

이미 의료 현장에서는 질병 진단 및 약물 전달에 사용하는 나노입자 기반 제품이 다수 상용화되었다. 장기적으로는 나노 구조물을 이용하여 기능적 조직과 장기를 구축함으로써 재생 의료 분야를 혁신할 뿐 아니라 당뇨 관리용 인슐린 전달 장치와 같이 우리 몸속 생물학적 프로세스를 감시하고 제어하면서 이식할 수 있는 기기를 만드는 일이 가능할 수 있다.

또한 박테리아와 바이러스 세계에 대한 이해가 깊어지면서 장내 미생물 불균형이 원인으로 지목받는 광범위한 질병들을 치료하고 건강 문제를 해결할 새로운 방법이 등장할 가능성도 매우 크다.

이 모든 바이오테크놀로지는 우리 '안'뿐 아니라 우리 '밖'에서도 중요한 역할을 할 것이다. 이는 단순히 헬스케어 시스템의 개선을 넘어 종으로서 미래에 인류 전체의 건강과 행복에 크게 이바지할 수 있다.

가까운 미래에 다양한 최첨단 바이오테크놀로지가 어떻게 발전해 나갈지 지켜보는 일도 흥미진진할 것이다.

바이오테크놀로지에 미래가 있다

최근 몇 년 사이에 바이오테크놀로지 산업은 가장 중요한 과학 분야 중 하나로 부상했다. 바이오테크놀로지 부문에서 활동하는 기업과 과학자, 연구원은 뛰어난 기술을 만들어내고 있으며 최초의 바이오 의약품 또는 생물학적 제제가 허가받은 이후 대략 40년 동안 수조 달러 규모의 실질적인 부를 창출했다. 이 산업은 종으로서 인간이 하는 일의 상당 부분에 혁명을 불러일으킬 잠재력이 있으며 기하급수적인 속도로 진보하고 있기에 미래가 훨씬 더 흥미진진할 것으로 기대된다. 불과 몇 년 전까지만 해도 상상할 수 없었던 기술을 내장한 새로운 의약품과 의료기기부터 식량을 재배하고 보존하며 유통하는 방법과 충분한 규모의 청정에너지를 확보하는 기술은 물론이고 이 모든 것을 가능하게 하면서도 우리 행성에 훨씬 적은 피해를 유발하는 기술에 이르기까지 바이오테크놀로지 산업의 가능성은 무궁무진하다.

바이오테크놀로지의 기적

바이오테크놀로지 산업은 이미 과거에는 치료할 수 없었던 질병에 대한 최첨단 치료법을 제공하고 있다. 바이오테크놀로지 기반 약물은 다양한 종류의 암이나 유전 질환, 자가면역 질환을 치료하는 데 활발하게 활용되고 있으며, 심지어는 노화 자체를 '치료'하는 데 도움을 줄 가능성도 있다. 머지않은 미래에는 바이오테크놀로지 기업이 이른바 '기적의 치료제'라고 부를 만한 것을 점점 더 많이 만들어낼 수 있을 것이다. 그보다 훨씬 중요한 것은 전 세계의 헬스케어 시스템이 현재의 질병 치료 중심에서 벗어나, 수백만 아니 장기적으로는 수십억 명에게 훨씬 더 좋은 건강과 장수라는 결과를 가져다줄 의료 3.0이라는 새로운 패러다임으로 나아가는 과정에서 이 산업이 핵심적인 역할을 할 것이라는 점이다.

이 책의 앞부분에서는 마이크로바이옴과 장내 미생물 불균형, 영양, 호흡을 비롯해 저온 노출, 열 노출 등 건강에 도움이 되는 스트레스와 수면은 물론이고 근력 운동을 중심으로 하는 운동과 움직임의 중요성을 살펴보았다. 이 모든 요인과 관련하여, 어떤 일의 가치에 대한 믿음이 강해질수록 그로부터 점점 더 많은 혜택을 얻을 수 있다는 생각인 기대 효과의 중요성에 관해 이야기하며 몸과 마음의 연결이 얼마나 중요한지 보여주는 다양한 증거도 소개했다. 한편 이 책에서 언급한 다양한 건강 요인은 서로 순환하면서 자체적으로도 강화하는 관계에 놓여 있다. 예를 들어 양질의 음식을 먹고 더 많이 움직일수록 잠을 더 잘 잘 수 있다. 수면의 질이 높아질수록 스트레스를 덜 받게 되어 결과적으로 더 잘 먹고 더 많이 운동하며 삶을 긍정적으로 바라볼 마음이 생긴다.

　질병 치료 중심에서 벗어나 의료 3.0 시대가 제공할 훨씬 더 나은 헬스케어와 건강수명 연장의 결과를 향해 성공적으로 나아가려면 훨씬 더 많은 사람이 위에서 언급한 모든 건강 요인에서 훨씬 더 좋은 습관을 형성해야 한다. 여기서 이야기하는 습관 형성의 핵심은 평생 '조금씩 자주' 행동하는 것이다. 단기간 살을 빼기 위해 다이어트에 시간을 낭비하기보다는 살아가는 내내 유지할 수 있는 올바른 식단을 구성하는 데 많은 시간을 써야 한다. 이러한 식단은 특히 각 개인의 유전체와 마이크로바이옴에 적합해야 한다는 점도 놓쳐서는 안 된다.

　바이오테크놀로지 산업은 이 책에서 다룬 모든 건강 요인의 중요성을 더욱 깊이 이해할 수 있는 도구를 제공해 왔다. 또한 일반적인 기술 산업과 바이오테크놀로지 산업의 융합은 이렇게 얻은 정보를 널리 확산하는 것은 물론이고 우리 삶에서 건강에 도움이 되는 습관을 형성하는 데 도움이 되는 다양한 앱과 건강 보조제, 의약품, 의료기기, 진단 도구, 치료법을 제공하고 있다. 식단을 예로 들어보면, 그동안 올바른 식단이 무엇인지에 대한 정보는 매번 달라지고 혼란스러웠다. 하지만 미래에는 한 개인의 신체와 음식 사이의 독특한 관계, 고유한 마이크로바이옴과 바이롬의 구성까지 이해하게 되면서 이러한 문제가 점차 해결될 것이다.

　바이오테크놀로지는 결국 식단과 마이크로바이옴은 물론이고 운동과 호흡, 수면 습관까지 최적화할 수 있는 진단 도구와 웨어러블 기술을 만들어낼 것이다. 이러한 기술을 이용하는 데 드는 비용은 조만간 상당히 낮아져서 일부 돈 많은 얼리 어답터만이 아니라 수많은 평범한 사람도 활용할 수 있게 될 것이다. 《노화의 종말》의 저자인 데이비드 싱클레어 교수는 오늘날 사람들이 차량에 장착된 첨단 대시보드를 통해 자동차의 상태를 자신의 건강 상태보다 더 잘 알고 있는 것처럼 머지않아 개인 건강의 모든 측면을 세밀하게 파악할 수 있는 첨단 대시보드를 이용하게 될 것이다. 이는 더 건강하고 행복하게 장수하는 삶을 가능하게 할 뿐만 아니라 헬스케어 시스템의 비용을 수십억 달러에서 수조 달러까지 절감하게 할 것이다.

　바이오테크놀로지가 우리 '안'에서 하게 될 역할보다 어쩌면 훨씬 더 중요하면서 흥미로운 역할은 우리 '밖'에 존재한다. 우리 지구를 더 나은 곳으로 만들고 인간과 자연계의 관계를 개선하는 과정에서 바이오테크놀로지가 하는 역할 말이다. 바이오테크놀로지 기업은 우선 식량 생산 방식을 대폭 개선할 것이다. 병충해와 질병에 강한 작물을 개발하면 각종 살충제와 제초제의 사용량을 줄일 수 있을 것이다. 이러한 작물은 과거보다 훨씬 더 가혹한 환경에서도 재배할 수 있는 것은 물론이고 더 많은 수확량을 기대할 수도 있다. 이 모든 발전은 개발도상국 농민들에게 매우 긍정적인 소식일 것이다. 또한 바이오테크놀로지는 전 세계에 식량을 안정적으로 공급함으로써 식량 안보를 강화하는 데도 도움이 될 것이다. 한편 선진국에서는 최신 수경재배 기술을 활용해 우리가 사는 지역에서 작물을 재배할 수 있을 뿐만 아니라, 비용 절감 및 효율성 제고 측면에서 관련 기술이 기하급수적으로 발전하면서 과거보다 훨씬 더 효율적인 방식으로 식량을 생산할 가능성도 충분하다.

　바이오테크놀로지는 향후 10~20년 사이에 축산업과 양식업에도 혁명적인 변화를 가져올 잠재력이 있다. 인류가 지금까지 섭취한 동물 단백질과 유전적으로 똑같은 단백질을 실험실에서 배양하여 즐기게 될 것이다. 그리고 매년 수십억 마리의 소와 돼지, 양, 닭을 안타깝게 도살하거나 바다와 해양 생태계를 파괴할 필요가 없을 것이다. 인류가 이 지점에 도달하게 되면 이러한 변화는 완전히 자연스러운 일로 여겨질 것이다. 불과 백여 년 전만 해도 거의 모든 사람은 인간이 하늘을 난다는 것은 지극히 비정상적이라고 생각했다. 그러나 현재는 매년 수십억 명이 비행기를 이용한다. 최초의 비행기가 개발되기 수십 년 전에는 사람들이 시속 30킬로미터를 넘는 기차는 정신 이상이나 죽음을 초래할 수 있다고 우려했다. 그러나 오늘날에는 수많은 사람이 그보다 열 배는 빠른 속도로 달리는 기차를 타고 이동한다. 이처럼 인류는 새로운 기술에 적응해 온 오랜 역사가 있다. 지역에서 키운 바이오테크놀로지 기반 배양육이나 농작물이 인간과 지구에 훨씬 더 이롭다는 사실을 고려할 때 인류는 다시 한번 새로운 기술에도 적응할 가능성이 크다. 특히 이러한 기술 덕분에 전 세계에서 엄청나게 광활한 면적의 농지를 자연으로 되돌려주게 되면서 환경이나 생물 다양성 측면에서 누리게 되는 놀라운 이점을 생각하면 더욱 그렇다.

한편 바이오테크놀로지 산업은 재생 에너지 자원의 개발과 지속적인 기하급수적 성장에서 핵심적인 역할을 할 것이다. 예를 들어 가치 있고 희소한 자원인 경작용 토지가 아니라 드넓은 바다에서 아주 작은 공간만으로도 재배할 수 있는 미세조류를 활용하는 조류 배양과 같은 신기술의 등장으로 바이오매스, 즉 생물량에서 전력을 생산하는 효율성이 높아질 가능성이 크다. 또한 생분해성 소재로 코팅한 태양광 전지로 태양광 발전 효율을 높일 수도 있다. 물론 우리가 상상조차 하지 못한 수

많은 혁신적인 기술도 등장할 것이다. 그리고 이 모두는 환경 오염을 줄이고 화석 연료에 대한 의존도를 낮추는 데 큰 도움이 될 것이다.

환경 문제와 관련하여 조금 시야를 넓혀 보자. 바이오테크놀로지 기업은 가장 시급한 환경 문제에 대한 혁신적인 해결 방안을 제시할 것이다. 미생물이 하는 역할을 점점 더 깊이 이해하게 될수록 오염 물질을 분해하고 해독할 수 있게 될 것이다. 매우 효과적인 생물정화 기술은 오염 지역을 정화하고 손상된 생태계를 복원하는 데 활용될 수 있다. 미생물의 생물량은 인간의 1,000배가 훌쩍 넘는다. 따라서 미생물 세계를 더 많이 이해하면 인간을 둘러싼 환경 전반에 엄청난 이익이 발생할 것은 당연한 이치다.

또한 바이오테크놀로지는 포장 산업과 여러 산업 공정을 혁신할 수 있다. 바이오테크놀로지 산업은 이미 수년 전부터 생분해성 셀룰로스를 이용한 포장 제품을 개발해 왔으며, 일회용 플라스틱을 점진적으로 대체할 것이다. 생분해성 포장재는 실험실에서 합성한 재생 가능한 소재로 제작되어 자연적으로 분해되기 때문에 플라스틱에 비해 환경에 미치는 영향을 크게 줄일 수 있다. 게다가 셀룰로스 기반 포장재는 튼튼하고 활용도가 높아서 광범위한 제품에 적합한 특성이 있는 데다 점점 비용 효율성까지 높아진 결과 시간이 갈수록 더 광범위하게 사용될 가능성이 크다. 전 세계의 공급망에서 이러한 생분해성 포장 제품이 채택된다면 매립지나 바다로 유입되는 플라스틱 폐기물의 양을 크게 줄일 수 있을 것이다.

생분해성 포장재는 석유 사용량도 줄일 것이다. 국제에너지기구에 따르면, 2020년 한 해에만 플라스틱 생산에 약 3억 5,900만 톤의 석유가 사용되었으며 이는 전 세계 석유 수요의 약 5%에 해당한다. 플라스틱 수요는 여전히 증가하고 있으나 천연 셀룰로스로 만든 소재가 이러한 증가세를 누그러뜨리고 결국 역전시키는 시점이 아주 멀다고 볼 이유는 전혀 없다.

물론 바이오테크놀로지 기업은 포장 외에도 다양한 산업적 응용 분야에서 중요한 역할을 할 것이다. 바이오테크놀로지 공정을 통해 여러 산업용 화학물질의 생산 방식을 개선하고 석유 기반 제품에 대한 의존도를 한층 더 낮출 수 있다. 또한 바이오테크놀로지는 다양한 산업에서 남기는 탄소 발자국과 환경 피해를 줄일 가능성도 있다. 바이오테크놀로지는 분명 기하급수적으로 발전할 것이며 이를 지켜보는 일은 매우 흥미로울 것이다.

도전을 이겨내다

바이오테크놀로지 산업이 이토록 다양한 분야를 개선하고 심지어 혁신할 수 있는 엄청난 잠재력을 가지고 있는 것은 사실이지만, 이 책의 앞부분에서 살펴보았듯이 산업의 발전과 기술의 진보를 위협하는 도전도 상당한 수준이다. 그중 중요한 문제는 잠재적으로 세상을 바꿀 수 있는 기업과 기술이 앞서 2장에서 살펴본대로 미국 외의 나라에서 충분한 투자 자본에 접근하기 어렵다는 현실이다.

불확실성이 큰 성공을 향해 나아가는 바이오테크놀로지 기업게에는 수백만에서 때로는 수억 달러에 달하는 대규모 자금이 필요하다. 특히 소규모 기업은 연구를 위한 자금을 충분하게 확보하기 어려울 수 있으며, 대규모 기업도 임상 시험부터 규제기관의 허가를 거쳐 제품 생산과 영업 및 마케팅에 이르는 과정에서 상당한 비용 부담에 직면한다.

자금조달 문제는 영국, 유럽, 오스트레일리아 등 선진국에서도 구조적 비효율로 인해 해결될 기미를 찾기 힘들다. 미래에 인류가 만들어낼 수 있는 발전과 진보 관점에서 볼 때 현재 많은 바이오테크놀로지 기업이 처한 상황은 한 손을 등 뒤로 묶은 채 싸우는 형국이라 할 수 있다.

투자 자본 부족과 관련된 또 다른 문제는 바이오테크놀로지 산업이 대중의 부정적 인식에 너무나 자주 부딪힌다는 것이다. 바이오테크놀로지 연구는 일반 대중의 의구심과 두려움을 마주하는 경우가 너무 많다. '불량 제약사'라는 강력한 고정관념이 지금 훌륭한 성과를 내고 있거나 약간의 자본과 언론의 관심만 있다면 가까운 미래에 멋진 미래를 만들 수 있는 많은 바이오테크놀로지 기업 전반에 어두운 그림자를 드리운다.

게다가 유전자 편집이나 유전자 변형 작물, 모두가 100세를 넘어 살아갈 가능성과 같이 과학이 할 수 있는 일의 최전선에서 이 산업은 종종 신의 영역을 넘보려는 것처럼 보인다. 이는 틀림없이 자본의 흐름을 더욱 제한할 뿐만 아니라 만약 정치인이 대중과 같은 의혹의 눈초리로 본다면 정부가 이 산업을 지원할 마음을 먹기 어렵게 만들 수도 있다.

하지만 내가 이 책 전반에서 드러낸 바람처럼, 이러한 걱정과 우려 가운데 많은 부분은 과장되었거나 심지어 명백하게 틀렸다. 많은 경우 바이오테크놀로지 산업을 둘러싼 우려는 사람들이 이 산업을 거의 또는 전혀 알지 못하기 때문에 생겨난다. 여기에 대해 데이비드 싱클레어 교수는 이렇게 언급했다. "기존 통념이 틀린 생각이라 해서 공공 정책에 미치는 부정적인 영향이 중단된 적이 없다." 제니퍼 다우드나 교수역시 "사회는 이해하지 못하는 기술에 관해 결정할 수 없다. 기술에 관해 전혀 알지 못하는 경우는 말할 것도 없다."라고 지적했다.

하지만 기하급수적으로 발전하는 기술의 거침없는 발걸음 덕분에이러한 도전은 결국 극복될 가능성이 크다.

미국의 엔지니어이자 전직 교수인 로버트 멧칼프^{Robert Metcalfe}는 인터넷 개발에 크게 이바지했으며 이더넷 기술을 공동 발명한 공로로 국가기술 혁신 메달, 미국 계산기 학회의 튜링 상 등 기술 산업에서 가장 권위 있는 상을 여러 차례 받은 바 있다. 1980년 멧칼프는 자기 이름을 딴멧칼프의 법칙을 제안했으며(그림 12.1 참조), 이 법칙은 지난 수십 년간기술 산업이 창출한 가치를 가장 잘 설명하는 통신, 인터넷 및 네트워크경제학의 성장을 뒷받침하는 핵심 개념 중 하나다.

멧칼프의 법칙에 따르면, 특정 네트워크의 가치는 연결된 사용자나기기, 즉 노드의 수에 단순히 비례하는 것이 아니라 그 수의 '제곱에 비례'하여 기하급수적으로 증가한다. 따라서 X축이 노드의 수이고 Y축이네트워크의 발전과 가치 창출이라고 할 때, 그래프의 모양은 일직선이아니라 X축 값이 커질수록 Y축 값은 더 급격하게 증가하는 곡선 형태가 된다.

이 법칙은 원래 컴퓨터, 서버 등 하드웨어에 적용하기 위해 만들어졌지만 바이오테크놀로지 산업의 발전 경로와도 밀접한 연관성이 있다.조금 단순하게 보면 바이오테크놀로지 산업에서 생성되는 방대한 데이터를 공유하는 데 전화나 컴퓨터 서버를 사용했기 때문일 수도 있지만,

그림 12.1 멧칼프의 법칙

두 대의 핸드폰은 하나의 연결만 만들 수 있지만,
다섯 대는 10개의 연결을, 12대는 66개의 연결을 생성할 수 있다.

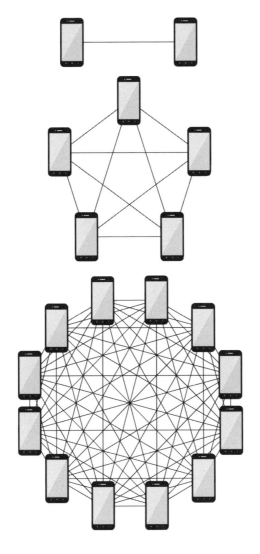

[출처] 위키피디아

더 넓게 봤을 때 전 세계의 바이오테크놀로지 연구원과 과학자 전체를 하나의 네트워크로 볼 수 있기 때문이다.

전 세계의 바이오테크놀로지 연구원과 과학자 수가 늘어날수록 협업과 혁신의 가능성은 물론이고 새로운 아이디어, 치료법, 기술을 개발할 잠재력도 높아진다. 그리고 멧칼프의 법칙에 따르면, 이 분야의 연구원과 과학자 수, 연구개발 투자액, 그리고 특허 등록 건수가 증가할수록 과학적 성과에 미치는 영향도 선형적이 아니라 기하급수적으로 확대될 것이다.

80억 명이 넘는 전 세계 인구의 맥락에서 볼 때 현재 바이오테크놀로지 분야에 종사하는 과학자와 연구원의 수는 여전히 상대적으로 적다. 더불어 다양한 과학적 발전과 기술적 진보가 비교적 최근에 일어난 일이라는 점도 주목해야 한다. 간단히 말해서 우리가 지금 보고 있는 장면은 기하급수적인 발전의 시작 단계에 불과하다는 의미다. 예를 들어 CRISPR와 차세대 염기서열 분석, 인공지능 및 머신러닝과 같은 최첨단 기술은 불과 몇 년 전부터 사용되기 시작했으며, 이러한 기술을 최대한 활용하는 데 필요한 고도의 처리 능력과 통신 기술 또한 아주 최근 들어서야 등장했다. 비유적으로 표현하자면, 사실상 인류는 '수련 연못'에서 수련잎이 이제 막 기하급수적으로 퍼져나가기 시작하는 단계에 있는 것이다.

마찬가지로 미국 외 나라의 바이오테크놀로지 기업이 마주한 자금 조달 문제 또한 시간이 지나면 해결될 가능성이 크다. 전 세계의 똑똑한 투자가들이 점점 미국 바깥에서 저평가된 투자 기회에 주목하고 있기 때문이다. 시장이 여러 해 동안 불균형 상태에 놓여 있기는 했지만, 중 장기적으로는 '효율적 시장 가설'이 적용되어 전 세계의 투자 자본이 저평가된 자산으로 흘러 들어갈 것이다.

더 나아가 영국, 유럽, 오스트레일리아 등지의 바이오테크놀로지 기업이 잇달아 상업적 성과를 내고 자국 내 제너럴리스트 투자가와 해외 투자가에게 더욱 매력적으로 보일수록 이 과정은 더 빠른 속도로 진행될 것이다. 과학의 기하급수적 발전, 전 세계 투자 자본의 흐름, 상업적 성공을 이룬 몇몇 기업의 사례, 그러한 사례가 신문 1면을 장식한 모습과 결합하면서 자금 조달 문제도 해결될 가능성이 충분히 있다. 웨일스 출신의 과학자이자 기업가, 벤처 투자가인 크리스 에반스 경[Sir Chris Evans]의 말마따나 "영국에 필요한 것은 제넨텍과 같은 사례 단 하나다."

바이오테크놀로지에 대한 두려움을 이겨내다

바이오테크놀로지의 기하급수적 발전은 인류가 두려워해야 할 대상이 아니다. CRISPR를 소개한 9장에서 살펴본 것처럼, 최첨단 바이오테크놀로지를 연구하고 개발하는 과학자들은 도덕적·윤리적 우려가 제기될 수 있는 최첨단 기술개발 과정에서 책임감을 가진 선량한 행위자로서의 면모를 보여주고 있다. 또한 다양한 이해관계자와 정부 규제기관을 포함하는 각종 기관으로부터 충분히 견제받고 균형을 유지하고 있다.

인류는 지난 수천 년간 작물이나 가축을 유전적으로 변형해 왔다는 점에 주목할 필요가 있다. 이에 관해 그리 많이 알려지지 않은 사실 중 하나는 당근을 대표하는 색상으로 알고 있는 주황색이 네덜란드 원예사들의 선택적 교배가 낳은 결과라는 것이다. 17세기 네덜란드 농부들은 노란색과 흰색 품종을 선택적으로 교배하여 주황색 당근을 만들어냈다. 이와 같은 노력이 네덜란드의 오란녀-낫소 왕가House of Orange-Nassau에 경의를 표하기 위한 목적이었다고 주장하는 사람도 일부 있지만, 이는 논란의 여지가 있는 의견일 뿐이다. 다만 확실한 것은 17세기 이후로 주황색 당근이 가장 인기 있고 널리 재배되는 품종이 되었으며 전 세계 많은 지역에서 당근의 표준으로 자리를 잡았다는 점이다. 마찬가지로 오늘날 우리가 즐겨 먹는 빨갛게 잘 익은 토마토도 지난 수천 년간 이어진 집중적인 재배의 결과다.

선택적 교배 결과 오늘날의 소가 수천 년 전의 소보다 더 많은 우유와 고기를 생산할 수 있다. 제니퍼 다우드나 교수가 지적했듯이 선택적 교배 덕분에 같은 종에 속하는 2kg짜리 치와와와 90kg짜리 그레이트데인이 함께 뛰어다니는 모습을 볼 수 있는 것이다. 오늘날 새롭게 등장한 바이오테크놀로지와 과거 수백 년 동안 사용된 기술의 유일한 차이는 현대의 기술이 훨씬 더 정확하고 효과적이며 신속하다는 점이다. 현재 바이오테크놀로지는 빅데이터나 컴퓨터의 처리 능력과 결합하여 여러 세대에 걸쳐 이루어지던 작업을 단 몇 시간이나 며칠 만에 끝낼 수 있다. 이에 관해 다우드나 교수는 "번식이란 CRISPR와 비슷하지만 단지 예측 가능성과 효율성이 떨어지는 유전자 조작 도구에 불과하지 않은가?"라고 반문했다.

그래서 과학적 발전에 필요한 것은 더 많은 규제보다는 과도한 규제의 철폐일지 모른다. 새롭게 등장한 기술에 반대하는 의견은 잘못된 과학적 정보, 지나친 위험 회피 성향, 또는 비관주의에 기반하는 경우가 너무 많다. 그리고 이와 같은 우리의 모습은 인간의 심리에 깊이 뿌리내린 이유로 인해 나타나서 대중의 집단적인 의식에 더 강력한 영향을 미칠 수 있다. 유전자 변형 작물이나 유전자 편집과 같은 기술을 둘러싼 두려움은 대부분 결국 아무 근거가 없는 것으로 드러날 가능성이 크다.

인류 역사를 돌아보면 이와 유사한 역학 관계를 보여주는 사례를 여럿 발견할 수 있다. 최근의 대표적인 사례는 약 80년 전 맨해튼 프로젝트가 핵무기 시대를 열었을 때 있었던 일이다. 물론 스리마일섬이나 체르노빌, 후쿠시마에서 발생했던 사고처럼 끔찍한 일도 몇 차례 있었지만, 핵무기 시대의 도래와 관련하여 사람들이 가졌던 최악의 두려움은 결코 현실에서 일어나지 않았다.

나는 바이오테크놀로지 산업이 결국 이 책에서 언급한 여러 도전과 문제를 극복할 것이며 인류에게 다양한 분야에서 진보를 선사할 것으로 확신한다. 그렇지만 이 산업이 가능한 한 빠르게 발전하기 위해서는 언론 홍보 관점에서 약간의 도움도 필요해 보인다. 일부 기술 지식층이나 얼리 어답터만이 아니라 훨씬 더 많은 사람이 바이오테크놀로지가 만들고 있는 흥미로운 발전상을 인식할 필요가 있기 때문이다.

사회와 인생의 어느 영역에서든 말썽꾼의 사례를 찾기란 너무 쉽지만, 그러는 과정에서 일부 부정적인 사건에 초점을 맞추다 보면 긍정적으로 희망을 주는 소식을 놓칠 위험이 있다. 우리는 아기를 목욕물과 함께 던져버리거나 빈대 잡으려다 초가삼간 다 태우는 일을 경계해야 한다. 어떤 일이든 긍정적인 측면에 집중하고 이를 논의하는 사람이 많아질수록 더 좋은 결과를 기대할 수 있는 법이다.

이 책에서 어느 정도 실증적으로 살펴본 바와 같이 사람들은 무언가에 대해 더 많이 알수록 더 긍정적인 마음을 갖게 된다. 나는 이 책이 이러한 현실에 조금이라도 도움이 될 수 있기를 바란다.

바이오테크놀로지에 투자하다

이 책이 마무리되어가는 시점에 바이오테크놀로지 산업에 대한 긍정적인 마음을 가지고 이 산업이 가까운 미래에 가져다줄 가능성에 대한 기대감을 품는 것, 그와 같은 마음을 널리 공유하는 것 이상으로 한 가지 더 생각해 볼 만한 점은 바로 바이오테크놀로지 산업에 투자하는 것이다. 미국의 투자 전문가이자 작가, 기업가인 짐 오쇼네시Jim O'Shaughnessy는 이렇게 말했다. "비관론자는 똑똑해 보이고, 낙관론자는 돈을 번다."

내 첫 번째 책 《세상을 소유하는 방법(How to Own the World)》은 세상을 갖는다는 것이 좋은 생각일 수 있다고 제안했다. 이를 뒷받침하는 가장 본질적인 생각은 역사적으로 인류의 진보가 가장 중요한 투자 테마였다는 점이었다. 결국 세상을 소유하라는 내 제안의 핵심은 이러한 현실에 더 많이 투자하기 위해 최선을 다해야 한다는 것이다.

바이오테크놀로지 산업이 향후 수십 년간 창출할 유무형의 가치를 고려하면 투자자로서 이 산업에 어느 정도 노출되는 것은 좋은 아이디어일 수 있다. 그리고 그리 어렵지 않게 현실화할 수 있다. 예를 들어 미국의 S&P500 지수나 전 세계를 포괄하는 MCSI World 또는 All-Country World 글로벌 지수처럼 대형 주가지수를 보유하는 방법이 있다. 바이오테크놀로지 산업의 성장과 발전은 이와 같은 종합적인 주가지수가 상승하는 데 큰 동력이 될 것이다. 그리고 이는 직접적으로는 바이오테크놀로지 기업이 성장함으로써, 또 간접적으로는 지난 수십 년간 다른 기술 산업이 해 온 것처럼 농업, 화학, 기술, 에너지 등 여러 핵심 산업 분야에서 바이오테크놀로지가 가치 창출에 도움을 제공함으로써 가능한 일이다.

대형 주가지수에 투자하는 방식으로 세상을 갖는 것은 바이오테크놀로지 산업의 발전에 어느 정도 노출될 수 있는 현실적인 방법일 것이다. 물론 더 경험이 많거나 더 부유하거나 혹은 재무적 지식이 더 풍부한 사람이라면 개별 기업 투자에 따른 잠재적인 위험을 염두에 두고 직접 투자를 일부 고려할지도 모른다.

바이오테크놀로지에는 기대할 만한 미래가 믿기 힘들 정도로 많다. 그리고 인류는 다양한 도전을 성공적으로 이겨내며 경이로운 성과를 끊임없이 만들어낼 수 있을 것이다.

인류의 미래는 진정으로 바이오테크놀로지에 있다. 그리고 발전과 진보의 방향을 볼 때 하나의 종으로서 우리 인간과 우리가 사는 자연계 모두에게 밝은 미래가 펼쳐질 가능성이 충분히 있다.

이제 당신이 이 이야기를 널리 전할 차례다!

건강과 장수에 도움이 되는 핵심 자료

머리말에서 이야기한 바와 같이, 이 책을 통해 독자 여러분이 얻을 것으로 기대하는 실질적인 혜택 가운데 하나는 육체적 건강과 정신적 건강을 개선하는 능력이다. 여기서는 지금까지 본문에서 소개한 주요 아이디어를 요약하고 추가 자료를 찾을 수 있는 서적, 웹사이트 등을 안내한다.

앞서 2부에서 수많은 '현대성 질병' 또는 현대 전염병'이 급증하는 현상을 살펴보았다. 여기에는 우리 몸이 쇠약해지게 하는 다양한 알레르기와 자가면역 질환, 염증성 장 질환[IBD], 과민성 대장 증후군[IBS], 비만, 당뇨, 우울증 및 기타 정신질환이 포함된다. 그리고 11장에서는 장수와 노화 과정을 늦출 수 있다는 아이디어를 주제로 논의했다. 특히 노화를 늦춤으로써 얻을 수 있는 주된 이점은 개인의 생애 전반에 걸쳐 다양한 질병과 건강 문제가 발생할 위험을 줄이고 '건강수명'을 연장하는 데 있다.

만약 본인을 포함하여 사랑하는 사람이 만성적인 건강 문제로 힘들어하거나 그저 건강 상태를 최적으로 유지하고 싶다면, 아래에서 소개하는 아이디어와 각종 자료가 도움이 되기를 바란다.

장내 미생물 불균형

5장에서 우리 신체 안팎의 미생물 세계가 육체적·정신적 건강에서 중요한 역할을 한다고 이야기한 바 있다. 특히 마이크로바이옴이 손상되거나 불균형한 상태인 장내 미생물 불균형이 각종 질병과 다양한 정신건강 문제의 원인으로 지목된다는 점을 강조했다. 그러므로 건강하고 활력 있는 삶의 가장 기본적인 구성 요소 중 하나는 마이크로바이옴을 최적화하여 장내 미생물 불균형을 해소하는 것이라 할 수 있다.

이 주제에 관해 더 알아보고 싶다면, 다음 세 권의 책을 적극적으로 추천한다.

- 《10퍼센트 인간》 앨러나 콜렌
- 《매력적인 장 여행》 기울리아 엔더스
- 《인간은 왜 세균과 공존해야 하는가》 마틴 블레이저

장내 미생물 불균형을 해소하는 구체적인 방법으로 6장에서 발효 식품의 장점을 다뤘다. 추천하는 발효 식품에는 케피어, 사우어크라우트, 낫토, 미소, 콤부차, 김치 등이 있다.

또한 개인적으로 심프로브라는 이름의 프로바이오틱스 제품이 나의 염증성 장 질환의 치료에 큰 효과가 있었다고 언급했다. 이 제품에 관한 정보는 심프로브사 홈페이지(www.symprove.com)에서 찾을 수 있다.

육체적 건강 – 식단과 건강 보조제

6장에서는 식단과 호흡, 건강에 좋은 스트레스, 수면, 그리고 운동 및 움직임의 중요성을 알아보았다.

우선 식단과 영양에 있어 가장 중요한 점은 만병통치약처럼 누구에게나 잘 맞는 식단이란 존재하지 않는다는 사실이다. 이는 어느 한 개인에게 '적합한' 식단은 해당

개인의 유전체와 마이크로바이옴이 복잡하게 작용한 결과이기 때문이다. 따라서 여러 종류의 식단을 시도해 보면서 자신에게 가장 잘 맞는 식단을 찾는 것이 중요하며, 그 과정에서 완전한 채식 또는 육식이 최고라고 고집하는 고정관념을 피해야 한다.

만약 심각한 질병으로 인해 건강에 고질적인 문제가 있거나 단순히 몸과 마음을 최적의 상태로 만들고 싶다면, 23andMe(www.23andme.com), 조이(www.zoe.com), 아니면 독자 여러분이 거주하는 지역 인근의 기업에서 제공하는 유전자 검사 서비스를 이용해 보는 것도 좋은 생각이다. 또한 만성적인 건강 문제를 겪고 있다면 영양 전문가를 찾아 상담해 보는 것도 도움이 될 수 있다.

다음으로 강조하고 싶은 점은 무엇을 먹지 않을지보다 무엇을 먹을지에 집중해야 한다는 것이다. 6장에서 론다 패트릭 박사의 연구를 인용하여 설명한 바와 같이, 영양소의 결핍이 아니라 장기간 지속된 영양소의 불충분이 상당히 많은 만성 질환과 건강 문제를 유발하는 핵심 요인임을 보여주는 연구가 점점 더 많아지고 있다.

이러한 맥락에서 가능한 한 다양한 영양소를 우리 몸에 제공하기 위해 몇 가지의 건강 보조제를 활용하는 것도 충분히 권장할 만한 방법이라고 생각한다. 나는 개인적으로 다음과 같은 건강 보조제를 섭취하고 있다.

- Athletic Greens/AG1(www.drinkag1.com/en-uk) – 각종 비타민과 미네랄, 박테리아 배양 성분 및 식물성 성분이 혼합되어 효과가 좋은 파우더 제품으로 여러 운동선수와 의사의 추천을 받고 있다.
- 비타민 D – 전 세계 여러 지역에서 비타민 D 결핍이 큰 문제임을 확인한 연구 결과가 많다. 이러한 이유로 나는 매일 비타민 D를 복용한다.

또한 여러 연구에 따르면, 주요 오메가-3 지방산인 EPA와 DPA도 장기적으로 건강에 상당한 도움이 될 수 있다. 여기에 대해 론다 패트릭 박사의 홈페이지에는 참고할 만한 좋은 글(https://www.foundmyfitness.com/topics/omega-3)이 있으며, 만약 식단에서

오메가-3를 충분히 섭취하지 못한다고 느낀다면 양질의 오메가-3 보조제를 복용하는 것도 괜찮다.

한편 6장에서는 간헐적 단식의 개념도 살펴보았다. 간헐적 단식의 핵심은 손상된 세포와 세포 구성 요소를 분해하고 재활용하여 독소를 제거하는 과정인 자가포식이다. 많은 연구를 통해 간헐적 단식을 통한 자가포식이 건강과 밀접한 관련이 있다는 점이 밝혀졌다. 간헐적 단식에는 여러 가지 접근방법이 있으나 주로 다음 두 가지가 널리 알려져 있다.

1. 매일 간헐적 단식하기 – 매일 상당히 긴 시간 음식을 섭취하지 않는 방식으로 가장 쉬운 방법은 저녁 식사를 비교적 일찍 하고 아침 식사를 늦게 먹음으로써 밤사이 단식 상태를 유지하는 것이다. 일부 간헐적 단식 지지자는 이 방식을 16:8 접근법이라 하는데, 이는 하루 24시간 중 16시간 동안 단식하고 나머지 8시간 사이에 필요한 열량을 섭취한다는 의미다.

2. 5:2 간헐적 단식하기 – 이른바 5:2 접근법으로 일주일에 5일은 정상적으로 식사하되 나머지 연속적이지 않은 두 날에는 소량의 음식만 섭취하는 방식이다.

개인적으로는 매일 간헐적 단식하기 방법을 선호해서 매일 저녁 6시에 저녁을 먹고 다음 날 오전 8시 30분에 아침을 먹고 있다. 약 14시간 동안 금식하는 방식으로, 비교적 쉽게 실천할 수 있으면서도 과학적으로 건강에 어느 정도 도움이 되는 것으로 알고 있다.

육체적 건강 – 호흡, 건강에 좋은 스트레스, 그리고 수면

다음으로 호흡이나 산소, 저온 및 열 노출을 통한 건강에 좋은 스트레스, 충분한 수면에 관해서는 다음 세 권의 책을 읽어보면 유익할 것이다.

- 《호흡의 기술》제임스 네스터
- 《빔 호프 메소드》빔 호프
- 《우리는 왜 잠을 자야 할까》매튜 워커

좋은 습관을 형성하기 위해 다음과 같이 간단한 방법을 시도해 볼 수 있다.

- 개인적으로는 매일 한두 차례, 이른 아침과 점심 식사 후에 빔 호프 호흡법을 실천하고 있다(https://www.wimhofmethod.com/breathing-exercises).
- 매일 아침 샤워를 마치기 전 1~2분 동안 수온을 내가 참을 수 있는 가장 낮은 온도까지 서서히 내린다. 참고로 매일 아침 샤워 후 기분은 아주 상쾌하다.
- 내가 운동하는 체육관에는 다행히 사우나와 한증막 시설이 있지만, 혹시 그렇지 않다면 집에서 일주일에 두세 번 아주 뜨거운 물로 목욕하는 것도 도움이 된다.
- 개인적으로는 매일 〈슬립 사이클〉이라는 앱을 이용하는데, 이외에도 선택할 수 있는 수면 앱이 많다.

육체적 건강 - 운동과 움직임

6장에서는 최대 산소 섭취량이나 근력, 움직임, 유연성이 건강과 특히 장수에서 중요한 역할을 한다는 점도 언급했다. 이에 관해 다음 두 권의 책을 추천한다.

- 《포 아워 바디》팀 페리스

- 《움직임 습관의 힘》켈리 스타렛, 줄리엣 스타렛

이중 특히 팀 페리스가 주장하는 '최소 유효량minimum effective dose'이라는 개념은 매우 유용하다. 이에 따르면 큰 변화를 이루기 위해 너무 많이 노력할 필요는 없다. 예를 들어 일주일에 한 번만 근력 운동을 해도 1년이면 52번이나 운동한 셈이 되고, 매일 운동하려고 노력하는 것보다 훨씬 쉽게 실천할 수 있다.

나는 지난 여러 해 동안 매일 아침 팔굽혀펴기 10~15회와 간단한 스트레칭을 루틴처럼 실천하고 있다. 또한 거의 매일 아침 산책하러 나가면서 언더아머의 〈맵 마이 런〉이라는 앱으로 걸음 수를 기록한다. 요즘은 이보다 더 정교한 앱도 여럿 있으니 취향에 따라 선택할 수 있다.

정신건강

7장에서 언급한 바와 같이, 정신건강과 육체적 건강은 밀접한 관계에 있으며 기대하는 마음은 결과에 실제로 영향을 미칠 수 있다. 또한 명상의 가치와 함께 '조금씩 자주' 습관의 중요성도 살펴보았다. 정신적 건강과 관련해서는 다음 다섯 권의 책을 참고하면 큰 변화를 이룰 수 있을 것이다.

- 《기대의 발견》데이비드 롭슨
- 《아주 작은 습관의 힘》제임스 클리어
- 《10% 행복 플러스》댄 해리스
- 《타이탄의 도구들》팀 패리스
- 《지금 하지 않으면 언제 하겠는가》팀 패리스

이 가운데 댄 해리스의 책은 저자 자신도 처음에는 회의적이었다는 점에서 명상에 대해 냉소적인 독자에게 특히 더 유용할 것이다.

지금은 명상에 도움이 되는 앱이 상당히 많이 나와 있다. 개인적으로는 매일 명상하면서 〈캄(www.calm.com)〉을 즐겨 사용하며 과거에는 〈헤드스페이스(www.headspace.com)〉도 사용한 적이 있다.

다른 한편으로 감사하는 마음의 실천이 육체적 건강과 정신건강에 도움이 된다는 것을 보여주는 증거가 점점 많아지고 있다. 감사하는 마음은 우울과 불안을 완화하고 스트레스를 줄여주며 심장 건강과 수면을 개선하는 효과가 있는 것으로 나타났다.

이와 관련하여 나는 iOS와 안드로이드 환경에서 다운로드할 수 있는 〈5분 일기〉라는 앱을 매우 좋아한다(https://www.intelligentchange.com/pages/our-story).

장수에 초점을 맞춘 자료

이 책에서 지금까지 살펴본 모든 내용은 장수와 건강수명에 많은 도움이 될 것이다. 만약 장수라는 주제를 더 깊이 알고 싶다면 다음 두 권의 책을 추천한다.

- 《노화의 종말》 데이비드 싱클레어
- 《질병 해방》 피터 아티아

장수에 관한 연구를 살펴보면 이 분야의 전문가들이 복용한다고 알려진 여러 종류의 건강 보조제를 발견할 수 있다. 그러나 내가 보기에는 이들 건강 보조제는 아직 그 효과가 검증되지 않아 논란이 있는 경우가 많다. 이런 이유로 나는 개인적으로 이를 복용하지 않고 있으며 이 책에서도 구체적인 건강 보조제에 대해 언급하지 않기로 했다.

지금까지 이 책에서 다룬 주요 개념을 간략하게 정리했다. 이제 이 내용은 독자 여러분이 일상에서 실천할 수 있는 도구로서 이 책이 전달하려는 핵심 메시지를 실천하는 출발점이 되기를 바란다.

참고 자료

1장

- 아짐 아자르 《익스포넨셜》 펭귄 북스(런던, 2019년)
- 블랙록 최고경영자 래리 핑크 서한(https://www.blackrock.com/corporate/investor-relations/2020-larry-fink-ceo-letter)
- 예일 기후 커넥션(https://yaleclimateconnections.org/2021/01/investors-flee-big-oil-as-portfolios-get-drilled/)
- 스티브 주버슨 〈무어의 법칙을 초월하여 미래를 구축하다(Transcending Moore's law to forge the future)〉 코어 매거진 36~39쪽(2015년)
- 링크레이터스 인사이트(Linklaters Insights)(2020년 7월)
- 멜라니 시니어 〈시장의 거품이 터지며 혁신가는 몸을 피한다(Innovators take cover as market bubble bursts)〉 네이처 바이오테크놀로지 제40권 제4호 450~457쪽(2020년)
- 유니레버 보도자료(https://www.unilever.com/news/press-and-media/press-releases/2020/unilever-sets-out-new-actions-to-fight-climate-changeand-protect-and-regenerate-nature-to-preserve-resources-for-future-generations/)

2장

- 네사 캐리 《인생의 암호를 해킹하다: 유전자 편집은 인류의 미래를 어떻게 다시 쓸 것인가?》 아이콘 북스(2019년)
- 알렉시스 도만디 인터뷰 〈'과학 강국'이 되겠다는 영국의 꿈(The UK's dream of becoming a "science superpower")〉 파이낸셜 타임스(2023년 1월 5일)
- 엠마 던컨 〈영국은 생명과학의 기회를 놓치지 말라(Don't blow Britain's great life sciences chance)〉 타임 (2023년 1월)
- 아툴 가완디 《체크리스트 매니페스토: 제대로 일하는 방법》 메트로폴리탄 북스(2011년)
- 아툴 가완디 〈의료의 미래(The future of medicine)〉 2014년 리스 강연 BBC 라디오 채널 4
- 허버트 사이먼 〈기업 조직의 합리적 의사결정(Rational decision-making in business organizations)〉 노벨 재단(1979년)
- 크리스 네이브 인터뷰 〈브랜든 캐피탈, 산업 연기금 펀드 네 곳에서 2억 달러 조달하여 의료 전문 벤처 펀드 조성(Brandon Capital raises $200m from four industry funds for medical VC)〉 파이낸셜 리뷰(2015년 4월 19일) (https://www.afr.com/markets/equity-markets/brandon-capital-raises-200mfrom-four-industry-funds-for-medical-vc-20150417-1mn3vl)
- 노벨상 보도자료 - 리처드 H. 탈러(https://www.nobelprize.org/prizes/economic-

sciences/2017/press-release/)

- 왕립 외과 학회 〈혁신에서 채택까지: 외과 수술 혁신의 성공적인 확산(From Innovation to Adoption: Successfully Spreading Surgical Innovation)〉(2014년) (https://www.rcseng.ac.uk/library-and-publications/rcs-publications/docs/from-innovation-to-adoption/)
- 고든 상게라 인터뷰 〈'과학 강국'이 되겠다는 영국의 꿈(The UK's dream of becoming a "science superpower")〉 파이낸셜 타임스(2023년 1월 5일)

3장
- 질리언 앰브로즈 〈영국에서 재생 에너지 전기가 처음으로 화석 연료를 추월하다(Renewable electricity overtakes fossil fuels in UK for first time)〉 가디언(2019년 10월 14일)
- 아짐 아자르 《익스포넨셜: 기술 가속화 시대의 질서와 혼란》 펭귄 북스(2019년)
- 존 베처 〈수련잎과 기하급수적 사고(Lily pads and exponential thinking)〉 '거닐며 경영하기' 블로그(2016년 1월 31일) (https://jonathanbecher.com/2016/01/31/lily-pads-and-exponential-thinking/)
- 레이첼 보츠먼, 루 로저스 《내 것이 당신의 것이 될 때: 협력 소비는 어떻게 생활 방식을 바꾸는가》 콜린 (2011년)
- 잽 바우어, 스티브 색슨, 리나 린드 〈백 투 더 퓨처? 코로나19 이후 변화를 앞둔 항공 산업(Back to the future? Airline sector poised for change post-COVID-19)〉 맥킨지 앤드 컴퍼니(https://wwwmckinsey.com/industries/travel-logistics-and-infrastructure/our-insights/back-to-the-future-airline-sector-poised-for-change-post-covid-19)
- 미국 암학회 홈페이지 (https://www.cancer.org/latest-news/facts-and-figures-2021.html)
- 앤서니 커스버트슨 〈태양광 '기적의 소재'로 세계 기록 달성(World record achieved for solar power "miracle material")〉 인디펜던트(2022년 4월 13일)
- 피터 디아만디스, 스티븐 코틀러 《풍요: 미래는 당신이 생각하는 것보다 좋다》 프리 프레스(2012년)
- 퓨처 크런치 홈페이지 (https://futurecrunch.com/about/)
- 짐 멜런 《무의 법칙: 새로운 농업혁명에 대한 투자 가이드》 프루트풀 출판(2020년)
- 알렉산드리아 오카시오-코르테즈 인터뷰 〈뉴욕시 MLK Now 행사〉(2019년 1월 21일) (https://www.youtube.com/watch?v=q3-QvoIfpxc)
- 옥스퍼드 사이언스 엔터프라이즈 홈페이지 (https://www.oxfordscienceenterprises.com/)
- 그레타 툰베리 영국 의회 연설(2019년 4월 23일) (https://www.theguardian.com/environment/2019/apr/23/greta-thunberg-full-speech-to-mps-you-did-not-act-in-time?CMP=share_btn_url)
- 톰 위글리 인터뷰 〈기후 변화를 둘러싼 종말론적 주장이 틀린 이유(Why apocalyptic claims about climate change are wrong)〉 포브스(https://www.forbes.com/sites/

michaelshellenberger/2019/11/25/why-everything-they-say-about-climatechange-is-wrong/)
- 에드워드 윌슨《통섭: 지식의 대통합》크노프(1999년)

4장
- 영국 제약산업협회 홈페이지 (https://www.abpi.org.uk/media/news/2021/july/new-research-reveals-attitudes-to-pharmaceuticalindustry/)
- 비키 브로워 〈학계 주류로 편입하는 심신 연결 연구(Mind-body research moves towards the mainstream)〉 엠보 리포트 제7권 제4호 358~361쪽(2006년)
- 미국 국제전략문제연구소 홈페이지 (https://www.csis.org/analysis/need-leapfrog-strategy)
- 미국 질병통제예방센터 홈페이지 (https://www.cdc.gov/vaccinesafety/ensuringsafety/monitoring/vaers/index.html)
- 데임 샐리 데이비스《효과 없는 약 그리고 세계적 위협》펭귄 북스(2013년)
- 에이나 H. 다이빅 〈1996~2002년 전 세계 연구개발 지출(Total global spending on research and development)〉 스태스티타 (https://www.statista.com/statistics/1105959/total-researchand-developmentspending-worldwide-ppp-usd/)
- 갤럽 홈페이지 (https://news.gallup.com/poll/266060/big-pharma-sinks-bottomindustry-rankings.aspx)
- 벤 골드에이커《불량 제약회사》공존(2014년)
- 그레이링 홈페이지 (https://grayling.com/news-and-views/grayling-research-revealsincreasing-goodwill-towards-pharma-but-can-it-last/)
- 하버드대학교 의과대학 〈플라시보 효과의 힘(The power of the placebo effect)〉 하버드 헬스 퍼블리싱(2021년 12월 13일) (https://www.health.harvard.edu/mental-health/the-power-of-the-placebo-effect)
- 하버드대학교 공중보건대학 홈페이지 (https://www.hsph.harvard.edu/news/hsph-in-the-news/poll-shows-americans-are-fed-up-with-pharmaceuticalindustry/)
- 듀레이 콘 〈위생 시설의 발전: 미래를 위해 화장실의 재발명에 쏟은 10년(Advancing sanitation: 10 years of reinventing the toilet for the future)〉 빌&멀린다 게이츠 재단 홈페이지(2021년 7월 28일) (https://www.gatesfoundation.org/ideas/articles/sanitation-reinvent-toilet)
- 미국 국립보건원 홈페이지 (https://www.ncbi.nlm.nih.gov/pmc/articles/PMC7120529/)
- 마이클 폴란《마음을 바꾸는 방법》소우주(2021년)
- 매트 리들리《이성적 낙관주의자》김영사(2017년)
- 한스 로슬링, 올라 로슬링《팩트풀니스》김영사(2019년)
- 캘리포니아대학교 어바인 캠퍼스 약학대학 홈페이지 (https://pharmsci.uci.edu/programs_trashed/a-short-history-of-drug-discovery/)

5장

- 항생제 내성 대응 기금(AMR Action Fund) 홈페이지 (https://www.jdsupra.com/legalnews/uk-life-sciencesand-healthcare-95161/)
- 앨러나 콜렌《10퍼센트 인간》시공사(2016년)
- 데임 샐리 데이비스《효과 없는 약 그리고 세계적 위협(The Drugs Don't Work: A Global Threat)》펭귄 북스(2013년)
- 데스티니 파마 홈페이지 (https://www.destinypharma.com/xf-platform/)
- 김경천 등 〈제왕절개 출산 영아의 장내 마이크로비오타 형성 지연(Delayed establishment of gut microbiota in infants delivered by caesarean section)〉미생물학 프론티어 제10호(2020년 9월)
- 오카다 등 〈자가면역 및 알레르기 질환 관련 '위생 가설' 업데이트(The "hygiene hypothesis" for autoimmune and allergic diseases: an update)〉임상 및 실험 면역학 제160권 제1호(2010년)
- 메이요 클리닉 홈페이지 (https://www.mayoclinic.org/diseases-conditions/childhoodasthma/expert-answers/hygiene-hypothesis/faq-20058102)
- 사이언스데일리 〈인간 마이크로바이옴에 대한 유전적 조사(Genetic census of the human microbiome)〉사이언스데일리(2019년 8월 14일) (https://www.sciencedaily.com/releases/2019/08/190814113936.htm)
- 스쿠이흐스 등 〈농장 먼지와 내독소는 폐 상피세포에서 A20 유도를 통해 알레르기를 예방한다(Farm dust and endotoxin protect against allergy through A20 induction in lung epithelial cells)〉사이언스 제349권 제6252호 1106~1110쪽(2015년)
- 세계보건기구 홈페이지 (https://www.who.int/news-room/fact-sheets/detail/antimicrobial-resistance)

6장

- 피터 아티아 인터뷰 (https://tim.blog/2023/03/17/peter-attia-outlive-transcript/)
- bd캐피탈 보도자료 (https://bd-cap.com/symprove)
- 엘리자베스 블랙번, 엘리사 에펠《늙지 않는 비밀》알에이치코리아(2018년)
- 마이클 버크의 라디오 타임스 인터뷰 후속 보도 (https://news.sky.com/story/michaelbuerk-let-obese-people-die-early-to-save-nhs-money-11778620)
- 영양 연구 센터 홈페이지 (https://nutritionstudies.org/the-china-study/)
- 윙 인 쳉 〈암 치료에서 장내 마이크로비오타의 역할: 아군인가 적군인가(The role of gut microbiota in cancer treatment: friend or foe?)〉거트 제69권 1867~1876쪽(2020년)
- 앨러나 콜렌《10퍼센트 인간》시공사(2016년)
- 셰일라 딜런 〈의대생들은 영양에 관해 아무것도 배우지 않는다고 주장한다(We learn nothing about nutrition, claim medical students)〉BBC 뉴스(https://www.bbc.co.uk/news/health-43504125)
- 파토루소 등 〈자폐 스펙트럼 장애와 장내 마이크로비오타(Autism Spectrum Disorders

and the Gut Microbiota)〉뉴트리언츠 제11권 제3호 521쪽(2019년 2월 28일)
- 팀 페리스 《타이탄의 도구들》 토네이도(2022년)
- 마이클 그레거 《죽지 않는 방법》 맥밀런(뉴욕, 2016년)
- 헬스라인 홈페이지 (https://www.healthline.com/health/food-nutrition/nutrigenomics-might-be-the-future-of-how-you-eat)
- 빔 호프 《빔 호프 메소드》 모비딕북스(2021년)
- 요안나 이바노바, 데니스 블롱댕 〈비만과 2형 당뇨병 치료 전략으로서 저온 노출의 이점 검토(Examining the benefits of cold exposure as a therapeutic strategy for obesity and type 2 diabetes)〉 응용 생리학 저널 제130권 제5호 1448~1459쪽(2021년)
- 조애나 자누스 〈영양학적 유전체학(Nutritional genomics)〉 (https://www.phgfoundation.org/explainer/nutritional-genomics-explainer-july-2021)
- 빙난 리우 등 〈비만과 장내 마이크로비오타(Gut microbiota in obesity)〉 세계 소화기학 저널 제27권 제25호 3837~3850쪽(2021년)
- 제임스 네스터 《호흡의 기술》 북트리거(2021년)
- 뉴트리탱크 홈페이지 (https://nutritank.com/)
- 론다 패트릭 인터뷰 (https://tim.blog/wp-content/uploads/2018/09/12-rhonda-patrick.pdf)
- 에릭 슈미트 인터뷰 (https://tim.blog/2021/10/25/eric-schmidt-ai/
- 사이언스데일리 〈아프리카 농촌 인구의 다양성은 마이크로바이옴에까지 영향을 미친다(The diversity of rural African populations extends to their microbiomes)〉 사이언스데일리 (2019년 1월 22일) (https://www.sciencedaily.com/releases/2019/01/190122084404.htm)
- 스탠퍼드대학교 의과대학 홈페이지 (https://med.stanford.edu/news/all-news/2021/07/fermented-food-diet-increases-microbiome-diversity-lowersinflammation)
- 켈리 스타렛, 줄리엣 스타렛 《움직임 습관의 힘》 코리아닷컴(2024년)
- 심프로브 홈페이지 (https://www.symprove.com/pages/learn-science)
- 옥스퍼드대학교 정신의학과 〈유전자와 정신질환(Genes and mental illness)〉 (https://www.psych.ox.ac.uk/news/genes-and-mental-illness) (태켓 등 〈유전적 정신질환 취약성과 관련된 뇌 구조 네트워크(A structural brain network of genetic vulnerability to psychiatric illness)〉 분자정신의학 제26권 2089~2100(2021년) 인용)
- 발카스-토렌테 등 〈피트니스 앱이 피트니스 센터 이용자의 운동 습관, 만족도 및 운동 지속 의도에 미치는 영향을 파악하기 위한 실험적 연구(Influence of fitness apps on sports habits, satisfaction, and intentions to stay in fitness center users: an experimental study)〉 국제 환경 연구 및 공중 보건 저널 제18권 제19호 10393쪽(2021년)
- 매튜 워커 《우리는 왜 잠을 자야 할까》 열린책들(2019년)
- 윌콕스 등 〈오키나와인의 식단: 저열량에 영양소와 항산화 성분이 풍부하며 혈당 부하가 낮은 식단이 건강에 미치는 영향(The Okinawan diet: health implications of a low-calorie, nutrient-dense, antioxidant-rich dietary pattern low in glycemic load)〉 미국 영양학회 저널 제28권 부록 제4호 500~516쪽(2009년)

7장

- 마틴 블레이저 《인간은 왜 세균과 공존해야 하는가》 처음북스(2014년)
- 제임스 클리어 《아주 작은 습관의 힘》 비즈니스북스(2019년)
- 데이비드 롭슨 《기대의 발견》 까치(2023년)
- 뎁 샤피로 《당신의 몸이 당신의 마음을 말한다》 피앗커스(2007년)

8장

- 제러드 다이아몬드 《총, 균, 쇠》 김영사(2023년)
- 데미안 가르데, 조너선 솔츠먼 〈mRNA 이야기: 한때 외면받은 아이디어는 어떻게 코로나 19 백신 경쟁에서 핵심 기술이 되었을까(The story of mRNA: How a once-dismissed idea became a leading technology in the Covid vaccine race)〉 스탯(2020년 11월 10일) (https://www.statnews.com/2020/11/10/the-story-ofmrna-how-a-once-dismissed-idea-became-a-leading-technology-in-thecovid-vaccine-race/)
- 제너 연구소 홈페이지 (https://www.jenner.ac.uk/about/edward-jenner)
- 니콜레타 라네세 〈코로나19 백신의 mRNA 기술로 두 명의 과학자가 300만 달러의 '브레이크스루 어워드' 수상하다(2 scientists win $3 million "Breakthrough Prize" for mRNA tech behind COVID-19 vaccines)〉 라이브 사이언스(2021년 9월 9일) (https://www.livescience.com/breakthrough-prize-winners-mrna-vaccines.html
- 루아이리 매켄지 〈DNA vs. RNA – 다섯 가지 주요 차이점과 비교(DNA vs. RNA - 5 key differences and comparison)〉 테크놀로지 네트워크(2020년 12월 18일) (https://www.technologynetworks.com/genomics/articles/what-are-the-key-differences-between-dna-andrna-296719)
- 짐 멜런 《암호를 풀다》 와일리(2012년)
- 1945년 노벨 생리의학상 수상자 (http://www.nobelprize.org/nobel_prizes/medicine/laureates/1945/)
- 〈에드워드 제너 그리고 천연두와 예방 접종의 역사(Edward Jenner and the history of smallpox and vaccination)〉 베일러대학교 병원 학회지 제18권 제1호(2005년)
- 미국 국립 의학 도서관 홈페이지 (https://profiles.nlm.nih.gov/spotlight/sc/feature/doublehelix)

9장

- 오스트레일리아 무역투자위원회 홈페이지 (https://www.austrade.gov.au/news/success-stories/adalta-innovative-shark-inspired-antibodies-to-revolutionise-treatments-for-serious-disease)
- 볼티모어 등 〈유전체 공학 및 생식세포 계열 유전자 조작을 향한 신중한 경로(A prudent path forward for genomic engineering and germline gene modification)〉 사이언스 제348권 제6230호 36~38쪽(2015년)
- 케네스 캘드웰, 스티븐 고트샤크, 에이미 탈루어 〈동종 CAR 세포 치료법 – 더 이상 꿈이 아니다(Allogeneic CAR cell therapy - more than a pipe dream)〉 면역학 프론티어 제11권

(2021년) (https://www.frontiersin.org/articles/10.3389/fimmu.2020.618427/full)

- 셀 가이던스 시스템 블로그 게시글(2020년 7월 3일) (https://www.cellgs.com/blog/significant-challenges-remain-for-ipsc-based-therapeutics.html)
- 토마스 드리아 〈미국 의료보험 가입자 관점에서 본 재발성 또는 불응성 필라델피아 염색체 음성 B-전구 세포 급성 림프모구성 백혈병에 대한 블리나투모맙과 구제 화학요법의 비용효율성 분석(Cost-effectiveness of blinatumomab versus salvage chemotherapy in relapsed or refractory Philadelphia-chromosome-negative B-precursor acute lymphoblastic leukemia from a US payer perspective)〉 의료 경제학 저널 제20권 제9호 911~922쪽(2017년)
- 제니퍼 다우드나, 새뮤얼 스턴버그 《크리스퍼가 온다》 프시케의숲(2018년)
- 엑스사이언티아 홈페이지 (https://www.exscientia.ai)
- 미국 식품의약국 홈페이지 (https://www.fda.gov/vaccines-bloodbiologics/cellular-gene-therapy-products/what-gene-therapy)
- 피터 포브스 〈창조의 틈새를 돌아보다 - 제니퍼 다우드나, CRISPR 그리고 위대한 과학적 돌파구(A Crack in Creation review - Jennifer Doudna, Crispr and a great scientific breakthrough)〉 가디언(2017년 6월 17일) (https://www.theguardian.com/books/2017/jun/17/a-crack-in-creation-by-jennifer-doudnaand-samuel-sternberg-review)
- 장-프랑수아 포르멜라, 존 스탠퍼 〈의료비를 줄이려면 의약품에 더 많이 투자하라(To spend less on health care, invest more in medicines)〉 스탯 뉴스(2022년 4월 5일) (https://www.statnews.com/2022/04/05/we-should-spend-more-on-prescription-drugs-not-less/)
- 제임스 갤러거 〈겸상 적혈구병: 내게 새로운 삶을 준 혁신적인 유전자 편집 치료법(Sickle cell: "The revolutionary gene-editing treatment that gave me new life")〉 BBC 뉴스 (2020년 2월 20일) (https://www.bbc.co.uk/news/health-60348497)
- 스티브 가드너 인터뷰 (https://precisionlife.com/news-and-events/indxpaper-reveals-potential-to-systematically-reposition-hundreds-of-patented-drugs-into-new-indications-to-address-unmet-medical-needs)
- 스테판 그룹 인터뷰 (https://www.novartis.com/news/media-releases/novartis-five-year-kymriah-data-show-durable-remission-and-long-termsurvival-maintained-children-and-young-adults-advanced-b-cell-all)
- 앤드루 홉킨스 인터뷰 〈인공지능의 약물 개발 잠재력 활용하기(Tapping into the drug discovery potential of AI)〉 네이처(2021년 5월 27일) (https://www.nature.com/articles/d43747-021-00045-7)
- 월터 아이작슨 《코드 브레이커》 웅진지식하우스(2022년)
- 미국 국립보건원 공식 블로그 (https://www.nih.gov/crispr-based-anti-viraltherapy-could-one-day-foil-flu-covid-19)
- 옥스퍼드 바이오메디카 홈페이지 (https://oxb.com/oxford-biomedica-announces-rdcollaboration-with-microsoft-to-improve-gene-and-cell-therapy-

manufacturing-using-the-intelligent-cloud-and-machine-learning/)
- 앤드루 필립스 인터뷰 (https://oxb.com/oxford-biomedica-announcesrd-collaboration-with-microsoft-to-improve-gene-and-cell-therapy-manufacturing-using-the-intelligent-cloud-and-machine-learning/)
- 샌디 수피안, 로즈마리 갈란드-톰슨 〈CRISPR의 어두운 단면(The Dark Side of CRISPR)〉 사이언티픽 아메리칸(2021년 2월 16일) (https://www.scientificamerican.com/article/the-dark-side-of-crispr/)

10장
- 짐 멜런《암호를 풀다》 와일리(2012년)
- 조지 몬비오《리제네시스》 앨런 레인(2023년)

11장
- 오브레이 드 그레이 (https://www.cambridgeindependent.co.uk/business/living-to-1-000-the-man-who-says-science-will-soon-defeat-ageing-9050845/)
- 데이비드 싱클레어《노화의 종말》 부키(2020년)

맺음말
- 데이비드 싱클레어《노화의 종말》 부키(2020년)
- 데이비드 싱클레어《노화의 종말》 도서 홈페이지 (https://lifespanbook.com)

- 데이브 아스프리《최강의 식사》앵글북스(2017년)
- 피터 아티아《질병 해방》부키(2024년)
- 아짐 아자르《익스포넨셜》펭귄 북스(2022년)
- 엘리자베스 블랙번, 엘리사 에펠《늙지 않는 비밀》알에이치코리아(2018년)
- 마틴 블레이저《인간은 왜 세균과 공존해야 하는가》처음북스(2014년)
- 마틴 블레이저《잃어버린 미생물》원월드 출판(2015년)
- 닉 보스트롬《슈퍼인텔리전스》까치(2017년)
- 레이첼 보츠먼, 루 로저스《내 것이 당신의 것이 될 때》콜린스(2011년)
- 나타샤 캠벨-맥브라이드《발달장애 자연치료 식이요법 갭스》한솔의학서적(2023년)
- 네사 캐리《인생의 암호를 해킹하다》아이콘 북스(2020년)
- 캐일럼 체이스《경제의 특이점이 온다》비즈페이퍼(2017년)
- 캐일럼 체이스《AI 시대에 살아남기》쓰리 C(2015년)
- 제임스 클리어《아주 작은 습관의 힘》비즈니스북스(2019년)
- 앨러나 콜《10퍼센트 인간》시공사(2016년)
- 조지 쿠퍼《나만의 영양사가 되어 음식과의 관계를 다시 생각하라》쇼트 북스(2013년)
- 피터 디아다모, 캐서린 휘트니《내게 딱 맞는 올바른 식사》애로우(2017년)
- 프랭크 데이비드《파마젤란의 바이오테크놀로지 임상 시험 분석 가이드》파마젤란(2022년)
- 데임 샐리 데이비스《효과 없는 약 그리고 세계적 위협》펭귄 북스(2013년)
- 리처드 도킨스《눈먼 시계공》사이언스북스(2004년)
- 리처드 도킨스《이기적 유전자》을유문화사(2023년)
- 리처드 도킨스《무지개를 풀며》바다출판사(2015년)
- 피터 디아만디스, 스티븐 코틀러《풍요》프리 프레스(2014년)
- 피터 디아만디스, 스티븐 코틀러《볼드》비즈니스북스(2016년)
- 피터 디아만디스, 스티븐 코틀러《컨버전스 2030》비즈니스북스(2021년)
- 제러드 다이아몬드《문명의 붕괴》김영사(2005년)
- 제러드 다이아몬드《총, 균, 쇠》김영사(2023년)
- 제러드 다이아몬드《제3의 침팬지》문학사상사(1996년)
- 존 도어《존 도어의 OKR 레볼루션》비즈니스북스 (2023년)
- 제니퍼 다우드나, 새뮤얼 스턴버그《크리스퍼가 온다》프시케의숲(2018년)
- 기울리아 엔더스《매력적인 장 여행》와이즈베리(2014년)
- 후란 엔리케즈, 스티브 굴란스《스스로 진화하기》포트폴리오(2016년)
- 니얼 퍼거슨《금융의 지배》민음사(2016년)
- 팀 페리스《포 아워 바디》갤리온(2012년)

- 팀 페리스 《타이탄의 도구들》 토네이도(2022년)
- 팀 페리스 《지금 하지 않으면 언제 하겠는가》 토네이도(2018년)
- 아툴 가완디 《어떻게 죽을 것인가》 부키(2022년)
- 아툴 가완디 《체크리스트 매니페스토》 메트로폴리탄 북스(2011년)
- 벤 골드에이커 《불량 제약회사》 공존(2014년)
- 벤 골드에이커 《배드 사이언스》 공존(2011년)
- 벤 골드에이커 《이게 저거보다 조금 더 복잡할 거예요》 포스 에스테이트(2015년)
- 마이클 그레거, 진 스톤 《죽지 않는 방법》 플랫아이런 북스(2015년)
- 존 핸즈 《코스모사피엔스》 소미미디어(2022년)
- 요한 하리 《비명을 쫓다》 블룸스버 (2019년)
- 요한 하리 《벌거벗은 정신력》 쌤앤파커스(2024년)
- 유발 하라 《호모 데우스》 김영사(2023년)
- 유발 하라 《사피엔스》 김영사(2023년)
- 댄 해리스 《10% 행복 플러스》 이지북(2014년)
- 빔 호프 《빔 호프 메소드》 모비딕북스(2021년)
- 월터 아이작슨 《코드 브레이커》 웅진지식하우스(2022년)
- 대니얼 카너먼 《생각에 관한 생각》 김영사(2018년)
- 케빈 켈리 《인에비터블 미래의 정체》 청림출판(2017년)
- 스티븐 코틀러 《슈퍼맨의 부상》 쿼커스(2015년)
- 스티븐 코틀러, 제이미 휠 《불을 훔치다》 하퍼 콜린스(2018년)
- 레이 커즈와일, 테리 그로스먼 《영원히 사는 법》 승산(2011년)
- 닉 리틀헐스 《수면》 펭귄 북스(2018년)
- 비외론 롬보르 《거짓 경보》 베이직 북스(2021년)
- 데이비드 맥케이 《지속 가능한 에너지》 그린 북스(2009년)
- 브렌다 매독스 《로잘린드 프랭클린과 DNA》 양문(2004년)
- 글렌 매튼, 에이든 고긴스 《건강을 둘러싼 착각》 해이 하우스(2012년)
- 짐 멜런, 알 찰라비 《암호를 풀다》 와일리(2012년)
- 짐 멜런, 알 찰라비 《회춘》 프루트풀 출판(2017년)
- 짐 멜런 《무의 법칙》 프루트풀 출판(2020년)
- 조지 몬비오 《리제네시스》 펭귄 북스(2023년)
- 마이클 모슬리 《영리한 장을 위한 식단》 쇼트 북스(2017년)
- 싯다르타 무케르지 《암》 까치(2011년)
- 제임스 네스터 《호흡의 기술》 북트리거(2021년)
- 스티븐 핑커 《우리 본성의 선한 천사》 사이언스북스(2014년)
- 스티븐 핑커 《지금 다시 계몽》 사이언스 북스(2021년)
- 마이클 폴란 《푸드룰》 21세기북스(2010년)
- 마이클 폴란 《마음을 바꾸는 방법》 소우주(2021년)
- 마이클 폴란 《음식을 위한 변명》 펭귄 북스(2009년)
- 마이클 폴란 《잡식동물 분투기》 다른세상(2010년)

- 매트 리들리《모든 것의 진화》하퍼 콜린스(2016년)
- 매트 리들리《생명설계도, 게놈》만니(2016년)
- 매트 리들리《혁신에 대한 모든 것》청림출판(2023년)
- 매트 리들리《본성과 양육》김영사(2004년)
- 매트 리들리《이성적 낙관주의자》김영사(2017년)
- 데이비드 롭슨《기대의 발견》까치(2023년)
- 한스 로슬링, 올라 로슬링《팩트풀니스》김영사(2019년)
- 알렉 로스《미래의 산업》사이먼&슈스터(2017년)
- 마이클 셸런버거《지구를 위한다는 착각》부키(2021년)
- 존 스컬리《문샷》서울문화사(2015년)
- 뎁 샤피로《당신의 몸이 당신의 마음을 말한다》피앗커스 북스(2007년)
- 데이비드 싱클레어《노화의 종말》부키(2020년)
- 켈리 스타렛, 줄리엣 스타렛《움직임 습관의 힘》코리아닷컴(2024년)
- 매튜 사예드《블랙박스 사고》존 머레이(2017년)
- 피터 틸《제로 투 원》한국경제신문(2021년)
- 그레타 툰베리《변화를 만들기에 너무 작은 사람은 없다》펭귄 북스(2019년)
- 매튜 워커《우리는 왜 잠을 자야 할까》열린책들(2019년)
- 제임스 왓슨《이중 나선》궁리(2019년)
- 배리 워스《10억 달러짜리 분자》사이먼&슈스터(1995년)

바이오테크 미래의 기회

초판 1쇄 발행 | 2025년 6월 18일

지은이 · 앤드류 크레이그
옮긴이 · 이상훈
발행인 · 이종원
발행처 · (주)도서출판 길벗
출판사 등록일 · 1990년 12월 24일
주소 · 서울시 마포구 월드컵로 10길 56(서교동)
대표전화 · 02) 332-0931 | **팩스** · 02) 322-0586
홈페이지 · www.gilbut.co.kr | **이메일** · gilbut@gilbut.co.kr

기획 및 책임 편집 · 이치영(young@gilbut.co.kr) | **마케팅** · 정경원, 김진영, 류효정, 조아현
제작 · 이준호, 손일순, 이진혁 | **유통혁신** · 한준희 | **영업관리** · 김명자, 심선숙, 정경화 | **독자지원** · 윤정아

편집진행 · 김은혜 | **CTP 출력 및 인쇄** · 예림인쇄 | **제본** · 경문제책

ISBN 979-11-407-1347-9 03320
(길벗 도서번호 070537)
정가 23,000원

독자의 1초까지 아껴주는 정성 길벗출판사
㈜도서출판 길벗 | IT단행본&교재, 성인어학, 교과서, 수험서, 경제경영, 교양, 자녀교육, 취미실용 www.gilbut.co.kr
길벗스쿨 | 국어학습, 수학학습, 주니어어학, 어린이단행본, 학습단행본 www.gilbutschool.co.kr

인스타그램 · thequest_book | **페이스북** · thequestzigi | **네이버포스트** · thequestbook